Wegweiser zu Zeitfragen
Band 5

W0244944

Gerd R. Ueberschär / Rolf-Dieter Müller
Deutschland am Abgrund

Gerd R. Ueberschär
Rolf-Dieter Müller

Deutschland am Abgrund

Zusammenbruch und Untergang
des Dritten Reiches 1945

Im Verlag des SÜDKURIER Konstanz

ISBN 3 87799 073 8

© SÜDKURIER GmbH Konstanz 1986

Gesamtherstellung:
Druckerei und Verlagsanstalt Konstanz GmbH
Konstanz Am Fischmarkt

Ex Libris
Helmut Gabeli

Inhalt

Vorwort

Die vierzehn Beiträge des Buches sind zuerst als einzelne Folgen einer mehrteiligen Serie im SÜDKURIER erschienen. Sie wurden unter dem Titel »Rückblick auf 1945« über mehrere Wochen in der ersten Jahreshälfte 1985 anläßlich des 40. Jahrestages des Kriegsendes in Europa publiziert. Ohne sich an der damaligen politischen Diskussion über die Bewertung des historischen Datums der deutschen Kapitulation vom 8. Mai 1945 und an dem parteipolitischen Streit über den »richtigen« Ablauf des Gedenktages zu beteiligen, sind sie gleichwohl im Kontext dieser Auseinandersetzungen entstanden. Es ging darum, auf gesichertem Forschungsstand beruhende Informationen über die historischen Vorgänge am Ende der nationalsozialistischen Gewaltherrschaft zu bieten, die dem historisch-politisch interessierten Leser ein eigenes Urteil für eine Gesamtschau der Ereignisse des Kriegsendes ermöglichen sollten.

Im Zusammenhang mit diesem Jahrestag sind zahlreiche Bücher veröffentlicht worden, die das tagespolitisch hervorgerufene Interesse der Öffentlichkeit zu nutzen versuchten. Neben mehreren Neuauflagen und Nachdrucken älterer Publikationen, die aufgrund der schlechten Quellenlage in den ersten Jahren nach 1945 dem aktuellen Forschungsstand kaum noch Rechnung tragen, gibt es jedoch nur wenige Neuerscheinungen, die weiterführende Anstöße und Informationen zu liefern vermögen. Viele persönliche Erinnerungsbücher sowie lokale und regionale Studien zum örtlichen Kriegsende und zu einzelnen begrenzten Ausschnitten des Kampfgeschehens bleiben nur von begrenztem Aussagewert für das Gesamtgeschehen beim Untergang des Dritten Reiches. Das ursprüngliche Anliegen der Artikelserie, in kurzgefaßter, anschaulicher und leicht lesbarer Form anhand mehrerer herausgegriffener Aspekte einen großen Bogen von der Militärgeschichte zur Sozial-, Wirtschafts- und Diplomatiegeschichte bis zur Rassenpolitik und Lebensraum-

Ideologie des Nationalsozialismus am Kriegsende zu spannen, bot den Anlaß, die Beiträge in durchgesehener und erweiterter Form zusammengefaßt vorzulegen. Verlag und Autoren wurden dazu ermutigt, nicht nur durch entsprechende Anregungen aus dem Leserkreis der Zeitung, sondern auch durch die Erkenntnis, daß die Bedeutung und Einordnung der Ereignisse des Jahres 1945 nicht an ein bestimmtes »Jubiläumsjahr« gebunden sind, sondern vielmehr über den Jahrestag hinausreichen. Vielleicht ist auch erst nach dem Abklingen der heftigen politischen Debatte der Zeitpunkt gekommen, sich nüchtern und sachlich mit den historischen Fakten auseinanderzusetzen und das eigene Urteil abzuklären, um ein historisch-politisch abgesichertes Verständnis für die Entscheidungen und Handlungen der damaligen Zeit zu finden.

Bei einer solchen Bilanz muß man auch die Frage stellen, was das Ende des Zweiten Weltkrieges für die Menschen damals bedeutete. Einfache Antworten hat es hierauf nicht gegeben und kann es wohl auch nicht geben, wenn man über das Schicksal eines ganzen Volkes oder gar der Menschheit insgesamt – im Zusammenhang mit dem Beginn des »Atomzeitalters« – spricht. Soviel ist immerhin klar geworden: Während die meisten anderen Völker, die am Krieg beteiligt waren, das Kriegsende als Befreiung und als Sieg über eine menschenverachtende, barbarische Tyrannei gefeiert haben, waren die Deutschen in ihrer Mehrheit Besiegte. Viele mögen damals das Empfinden einer »deutschen Katastrophe«, des nationalen Untergangs gehabt haben; die meisten dürften vorerst nur ans Überleben und an die neuen materiellen Sorgen gedacht haben. Sie waren einerseits erleichtert über das Ende des Schreckens, andererseits aber auch erschüttert über die zahllosen vergeblichen und zum Teil sinnlosen Opfer, die oft in »gutem Glauben für das Vaterland« gebracht worden waren. Nur eine Minderheit der unmittelbaren Opfer und Verfolgten des NS-Regimes, sowie diejenigen, die in stillem Widerstand verharrt hatten, konnten den 8. Mai 1945 als Befreiung empfinden und aufatmen.

Die Diskussion um den 40. Jahrestag zeigte, daß die Ereignisse von damals noch immer schmerzen, daß ein auf breiter Basis gewonnener Zugang zur Geschichte des nationalsozialistischen Deutschland noch nicht gefunden ist. Denn nach wie vor haftet auch an der noch in der Endphase des Krieges vollbrachten Tapferkeit und am

Opfermut der deutschen Soldaten der »schale Geschmack der Verbrechen«, die durch diesen Kampf erst »im Rücken der Front« möglich und bis zum Kriegsende ausgeführt wurden, wie es unlängst der Vorsitzende des Verbandes der Historiker Deutschlands, Christian Meier, und vor ihm schon andere ähnlich ausgedrückt haben. Insofern konnte zu Recht davon gesprochen werden, daß der 8. Mai ein »unbequemer Jahrestag«, ein »sperriger Gedenktag« ist, der uns wieder einmal die Formulierung des früheren Bundespräsidenten Gustav Heinemann ins Bewußtsein ruft, daß »Deutschland ein schwieriges Vaterland« ist.

In seiner vielbeachteten Ansprache zum 40. Jahrestag hat Bundespräsident Richard von Weizsäcker mutig darauf hingewiesen, daß heute aus der Rückschau eigentlich nur eine gemeinsame Haltung mit dem Bekenntnis zum 8. Mai 1945 als »Tag der Befreiung« möglich sein sollte. Zwar gebe es keinen Grund, sich an den Siegesfeiern der anderen zu beteiligen, es sei aber notwendig, den 8. Mai als das Ende eines falschen Weges der deutschen Geschichte zu erkennen, das die Chance zu einem demokratischen Neuanfang und einer besseren Zukunft biete.

Die aktuelle Debatte um den 8. Mai hat nicht nur die Brisanz und grundsätzliche Bedeutung dieses Tages für die deutsche Geschichte deutlich werden lassen, sie ist auch ein Wegweiser in die Zukunft, da sie die besondere deutsche Verpflichtung erkennbar werden ließ, an der Überwindung der noch immer spürbaren Folgen des von Hitler entfachten Zweiten Weltkrieges und an der Sicherung des Friedens sowie der Aussöhnung zwischen den Völkern tatkräftig mitzuarbeiten. Die Diskussion zeigte ferner, daß das Jahr 1945 eine welthistorische Zäsur darstellt, deren Ursachen, Ausmaß und Folgen die Grundlagen zum Verständnis der Geschichte des 20. Jahrhunderts sowie der Zukunftsperspektiven und -entwicklung darstellen. Als weitere Einsicht dürfte über das Gedenkjahr hinausreichen, daß es notwendig ist, sich der gesamten deutschen Geschichte zu stellen, so wahrhaftig und umfassend wie möglich. Die Weigerung, sich zum Beispiel der unmenschlichen Verbrechen zu erinnern, macht anfällig für künftige Gefahren.

Auch wenn es noch immer Unbehagen und Schwierigkeiten bei der »Ortsbestimmung« der NS-Zeit und ihres Endes geben mag, so ist doch – mit größerem zeitlichen Abstand zu den Jahren 1933 bis

1945 immer zunehmender – die Bereitschaft bei vielen spürbar gewachsen, sich der heute möglichen Information zu bedienen sowie sich mit den Voraussetzungen, Erscheinungen und Folgen des Nationalsozialismus und der »deutschen Katastrophe« von 1945 als des wohl tiefsten Einschnittes in der deutschen Geschichte zu beschäftigen. Nach einer Umfrage wünschen denn auch 85 Prozent der jüngeren Generation weiterhin »objektive Informationen« und »mehr Aufklärung« über die NS-Zeit. Diesem Interesse dient die vorliegende Arbeit. Sie will Anstöße vermitteln und Hilfen für ein eigenständiges Urteil bieten, auch wenn in diesem Überblick aufgrund der ausgewählten Aspekte und Teilbereiche nicht alle Fragen erschöpfend beantwortet werden können.

Die Autoren danken dem stellvertretenden Chefredakteur des SÜDKURIER, Herrn Gerd Appenzeller, für die Anregung und bereitwillige Aufnahme der mehrteiligen Serie als denkwürdiger »Rückblick auf 1945«. Um den Zugang zu weiteren Informationen zu erleichtern, wurden die für das Buch überarbeiteten Beiträge dank der Hilfe des SÜDKURIER-Buchverlages nunmehr umfangreich illustriert und dokumentiert sowie durch eine Literaturauswahl und ein Personenregister ergänzt. Für freundliche Hinweise und kritische Anregungen danken die Verfasser Herrn Hans U. Stenger, Historisches Seminar der Universität Frankfurt, und Herrn Dr. Wolfram Wette, Militärgeschichtliches Forschungsamt Freiburg. Zu danken ist auch den aufgeführten Archiven und Bilderdiensten für die jeweils erteilte Abdruckerlaubnis der Fotos, Karten und Dokumente.

Freiburg, im Januar 1986

Gerd R. Ueberschär und Rolf-Dieter Müller

GERD R. UEBERSCHÄR

Die Konferenz von Jalta und die alliierte Kriegszielpolitik

Als sich die drei alliierten Staats- und Regierungschefs Roosevelt, Stalin und Churchill zum Jahresbeginn 1945 über die Durchführung einer neuen Kriegskonferenz einigten, war die Vollendung ihres Sieges über das nationalsozialistische Deutschland nur noch eine Frage der Zeit. Hitlers letzte Offensive in den Ardennen gegen Amerikaner und Briten an der Westfront war gescheitert, und die Rote Armee stieß im Osten mit ihrer Januar-Offensive von der Weichsel bis zur Oder vor; die Ostfront verlief danach nur noch 60 km von Berlin entfernt. Dennoch kapitulierten weder das Dritte Reich noch die Japaner in Ostasien, die ebenfalls an allen Fronten zurückweichen mußten.

Der zu erwartende militärische Zusammenbruch Deutschlands drängte die »Großen Drei«, sich über die noch offenstehenden Fragen der Nachkriegsordnung genauer zu verständigen. Ihre letzte Zusammenkunft lag bereits mehr als ein Jahr zurück. Sie hatte vom 28. November bis 1. Dezember 1943 in Teheran stattgefunden. Auf Wunsch Stalins kam das neue Treffen – nach der Vereidigung Roosevelts für seine neue Amtsperiode am 20. Januar – im Februar 1945 auf der Krim in dem ehemaligen zaristischen Kur- und Badeort Jalta zustande. Die Stadt erinnerte mit den noch sichtbaren Spuren des Krieges und der deutschen Besetzung die alliierten Delegationen sehr nachhaltig an ihr Kriegsziel, die Vernichtung des Nationalsozialismus und Faschismus in Europa.

Die Konferenz von Jalta vom 4. bis 11. Februar 1945 wird immer wieder als bedeutender Einschnitt in der weltpolitischen Entwicklung zwischen Ost und West angesehen. Das Konferenzergebnis gilt als Ursprung für die »Teilung Europas und der Welt« in amerikanische und sowjetische Interessensphären. Das Klischee der »Bürde von Jalta« und der damit verbundenen Unterdrückung Osteuropas durch Moskau ist weithin verbunden mit der Vorstellung, die westlichen Regierungschefs hätten auf dieser Konferenz gleichsam versagt, sie seien von Stalin übertölpelt worden und hätten ihre Kriegsziele nicht durchzusetzen vermocht. Die unterschiedlichen Kriegszielvorstellungen der »Großen Drei« auf der Krim-Konferenz müssen jedoch im Rahmen der sich erst allmählich herausbildenden und wiederholt veränderten alliierten Deutschlandplanung seit dem Kriegseintritt der USA betrachtet werden.

Als die Vereinigten Staaten von Amerika am 7. Dezember 1941 in den Krieg eintraten, stand Hitler auf dem Höhepunkt seiner Macht. Die deutsche Niederlage vor Moskau im Dezember 1941 war in ihrem vollen Ausmaß noch nicht klar erkennbar. Die Japaner hatten mit dem Überfall auf Pearl Harbor am 7. Dezember 1941 einen spektakulären Erfolg errungen; sie wurden von der NS-Propaganda als die neuen, siegreichen Verbündeten groß herausgestellt, um den militärischen Erfolg der Achsenmächte zu dokumentieren. Seit der Beteiligung der USA am Kriegsgeschehen richteten die Westalliierten folglich ihr Hauptinteresse auf die militärischen Maßnahmen, die nötig waren, um den Krieg gegen die Achsenmächte in Europa und Asien zu gewinnen.

Im Laufe des Jahres 1942 wurden in Washington erste Pläne für die Aufteilung Deutschlands in drei, fünf oder sieben einzelne Staaten entworfen. Bis zur Konferenz von Casablanca vom 14. bis 24. Januar 1943 gab es keine offiziellen politischen Erklärungen über die Regelungen in Deutschland nach einem Sieg und die sonstigen Kriegsziele der Alliierten in Europa. Lediglich in der zwischen Franklin D. Roosevelt und Winston S. Churchill vereinbarten Atlantik-Charta vom 14. August 1941 waren vage Vorstellungen formuliert worden, keine Eroberungen oder territorialen Vergrößerungen als Kriegsziele zu proklamieren, sondern Deutschland als militärische Macht auszuschalten, um eine erneute Bedrohung des Weltfriedens zu verhindern und eine »bessere Zukunft der Welt« zu erreichen.

In Casablanca wurde dann die Formel von der »bedingungslosen Kapitulation« (= unconditional surrender) verkündet. Roosevelt und Churchill wollten das Mißtrauen Stalins, der an dieser Konferenz wegen der Inanspruchnahme durch die Schlacht um Stalingrad nicht teilnehmen konnte, abbauen; der Kremlführer befürchtete nämlich, die Westalliierten könnten mit den Deutschen einen Sepa-

Am Ende der Konferenz von Jalta ist zwischen den drei großen Alliierten der Keim der Zwietracht bereits gelegt. Von links nach rechts: Premierminister Winston Churchill, US-Präsident Franklin D. Roosevelt und der sowjetische Generalissimus, Marschall Josef Stalin.

ratfrieden abschließen und würden deshalb mit der Errichtung der »zweiten Front« im Westen zögern. Zudem wollten die Westmächte mit der totalen und bedingungslosen Niederlage des Dritten Reiches verhindern, daß eine neue Dolchstoßlegende im Innern Deutschlands – wie nach dem Ersten Weltkrieg – aufkommen konnte. Die Forderung nach bedingungsloser Kapitulation verdeutlichte ferner die Absicht der Alliierten, sich keinesfalls ihre Handlungsfreiheit für die zukünftige Friedensordnung in Deutschland und Europa in irgendeiner Form einengen zu lassen.

Die ,westalliierten Aufteilungspläne zur Bildung von drei, fünf oder sieben deutschen Einzelstaaten gerieten im Laufe des Jahres 1943 immer mehr unter Kritik innerhalb der US-Administration. Sie wurden insbesondere von US-Außenminister Hull und US-Kriegsminister Stimson abgelehnt. Auch auf der Konferenz der drei Außenminister in Moskau im Oktober 1943 unterblieb vorerst eine exakte Abstimmung über die Deutschland-Politik nach dem Sieg. Allgemein einigte man sich auf die Forderung nach der bedingungslosen Kapitulation, nach totaler Besetzung des Reiches durch Truppen der drei Verbündeten, nach Demobilisierung der deutschen Streitkräfte, nach Kontrolle der deutschen Wirtschaft und Industrie durch eine neuzugründende Weltorganisation sowie nach Beseitigung des Nationalsozialismus. Die Errichtung der Vereinten Nationen sollte sich alsbald als ein besonderes Ziel des US-Präsidenten erweisen, das er auch auf den folgenden Konferenzen mit Stalin und Churchill nachhaltig verfolgte. Roosevelt konzentrierte sein Interesse auf die Verwirklichung seines Traumes von der »Einen Welt« und auf die Gründung einer Weltsicherheitsorganisation, die vor allem von den USA und der UdSSR getragen werden sollte.

Zwecks Regelung der noch immer unklaren Fragen über die Errichtung von Besatzungszonen und die Reparationsforderungen an Deutschland kam man auf der ersten Kriegskonferenz der »Großen Drei« in Teheran vom 28. November bis 1. Dezember 1943 überein, eine Europäische Beratungskommission (European Advisory Commission = EAC) in London ins Leben zu rufen, wie es schon die Außenminister auf ihrer Konferenz in Moskau Ende Oktober 1943 vereinbart hatten. Die Gespräche in Teheran selbst galten vor allem der weiteren militärischen Zusammenarbeit und dem Problem der polnischen Nachkriegsgrenzen. Man ging dabei davon aus, daß Polen »im Westen gewinnen solle, was es im Osten verliert«. Churchill demonstrierte auf der Konferenz in bekannter Weise diese Westverlagerung Polens durch drei Streichhölzer, die »ganz einfach« nach Westen verschoben wurden. Ohne ausdrückliche Zustimmung Roosevelts verständigten sich Stalin und Churchill über die Oder-Grenze als neue Westgrenze Polens. Ein förmlicher Beschluß wurde jedoch nicht gefaßt.

14

Nach der erfolgreichen Landung der Alliierten in der Normandie im Juni 1944 kam es in den USA zur Entwicklung euphorischer Vorstellungen. Es gelang dem US-Finanzminister Henry Morgenthau jr., Präsident Roosevelt für die totale Entmilitarisierung Deutschlands und Zerstörung der deutschen Industrie zu gewinnen; Ruhrgebiet und Rheinland sowie das Gebiet um den Nord-Ostsee-Kanal sollten internationaler Verwaltung unterstellt werden. Morgenthaus radikale Vorstellungen über die zukünftige Behandlung des besiegten Deutschlands wurden aber schon im eigenen Regierungslager als »Pläne voll blinder Rache« charakterisiert. Dennoch

Die in Jalta besprochene Westverschiebung Polens

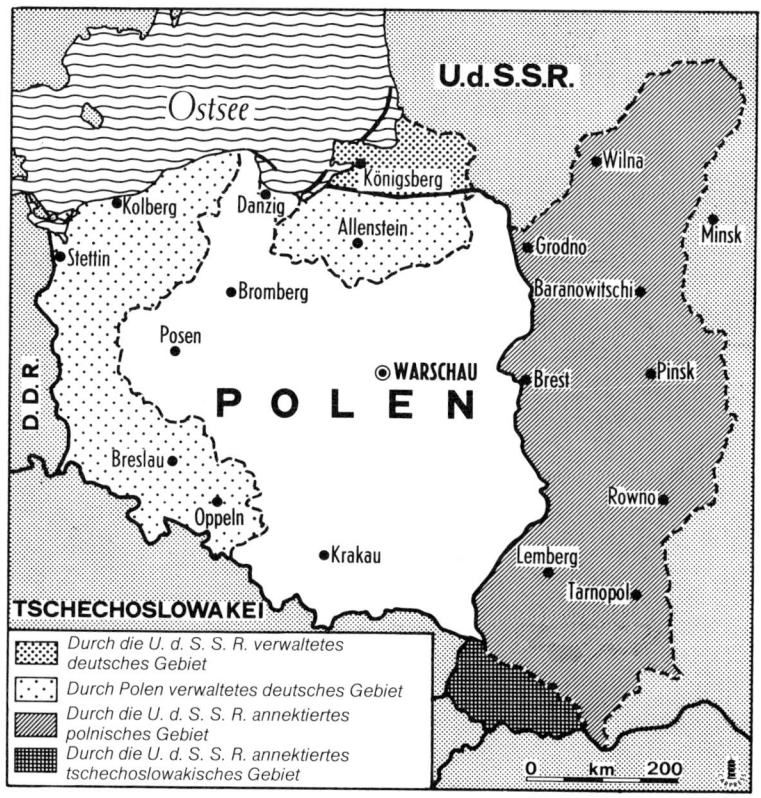

15

gelang es dem Finanzminister zusammen mit Roosevelt, den britischen Premierminister auf der Konferenz von Quebec (11. bis 16. September 1944) für diese Idee zu gewinnen. Churchill und Roosevelt bezeichneten es dort als ihr Kriegsziel, die Umwandlung Deutschlands in ein Land mit vorwiegend land- und weidewirtschaftlichem Charakter durchzuführen.

Kurz darauf distanzierten sich aber Roosevelt und Churchill wieder von diesen Vorstellungen, nachdem die Idee zu heftigen Kommentaren und Reaktionen in der Presse und öffentlichen Meinung beiderseits des Atlantik geführt hatte und der amerikanische Präsident dieses Kriegszielprogramm aus der Wahlkampfdiskussion anläßlich der Neuwahl im November 1944 heraushalten wollte. Um so drängender wurde es jedoch, sich mit Stalin über die zukünftige Europa- und Deutschland-Politik zu verständigen. Schon im Juli 1944« hatte Roosevelt eine neue Konferenz der »Großen Drei« angeregt. Mehrmals wurde der Konferenztermin verschoben. Athen, Konstantinopel und Jerusalem wurden als Tagungsorte vorgeschlagen. Schließlich einigte man sich Ende Dezember auf Jalta.

Die EAC hatte inzwischen den Urkundenentwurf für die bedingungslose Kapitulation und am 12. September 1944 ein Zonenprotokoll über die Aufteilung der drei Besatzungszonen – das nochmals am 14. November geändert wurde – sowie am 14. November 1944 ein Abkommen über die Kontrolleinrichtungen in Deutschland nach dem Krieg ausgearbeitet und verabschiedet. Auf Betreiben Churchills fand vom 30. Januar bis 2. Februar 1945 eine britisch-amerikanische Vorkonferenz in Malta statt. Roosevelt hatte dieser Besprechung nur sehr zögernd zugestimmt, da er Stalin nicht mißtrauisch machen, mit diesem vielmehr in Jalta ein offenes, unbelastetes Gespräch führen wollte. Aufgrund der amerikanischen Zurückhaltung unterblieb in Malta eine Abklärung und Koordination der anglo-amerikanischen Vorstellungen. Getrennt flogen denn auch Churchill und Roosevelt von Malta zur Krim.

Roosevelts Haltung, sich nicht direkt für die britische Balance-Politik in Europa zu engagieren, kam Stalin entgegen, da sich zum Jahreswechsel 1944/45 abzeichnete, daß die militärische und politische Stärke Englands nach Kriegsende nicht ausreichen würde, gegenüber der mächtigen Sowjetunion in Europa allein das Gegengewicht zu bilden. In Jalta sollte Großbritannien bereits nicht mehr als gleichberechtigter Partner zum Zuge kommen; als »Juniorpartner« mußte sich der britische Premierminister bei seinen Vorstellungen nach den Leitlinien der Amerikaner richten. Diese aber waren in zunehmendem Maße entschlossen, strittige Fragen über Deutschland bis auf die Zeit nach Kriegsende in Europa zu verschieben.

Die mehrfachen Verschiebungen des Konferenztermines verschafften Stalin entscheidende Vorteile. Der neue Vorstoß der Roten Armee am 12. Januar 1945 von der Weichsel zur Oder befestigte seine gute Ausgangsposition. Der Sieg der Anti-Hitler-Koalition über das Dritte Reich war nach der Überzeugung Moskaus das Hauptverdienst der Roten Armee. Die sowjetischen Truppen hatten inzwischen große Teile Osteuropas und Ostdeutschlands besetzt. Das von Moskau unterstützte und von polnischen Kommunisten gebildete Lubliner Komitee konnte als provisorische Regierung nach Warschau übersiedeln und sich dort als faktische Regierungsmacht etablieren, während die Westmächte immer noch versuchten, die polnische Exilregierung in London ins Gespräch zu bringen.

Roosevelts Hoffnung, die Konferenz auf der Krim in einem freundschaftlichen Klima, im Geiste gegenseitiger Achtung und allgemeinen Vertrauens zu einem raschen Abschluß zu bringen, ließ sich nicht realisieren. Zwar erreichte er die Zustimmung Stalins zur Gründung der Vereinten Nationen, sein Streben nach einer übergreifenden Weltfriedensordnung, die auch die Sowjetunion einbinden sollte, verlangte jedoch immer wieder die Bereitschaft der Westalliierten, Stalin Zugeständnisse auf anderen Gebieten zu machen und Kompromisse einzugehen – auch in der entscheidenden Frage der Wiederherstellung der Demokratie in Europa. Die dazu in Jalta im Sinne der Atlantik-Charta verkündete »Erklärung über das befreite Europa« sah ein gemeinsames Vorgehen bei der Lösung der politischen und wirtschaftlichen Probleme des befreiten Europa »auf demokratischer Grundlage« vor; die Proklamation blieb jedoch ohne reale politische Bedeutung.

Die alsbald von Moskau eingesetzten Regierungen in Ost- und Südosteuropa stützten sich nicht auf eine demokratische Legitimation, sondern auf die Anwesenheit der Roten Armee. Insbesondere war es für die Regierung in London schmerzlich, die Sowjetisierung Polens hinnehmen zu müssen, da man zur Verteidigung der polnischen Unabhängigkeit und Souveränität in den Krieg gezogen war und deshalb Polen unter allen Umständen nach Kriegsende als freien und unabhängigen Staat im westlichen Sinne wiedererrichten wollte. Erschwerend kam hinzu, daß man nun sogar den polnischen Kommunisten für die verlorenen Gebiete östlich der sogenannten Curzon-Linie von 1920, die als neue sowjetisch-polnische Grenze festgelegt wurde, deutsche Ostgebiete bis zur Oder-Linie als »Entschädigung im Westen« zugestehen mußte. Im gemeinsamen Protokoll blieb jedoch offen, ob diese Entschädigung bis zur Oder-Neiße-Linie gehen sollte.

Um Churchills Einwände gegen die Oder-Neiße-Linie als neue polnische Westgrenze zu entkräften, stellten Stalin und der sowjetische Außenkommissar Molotow im Verlauf der Krim-Konferenz mehrmals die Behauptung auf, die gesamte deutsche Bevölkerung sei bereits aus den fraglichen Gebieten vor der Roten Armee geflüchtet. Churchill fand es dennoch »höchst bedauerlich, wenn man die polnische Gans dermaßen mit deutschem Futter mäste, daß sie an Verdauungsbeschwerden eingehe«. Man kam schließlich überein, die Meinung der neuen polnischen Regierung einzuholen und die endgültige Westgrenze Polens erst auf der späteren Friedenskonferenz festzulegen. In Potsdam mußten die Westalliierten im Juli/August 1945 dann doch die von Moskau geschaffenen Realitäten und somit die polnische Verwaltung in den Gebieten östlich der Oder-Neiße-Linie anerkennen.

Enttäuschend war für Stalin, daß die von ihm angeschnittene Reparationsfrage und seine Forderung nach 10 Milliarden Dollar (von der angenommenen Gesamtschuld von 20 Milliarden Dollar) bei den Besprechungen im Konferenzsaal des Livadia-Palastes nicht einvernehmlich geregelt, sondern an eine neugeschaffene alliierte Reparationskommission in Moskau überwiesen wurde. Auch die lange Zeit von den Westmächten favorisierten Pläne einer Zerstückelung Deutschlands (Dismemberment of Germany) wurden an ein Dismemberment-Komitee übertragen, das detaillierte Entwürfe entwickeln sollte. Der Zerstückelungs-Grundsatz wurde zwar in den Kapitulationsurkunde-Entwurf der EAC aufgenommen. Ein von allen drei Regierungschefs akzeptierter Teilungsplan kam jedoch nicht zustande. Praktische Bedeutung erlangte die Dismemberment-Bestimmung nicht, da sich die Besatzungsmächte nach der militärischen Kapitulation alsbald gegen eine Zerstückelung Deutschlands aussprachen und die Einteilung in vier Besatzungszonen lediglich Besatzungszwecken dienen und nicht der erste Schritt für eine Aufteilung Deutschlands sein sollte.

In einem Geheimprotokoll erreichte Roosevelt die Zusage Stalins, nach Abschluß des Krieges in Europa trotz des bestehenden japanisch-sowjetischen Nichtangriffsvertrages auf der Seite der Westalliierten in den noch fortdauernden Krieg gegen Japan einzutreten. Dieses Ergebnis wurde später heftig kritisiert. Man muß jedoch berücksichtigen, daß im Februar 1945 noch nicht abzusehen war, daß Japan bereits im Sommer nach dem Einsatz der Atombombe kapitulieren würde. Die amerikanischen Militärs rechneten vielmehr damit, daß der Krieg gegen Japan nach der Niederlage Deutschlands noch 12 bis 18 Monate dauern und hohe Verluste fordern würde. Insofern buchte Roosevelt Stalins Zusage, innerhalb von zwei oder drei Monaten nach der deutschen Kapitulation in den Krieg gegen Japan einzutreten, als Erfolg seiner Bemühungen.

Die zum Abschluß der Jalta-Konferenz herausgegebene Presseerklärung und das veröffentlichte Schlußkommuniqué ließen die unterschiedlichen Standpunkte und Vorstellungen der Konferenzteilnehmer deutlich erkennen. Zwar wurden die Franzosen auf Kosten der Engländer und Amerikaner als vierte Besatzungsmacht in den Kreis der Sieger aufgenommen; die Bemühungen Roosevelts, die Sowjetunion in die globalen Leitvorstellungen einer Weltfriedensordnung einzubinden und sie von ihren machtpolitischen Vorstellungen abzubringen, erwiesen sich jedoch als illusionär.

Der von schwerer Krankheit gezeichnete amerikanische Präsident wollte wohl in Jalta die Aufteilung Europas verhindern, er erreichte aber dennoch nur die Verfestigung der schon seit Teheran sich herausbildenden Trennung in Ost und West. Ohne Garantien und ohne Abbau des gegenseitigen Mißtrauens, welches das Verhältnis der beiden Seiten über den Tod Roosevelts am 12. April 1945 hinaus belastete, ließ sich die Idee einer übergreifenden Weltfriedensordnung für die Zeit nach dem Zweiten Weltkrieg auch nicht auf den Trümmern des besiegten Dritten Reiches realisieren.

Karte »A« zum Protokoll über die Besatzungszonen in Deutschland,
vereinbart von der European Advisory Commission am 12. September 1944

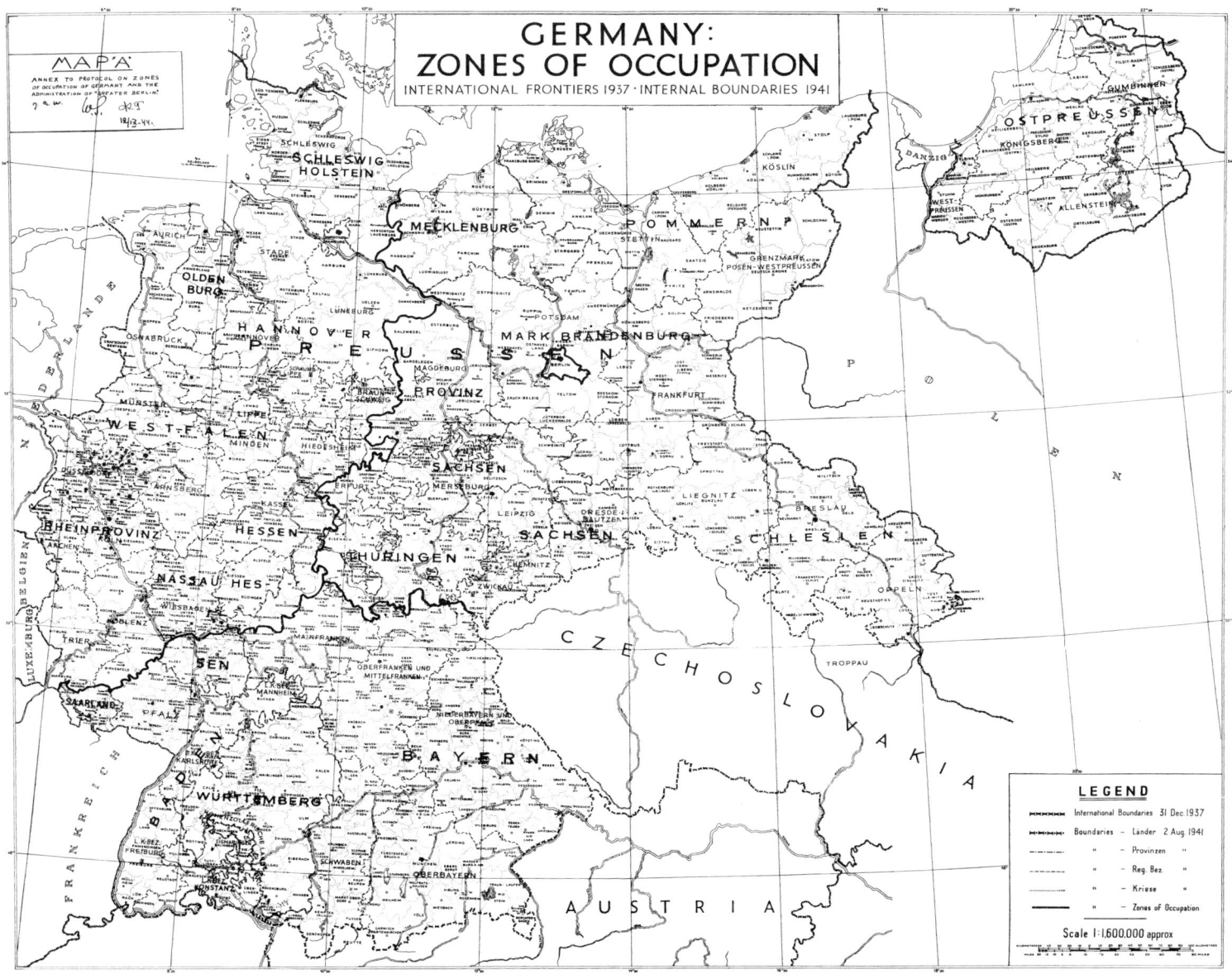

Anhang zum Protokoll zwischen den Vereinigten Staaten von Amerika, Großbritannien und der UdSSR vom 12. September 1944 über die Besatzungszonen in Deutschland und die Verwaltung Groß-Berlins (Londoner Protokoll). Die Zuweisung einer Besatzungszone an Frankreich wurde später beschlossen.
Sonderdruck aus dem Kalender 1985 „Deutschland nach dem Kriege". Herausgeber: Gesamtdeutsches Institut – Bundesanstalt für gesamtdeutsche Aufgaben.

Schlußkommuniqué zur Konferenz von Jalta vom 12. Februar 1945

Während der letzten acht Tage trafen sich Winston S. Churchill, Premierminister von Großbritannien, Franklin D. Roosevelt, Präsident der Vereinigten Staaten von Amerika und Marschall J. W. Stalin, Vorsitzender des Rates der Volkskommissare der Union der Sozialistischen Sowjetrepubliken mit den Außenministern, Stabschefs und anderen Beratern auf der Krim.

Außer den drei Regierungschefs nahmen noch folgende an der Konferenz teil:

[. . .]

Die folgende Erklärung wird durch den Premierminister von Großbritannien, den Präsidenten der Vereinigten Staaten von Amerika und den Vorsitzenden des Rates der Volkskommissare der Union der Sozialistischen Sowjetrepubliken als Ergebnis der Krimkonferenz abgegeben:

I.

Wir haben die militärischen Pläne der drei alliierten Mächte für die endgültige Niederlage des gemeinsamen Feindes beraten und entschieden. Die militärischen Stäbe der drei alliierten Völker haben sich in täglichen Zusammenkünften während der ganzen Konferenz getroffen. Diese Zusammenkünfte waren von jedem Standpunkt aus gesehen äußerst befriedigend und haben eine engere Koordinierung der militärischen Anstrengungen der drei Alliierten zur Folge gehabt, als je vorher. Die vollsten Informationen wurden ausgetauscht. Der Zeitpunkt, der Umfang und die Koordinierung neuer und noch kräftigerer Schläge, welche unsere Armeen und Luftstreitkräfte in das Herz Deutschlands von Osten, Westen, Norden und Süden her vortragen werden, wurden restlos beschlossen und im Detail geplant.

Unsere gemeinsamen militärischen Pläne werden erst bei ihrer Ausführung bekanntgegeben werden, aber wir sind überzeugt, daß die sehr enge gemeinsame Zusammenarbeit zwischen den drei Stäben, welche bei dieser Konferenz erreicht wurde, eine Verkürzung des Krieges ergeben wird. Zusammenkünfte der drei Stäbe werden in der Zukunft fortgesetzt werden, wann immer es nötig ist.

Nazideutschland ist zum Untergang verurteilt. Das deutsche Volk wird den Preis seiner Niederlage nur sich selbst erhöhen, wenn es versucht, einen hoffnungslosen Widerstand fortzusetzen.

II. DIE BESETZUNG UND KONTROLLE DEUTSCHLANDS

Wir haben uns über eine gemeinsame Politik und Pläne für die Durchführung der Regeln einer bedingungslosen Übergabe, welche wir zusammen Nazi-Deutschland aufzwingen werden, nachdem der deutsche bewaffnete Widerstand restlos gebrochen sein wird, geeinigt. Diese Regeln werden erst bekanntgegeben werden, bis die endgültige Niederlage Deutschlands erreicht ist. Der angenommene Plan sieht vor, daß die Streitkräfte der Drei Mächte je eine separate Zone Deutschlands besetzen werden. Eine koordinierte Administration und Kontrolle wurde im Plan durch eine zentrale Kontrollkommission vorgesehen, welche aus den Oberkommandierenden der drei Mächte mit dem Hauptsitz in Berlin bestehen wird. Es wurde beschlossen, daß Frankreich durch die Drei Mächte eingeladen werden soll, falls es dies wünscht, eine Besatzungszone zu übernehmen und als viertes Mitglied der Kontrollkommission teilzunehmen. Die Grenzen der französischen Zone werden durch die vier betreffenden Regierungen durch ihre Vertreter bei der Beratenden Europäischen Kommission bestimmt werden. Es ist unsere unbeugsame Absicht, den deutschen Militarismus und Nazismus zu zerstören und sicherzustellen, daß Deutschland niemals wieder imstande sein wird, den Frieden der Welt zu zerstören. Wir sind entschlossen, alle deutschen bewaffneten Kräfte zu entwaffnen und aufzulösen; für ewige Zeiten den deutschen Generalstab auseinanderzubrechen, welcher des öfteren die Wiederauferstehung des deutschen Militarismus betrieben hat; alle deutsche militärische Ausrüstung fortzuschaffen oder zu zerstören; jede deutsche Industrie, welche für militärische Produktion genützt werden könnte, zu entfernen oder zu kontrollieren; alle Kriegsverbrecher einer gerechten und raschen Bestrafung zuzuführen und eine Wiedergutmachung in Waren für die Zerstörung, welche durch die Deutschen verübt wurde, zu erhalten; die Nazi-Partei, Nazigesetze, Organisationen und Einrichtungen auszumerzen; alle Nazi- und militaristischen Einflüsse von den öffentlichen Ämtern und vom kulturellen und wirtschaftlichen Leben des deutschen Volkes zu entfernen und in gemeinsamer Übereinstimmung andere Maßnahmen in Deutschland zu treffen, welche für den künftigen Frieden und die Sicherheit der Welt notwendig sein könnten. Es ist nicht unsere Absicht, das deutsche Volk zu zerstören, aber nur wenn der Nazismus und Militarismus ausgemerzt sein werden, wird es Hoffnung für ein anständiges Leben für die Deutschen und einen Platz für sie in der Gemeinschaft der Völker geben.

III. WIEDERGUTMACHUNG DURCH DEUTSCHLAND

Wir haben die Frage des Schadens, welchen Deutschland den alliierten Nationen in diesem Kriege zugefügt hat, überlegt und haben es als recht befunden, daß Deutschland verpflichtet sei, für diesen Schaden in weitmöglichstem Maße Kompensation in Waren zu leisten. Eine Kommission für Schadenskompensation wird errichtet werden. Die Kommission wird beauftragt werden, die Frage des Ausmaßes und der Methoden für die Kompensation des Schadens, welcher von Deutschland den alliierten Ländern zugefügt wurde, zu beraten. Die Kommission wird in Moskau arbeiten.

IV. KONFERENZ DER VEREINTEN NATIONEN

Wir sind entschlossen, mit unseren Verbündeten so bald als möglich eine allgemeine internationale Organisation zur Erhaltung des Friedens und der Sicherheit zu errichten. Wir sind überzeugt, daß dies lebenswichtig ist, sowohl um Angriffe zu vermeiden, als auch um die politischen, ökonomischen und sozialen Ursachen des Krieges durch die enge und ununterbrochene Zusammenarbeit aller friedliebenden Völker aus der Welt zu schaffen.

Die Grundlagen wurden in Dumbarton Oaks gelegt. Über die wichtige Frage der Abstimmungsprozedur jedoch wurde keine Einigung erzielt. Die gegenwärtige Konferenz war imstande, diese Schwierigkeit zu lösen.

Wir sind übereingekommen, daß eine Konferenz der Vereinten Nationen einberufen werde, um sich am 25. April 1945 in San Franzisko zu versammeln und die Charta einer solchen Organisation im Sinne der unverbindlichen Besprechungen in Dumbarton Oaks vorzubereiten.

Die Regierung von China und die provisorische Regierung Frankreichs werden sofort konsultiert und eingeladen werden, die Einladungen zur Konferenz zusammen mit den Regierungen der Vereinigten Staaten, Großbritanniens und der Union der Sozialistischen Sowjetrepubliken ergehen zu lassen. Sobald die Konsultation mit China und Frankreich beendet sein wird, wird der Text der Vorschläge über die Abstimmungsprozedur verlautbart werden.

V. DEKLARATION ÜBER DAS BEFREITE EUROPA

Wir haben eine Deklaration über das befreite Europa entworfen und unterzeichnet. Diese Deklaration sieht eine Übereinstimmung der Politik der Drei Mächte und eine gemeinsame Aktion vor, um den politischen und ökonomischen Problemen des befreiten Europa in Übereinstimmung mit demokratischen Prinzipien zu begegnen. Der Text der Deklaration lautet folgendermaßen:

Der Premier der Union der Sozialistischen Sowjetrepubliken, der Premierminister des Vereinigten Königreiches und der Präsident der Vereinigten Staaten von Amerika haben miteinander im gemeinsamen Interesse der Völker ihrer Länder und der des befreiten Europa beraten. Sie erklären gemeinsam ihr gegenseitiges Übereinkommen während der vorübergehenden Zeitspanne der Unsicherheit im befreiten Europa die Politik ihrer drei Regierungen abzustimmen, betreffend Beistand für die Völker, welche von der Herrschaft Nazideutschlands befreit wurden und die Völker der früheren Achsen-Satellitenstaaten in Europa, damit sie durch demokratische Maßnahmen ihre dringenden politischen und ökonomischen Probleme lösen.

Die Herstellung von Ordnung in Europa und der Wiederaufbau des nationalen Wirtschaftslebens müssen durch Vorgänge erreicht werden, welche die befreiten Völker instand setzen werden, die letzten Spuren des Nazismus und Faschismus zu zerstören und demokratische Einrichtungen nach ihrer eigenen Wahl zu schaffen. Dies ist ein Prinzip der Atlantischen Charta – das Recht aller Völker, die Form der Regierung zu wählen, unter welcher sie leben wollen – die Wiederherstellung der souveränen Rechte und der Selbstregierung für diejenigen Völker, welche durch die angreifenden Nationen derselben mit Gewalt beraubt wurden.

Um die Verhältnisse zu fördern, unter welchen die befreiten Völker diese Rechte ausüben können, wollen die drei Regierungen gemeinsam den Völkern in jedem europäischen befreiten Staate oder früherem Achsen-Satelliten-Staate in Europa gemeinsam beistehen, wo ihrem Urteil nach die Verhältnisse es erfordern (a) Zustände eines inneren Friedens herzustellen (b) Notmaßnahmen für die Hilfe in Not geratener Völker durchzuführen (c) interimistische Regierungsbehörden zu schaffen, welche in breitem Ausmaß alle demokratischen Elemente in der Bevölkerung repräsentieren und sich verpflichtet haben, durch freie Wahlen sobald als möglich Regierungen zu errichten, welche dem Willen des Volkes entsprechen und (d) wo immer es nötig ist, die Abhaltung solcher Wahlen zu erleichtern.

Die drei Regierungen werden die anderen Vereinten Nationen und provisorischen Behörden und andere Regierungen in Europa konsultieren, wenn Dinge, welche von direktem Interesse für sie sind, unter Beratung stehen.

Falls nach Ansicht der drei Regierungen die Verhältnisse in irgendeinem befreiten europäischen Staate oder früheren Achsen-Satelliten-Staate in Europa eine solche Aktion nötig machen, werden sie sofort untereinander über die Maßnahmen beraten, welche nötig sind, um die gemeinsame Verantwortung, welche in dieser Deklaration enthalten ist, zu erfüllen.

Durch diese Erklärung bestätigen wir unseren Glauben an die Prinzipien der Atlantik-Charta von neuem, unser Gelübde in die Deklaration der Vereinten Nationen, und unsere Entschlossenheit, in Zusammenarbeit mit anderen friedliebenden Völkern eine dem Rechte unterworfene Welt aufzubauen, welche dem Frieden, der Sicherheit, der Freiheit und der allgemeinen Wohlfahrt der gesamten Menschheit gewidmet ist.

Bei der Herausgabe dieser Deklaration geben die Drei Mächte ihrer Hoffnung Ausdruck, daß die provisorische Regierung der Französischen Republik mit ihnen in dem vorgeschlagenen Verfahren assoziiert sein werde.

VI. POLEN

Wir kamen zur Krim-Konferenz, entschlossen, die Differenzen über Polen beizulegen. Wir diskutierten restlos alle Aspekte dieser Frage. Wir bestätigen von neuem unser gemeinsames Bestreben, ein starkes, freies, unabhängiges und demokratisches Polen errichtet zu sehen. Als Ergebnis unserer Besprechungen sind wir über die Bedingungen übereingekommen, unter welchen eine neue polnische Provisorische Regierung der nationalen Einheit in einer Weise gebildet werden kann, welche die Anerkennung durch die größeren Mächte bedingt.

Das Übereinkommen, welches wir getroffen haben, lautet folgendermaßen:

In Polen ist, hervorgerufen durch die vollständige Befreiung durch die Rote Armee, eine neue Situation entstanden. Dies macht die Errichtung einer polnischen provisorischen Regierung nötig, welche auf breiterer Basis aufgebaut sein kann, als es vor der jüngsten Befreiung des westlichen Polens möglich war. Die provisorische Regierung welche nun in Polen fungiert, sollte daher auf einer breiteren demokratischen Basis mit Einschluß demokratischer Führer von Polen selbst und von Polen im Auslande reorganisiert werden. Diese neue Regierung soll dann die polnische Provisorische Regierung der nationalen Einheit genannt werden. Herr Molotow, Herr Harriman und Sir A. Clark Kerr sind bevollmächtigt, als Kommission in erster Instanz in Moskau mit Mitgliedern der gegenwärtigen provisorischen Regierung und mit anderen polnischen demokratischen Führern innerhalb Polens und aus dem Auslande mit Hinsicht auf die Reorganisation der derzeitigen Regierung im vorerwähnten Sinne zu verhandeln. Diese polnische Provisorische Regierung der nationalen Einheit soll zur Abhaltung freier und unbeeinflußter Wahlen – sobald wie möglich auf der Basis allgemeinen Wahlrechtes und geheimer Abstimmung – verpflichtet sein. An diesen Wahlen sollen alle demokratischen und Anti-Nazi-Parteien das Recht haben teilzunehmen und Kandidaten vorzuschlagen.

Sobald eine polnische Provisorische Regierung der nationalen Einheit in Übereinstimmung mit dem Vorgesagten gebildet sein wird, werden die Regierung der UdSSR, welche zur Zeit diplomatische Beziehungen mit der derzeitigen provisorischen Regierung Polens unterhält, und die Regierung des Vereinigten Königreichs und die Regierung der Vereinigten Staaten diplomatische Beziehungen mit der neuen polnischen Provisorischen Regierung der Nationalen Einheit aufnehmen und Botschafter austauschen, durch deren Berichte die betreffenden Regierungen über die Situation in Polen unterrichtet werden.

Die drei Regierungschefs sind der Ansicht, daß die östliche Grenze Polens der Curzon-Linie mit Abweichungen von dieser in manchen Gebieten von 5 bis 8 Kilometern zugunsten Polens folgen soll. Sie anerkennen, daß Polen bedeutenden Gebietszuwachs im Norden und Westen erhalten muß. Sie sind der Ansicht, daß die Meinung der neuen polnischen Provisorischen Regierung der nationalen Einheit im entsprechenden Zeitpunkt über das Ausmaß dieser Zuwächse eingeholt werden muß und daß die endgültige Festlegung der westlichen Grenze Polens danach bis zur Friedenskonferenz zuwarten soll.

VII.   JUGOSLAWIEN

Wir sind übereingekommen, Marschall Tito und Dr. Subasic zu empfehlen, daß das Übereinkommen zwischen ihnen sofort in Kraft gesetzt werden solle und daß eine neue Regierung auf der Basis dieses Übereinkommens gebildet werde.

Wir empfehlen auch, daß, sobald die neue Regierung gebildet ist, diese erklären solle, daß:

(i) Die Anti-Faschistische Versammlung der Nationalen Befreiung (Avnoj) ausgedehnt werden solle, um Mitglieder des letzten jugoslawischen Parlaments (Skupschina) einzuschließen, welche sich nicht durch Kollaboration mit dem Feind kompromittiert haben, wodurch eine Körperschaft gebildet werde, welche als temporäres Parlament bezeichnet werde; und

(ii) gesetzgeberische Maßnahmen, welche durch die Antifaschistische Sammlung der Nationalen Befreiung (Avnoj) gefaßt wurden, einer späteren Ratifikation durch eine gesetzgebende Versammlung unterliegen. Andere Balkanfrage(n) wurden auch einer allgemeinen Betrachtung unterzogen.

26

VIII. ZUSAMMENKUNFT DER AUSSENMINISTER

Während der Dauer der Konferenz fanden außer den täglichen Zusammenkünften der Regierungschefs und der Außenminister separate Sitzungen der drei Außenminister und deren Berater ebenfalls täglich statt. Diese Sitzungen zeigten sich vom großen Werte und die Konferenz kam überein, daß ein permanenter Mechanismus gebildet werden solle, welcher eine regelmäßige Konsultation zwischen den drei Außenministern ermöglicht. Diese werden daher so oft als möglich zusammentreten, wahrscheinlich alle drei oder vier Monate. Diese Zusammenkünfte werden abwechselnd in den drei Hauptstädten abgehalten werden, wobei die erste Sitzung in London nach der Konferenz der Vereinten Nationen stattfinden wird.

IX. EINIGKEIT FÜR DEN FRIEDEN WIE FÜR DEN KRIEG

Unsere Zusammenkunft hier in der Krim hat unsere gemeinsame Entschlossenheit bestärkt im kommenden Frieden jene Einheit der Aufgaben und der Durchführung zu erhalten und zu vertiefen, welche den Sieg in diesem Kriege für die Vereinten Nationen möglich und sicher gemacht hat. Wir sind überzeugt, daß dies eine geheiligte Verpflichtung ist, welche unsere Regierungen allen Völkern der Welt schuldig sind.

Nur bei ständiger und wachsender Zusammenarbeit und Verständnis zwischen unseren drei Ländern und zwischen allen friedliebenden Völkern kann das höchste Ziel der Menschheit erreicht werden, ein sicherer und dauernder Friede, welcher in den Worten der Atlantischen Charta »es sicherstellen wird, daß alle Menschen in allen Ländern ihre Leben frei von Angst und Not leben können«.

Der Sieg in diesem Kriege und die Errichtung der vorgeschlagenen internationalen Organisation werden die größte Gelegenheit aller Zeiten geben, um in den künftigen Jahren die nötigen Bedingungen zu einem solchen Frieden zu schaffen.

Winston S. Churchill, Franklin D. Roosevelt, I. Stalin. 11. Februar 1945

Auszug aus dem Protokoll der Verhandlungen der Krimkonferenz, das erst am 24. März 1947 vom US-Statedepartment veröffentlicht wurde

Die Krimkonferenz der Chefs der Regierungen der Vereinigten Staaten von Amerika, des Vereinigten Königsreiches und der Union der Sozialistischen Sowjetrepubliken, welche vom 4. bis 11. Februar stattfand, kam zu den folgenden Beschlüssen.

I. WELTORGANISATION

Es wurde beschlossen: (1) daß eine Konferenz der Vereinten Nationen über die beabsichtigte Weltorganisation für Mittwoch, den 25. April 1945 einberufen und in den Vereinigten Staaten von Amerika abgehalten werde.

[. . .]

III. ZERSTÜCKELUNG DEUTSCHLANDS

Es wurde beschlossen, daß Artikel 12 (a) der Kapitulationsbedingungen für Deutschland folgendermaßen ergänzt werde: »Das Vereinigte Königreich, die Vereinigten Staaten von Amerika und die Union der Sozialistischen Sowjetrepubliken werden bezüglich Deutschlands höchste Machtvollkommenheit haben. In der Ausübung dieser Macht werden sie solche Maßnahmen treffen, einschließlich der völligen Entwaffnung, Entmilitarisierung und Zerstückelung, als sie für den künftigen Frieden und die Sicherheit für notwendig halten.«

Das Studium des Vorganges für die Zerstückelung Deutschlands wurde einem Komitee übertragen, welches aus Mr. Eden (Vorsitzender), Mr. Winant und Herrn Gusew besteht. Diese Körperschaft wird darüber beraten, ob es wünschenswert ist, einen französischen Repräsentanten beizuziehen.

28

IV. OKKUPATIONSZONE FÜR DIE FRANZOSEN UND KONTROLLRAT FÜR DEUTSCHLAND

Es wurde beschlossen, daß eine Zone in Deutschland, welche von französischen Streitkräften besetzt werden wird, Frankreich zugeteilt wird. Diese Zone wird aus britischen und amerikanischen Zonen gebildet werden und ihre Ausdehnung wird von den Briten und Amerikanern in Beratung mit der provisorischen französischen Regierung bestimmt werden. Es wurde auch beschlossen, daß die französische provisorische Regierung eingeladen werden soll, ein Mitglied des Alliierten Kontrollrates für Deutschland zu werden.

V. WIEDERGUTMACHUNG

Das folgende Protokoll wurde beschlossen:

1. Deutschland muß in natura für die Verluste zahlen, welche es den alliierten Nationen im Laufe des Krieges zugefügt hat. Wiedergutmachungen sollen in erster Linie diejenigen Länder erhalten, welche die Hauptlast des Krieges getragen, die schwersten Verluste erlitten und den Sieg über den Feind gestaltet haben.

2. Wiedergutmachung in natura ist von Deutschland in den drei folgenden Formen zu nehmen: (a) innerhalb zweier Jahre nach der Übergabe Deutschlands oder dem Aufhören organisierten Widerstandes, Wegschaffungen vom deutschen Nationalvermögen, welches sich sowohl auf dem Gebiete Deutschlands selbst als auch außerhalb des Gebietes befindet (Werkzeugmaschinen, Schiffe, rollendes Material, deutsche Investitionen im Auslande, Aktien Industrieller-, Transport- und anderer Unternehmungen in Deutschland), welche Wegschaffungen hauptsächlich für den Zweck der Zerstörung des Kriegspotentials Deutschlands durchzuführen sind (b) jährliche Lieferungen von Gütern von der laufenden Produktion für eine festzusetzende Zeitspanne (c) Benützung deutscher Arbeitskräfte.

3. Zur Ausarbeitung eines detaillierten Planes laut vorgenannter Grundsätze für die Einhebung von Reparationen von Deutschland wird eine alliierte Wiedergutmachungskommission in Moskau errichtet werden. Sie wird aus drei Vertretern bestehen – einer von der Union der Sozialistischen Sowjetrepubliken, einer vom Vereinigten Königreich und einer von den Vereinigten Staaten von Amerika.

4. Bezüglich der Festsetzung einer Gesamtsumme der Wiedergutmachung als auch der Verteilung unter den Ländern, welche unter der deutschen Aggression gelitten haben, kamen die sowjetischen und amerika-

nischen Delegationen folgendermaßen überein: »Die Moskauer Reparationskommission soll in ihren anfänglichen Studien als Unterlage für die Diskussion den Vorschlag der Sowjetregierung annehmen, daß die Gesamtsumme der Wiedergutmachungen in Übereinstimmung mit den Punkten a und b des § 2 20 Billionen [Übersetzungsfehler, es muß richtig heißen: 20 Milliarden; Anm d. Verf.] Dollar sein sollten und daß davon 50 % die Union der Sozialistischen Sowjetrepubliken erhalten solle.«

Die britische Delegation war der Ansicht, daß während der Besprechungen über die Wiedergutmachungsfrage bei der Moskauer Wiedergutmachungskommission keine Wiedergutmachungsziffern genannt werden sollten. Der vorstehende sowjet-amerikanische Vorschlag wurde der Moskauer Reparationskommission als einer der Vorschläge, welche von der Kommission in Erwägung gezogen werden sollen, weitergegeben.

[. . .]

VII. POLEN

[. . .]

»Die drei Regierungschefs sind der Ansicht, daß die Ostgrenze Polens der Curzon-Linie folgen solle, mit Abweichungen in manchen Gegenden von 5 bis 8 Kilometern zu Gunsten Polens. Sie erkennen an, daß Polen einen ansehnlichen Gebietszuwachs im Norden und Westen bekommen muß. Sie sind der Ansicht, daß die Meinung der neuen polnischen Regierung der nationalen Einheit zur gegebenen Zeit betreffend die Ausdehnung dieser Gebietszuwächse eingeholt werden solle, und daß danach die endgültige Festsetzung der Westgrenze Polens die Friedenskonferenz abwarten solle.«

[. . .]

Das vorstehende Protokoll wurde gebilligt und unterschrieben durch die drei Außenminister auf der Krim-Konferenz, 11. Februar 1945.

E. R. Stettinius jr.   W. Molotow   Anthony Eden

Abdruck nach: Die Jalta-Dokumente. Göttingen 1957

Protokoll zwischen den Regierungen der Vereinigten Staaten von Amerika, des Vereinigten Königreiches und der Union der Sozialistischen Sowjetrepubliken über die Besatzungszonen in Deutschland und die Verwaltung von »Groß-Berlin«

Die Regierungen der Vereinigten Staaten von Amerika, des Vereinigten Königreichs von Großbritannien und Nord-Irlands und der Union der Sozialistischen Sowjetrepubliken haben folgendes Übereinkommen im Hinblick auf die Ausführung des Artikels 11 der Urkunde der bedingungslosen Kapitulation Deutschlands erreicht:

1. Deutschland, innerhalb der Grenzen, wie sie am 31. Dezember 1937 bestanden, wird zum Zwecke der Besetzung in drei Zonen eingeteilt, deren je eine einer der drei Mächte zugewiesen wird, und ein besonderes Berliner Gebiet, das gemeinsam von den drei Mächten besetzt wird.

2. Die Grenzen der drei Zonen und des Berliner Gebietes und die Verteilung der drei Zonen unter den USA, dem UK und der UdSSR wird wie folgt sein:

Östliche Zone (wie in der beiliegenden Karte »A« ersichtlich):

Das Gebiet Deutschlands (einschließlich der Provinz Ostpreußen), das östlich einer Linie liegt, die wie folgt verläuft: Von dem Punkt an der Lübecker Bucht, an dem die Grenzen Schleswig-Holsteins und Mecklenburgs aufeinandertreffen, entlang der westlichen Grenze Mecklenburgs bis zur Grenze der Provinz Hannover, von dort entlang der östlichen Grenze Hannovers bis zur Grenze Braunschweigs, von dort entlang der westlichen Grenze der preußischen Provinz Sachsen bis zur westlichen Grenze Anhalts, von dort entlang der westlichen Grenze Anhalts, von dort entlang der westlichen Grenze der preußischen Provinz Sachsen und der westlichen Grenze Thüringens bis zu dem Punkt, an dem letztere auf die bayrische Grenze trifft, von dort ostwärts entlang der nördlichen Grenze Bayerns bis zur Grenze der Tschechoslowakei von 1937. Dieses Gebiet wird von Streitkräften der UdSSR besetzt, mit Ausnahme des Gebiets von Berlin, für das nachstehend ein besonderes Besatzungssystem vorgesehen ist.

Nordwestliche Zone (wie in der beiliegenden Karte »A« ersichtlich):

Das Gebiet Deutschlands, das westlich der in der Beschreibung der östlichen Zone bezeichneten Linie liegt und im Süden durch eine Linie begrenzt wird, die wie folgt verläuft: Von dem Punkt, an dem die Grenze zwischen den preußischen Provinzen Hannover und Hessen-Nassau auf die westliche Grenze der preußischen Provinz Sachsen trifft, von dort entlang der südlichen Grenze Hannovers, von dort entlang der nordwestlichen, der westlichen und der südlichen Grenze Hessen-Nassaus bis zu dem Punkt, an dem der Rhein letztere verläßt, von dort entlang der Mittellinie der Fahrrinne des Rheins bis zu dem Punkt, an dem er Hessen-Darmstadt verläßt, von dort entlang der westlichen Grenze Badens bis zu dem Punkt, an dem diese Grenze zur deutsch-französischen Grenze wird. Dieses Gebiet wird von Streitkräften des Vereinigten Königreichs besetzt.[*]

Südwestliche Zone (wie in der beiliegenden Karte »A« ersichtlich):

Das Gebiet Deutschlands, das südlich einer Linie liegt, die wie folgt verläuft: Von dem Punkt, an dem die Grenzen Sachsens, Bayerns und der Tschechoslowakei aufeinandertreffen, westwärts entlang der nördlichen Grenze Bayerns bis zu dem Punkt, an dem die Grenzen Hessen-Nassaus, Thüringens und Bayerns aufeinandertreffen, von dort nord-, west- und südwärts entlang der östlichen, der nördlichen, der westlichen und der südlichen Grenze Hessen-Nassaus bis zu dem Punkt, an dem der Rhein die südliche Grenze Hessen-Nassaus verläßt, von dort südwärts entlang der Mittellinie der Fahrrinne des Rheins bis zu dem Punkt, an dem er Hessen-Darmstadt verläßt, von dort entlang der westlichen Grenze Badens bis zu dem Punkt, an dem diese Grenze zur deutsch-französischen Grenze wird. Dieses Gebiet wird von Streitkräften der Vereinigten Staaten von Amerika besetzt.«[*]

Die Grenzen der Länder und Provinzen innerhalb Deutschlands, auf die in den vorstehenden Beschreibungen der Zonen Bezug genommen wurde, sind diejenigen, die nach dem Inkrafttreten der Verordnung vom 25. Juni 1941 (veröffentlicht im Reichsgesetzblatt Teil I, Nr. 72, 3. Juli 1941) bestanden.

Berliner Gebiet (wie in den beiliegenden 4 Blättern der Karte »B« ersichtlich – hier nicht abgedruckt):

Das Gebiet von Berlin (unter diesem Begriff wird das Gebiet von Groß-Berlin im Sinne des Gesetzes vom 27. April 1920 verstanden) wird gemeinsam von Streitkräften der USA, des UK und der UdSSR besetzt, die von den jeweiligen Oberbefehlshabern hierfür bestimmt werden. Zu diesem Zweck wird das Gebiet von Groß-Berlin in die folgenden drei Teile aufgeteilt:

Der nordöstliche Teil von Groß-Berlin (die Bezirke Pankow, Prenzlauerberg, Mitte, Weißensee, Friedrichshain, Lichtenberg, Treptow, Köpenick) wird von den Streitkräften der UdSSR besetzt.

Der nordwestliche Teil von Groß-Berlin (die Bezirke Reinickendorf, Wedding, Tiergarten, Charlottenburg, Spandau, Wilmersdorf) wird von den Streitkräften . . . besetzt.**

Der südliche Teil von Groß-Berlin (die Bezirke Zehlendorf, Steglitz, Schöneberg, Kreuzberg, Tempelhof, Neukölln) wird von den Streitkräften . . . besetzt.**

Die Grenzen der Bezirke innerhalb von Groß-Berlin, auf die in den vorstehenden Beschreibungen Bezug genommen wurde, sind diejenigen, die nach dem Inkrafttreten der am 27. März 1938 veröffentlichten Verordnung bestanden (Amtsblatt der Reichshauptstadt Berlin, Nr. 13 vom 27. März 1938, Seite 215).

[. . .]

3. Die Besatzungstruppen in jeder der drei Zonen, in die Deutschland aufgeteilt ist, unterstehen einem Oberbefehlshaber, der von der Regierung des Landes bestimmt wird, dessen Streitkräfte die betreffende Zone besetzen.

4. Jede der drei Mächte kann nach eigenem Ermessen in die für Besatzungsaufgaben unter dem Befehl ihres Oberbefehlshabers bestimmten Streitkräfte Hilfskontingente aus den Streitkräften jeder sonstigen alliierten Macht einbeziehen, die an militärischen Operationen gegen Deutschland teilgenommen hat.

5. Eine interalliierte Regierungsbehörde (Komendatura), die aus drei von ihren jeweiligen Oberbefehlshabern ernannten Kommandanten besteht, wird errichtet, um gemeinsam die Verwaltung des Gebietes von Groß-Berlin zu leiten.

6. Dieses Protokoll wurde in drei Urschriften in englischer und russischer Sprache abgefaßt. Die beiden Wortlaute sind verbindlich. Das Protokoll tritt mit der Unterzeichnung der Urkunde über die bedingungslose Kapitulation durch Deutschland in Kraft.

Der obige Text des Protokolls zwischen den Regierungen der Vereinigten Staaten von Amerika, des Vereinigten Königreichs und der Union der Sozialistischen Sowjetrepubliken über die Besatzungszonen von Deutschland und die Verwaltung von Groß-Berlin ist vorbereitet und einstimmig angenommen worden von der Europäischen Beratungskommission bei der am 12. September 1944 abgehaltenen Sitzung mit Ausnahme der Verteilung der nordwestlichen und der südwestlichen Besatzungszonen in Deutschland und der nordwestlichen und südlichen Teile Groß-Berlins, die einer weiteren Prüfung und eines weiteren Übereinkommens der USA, des UK und der UdSSR bedarf.**

Vertreter der	Vertreter der	Vertreter der
Regierung	Regierung	Regierung der
der USA bei der Euro-	des UK bei der Euro-	UdSSR bei der Euro-
päischen Beratungs-	päischen Beratungs-	päischen Beratungs-
kommission	kommission	kommission
John G. Winant	William Strang	F. Gusew

Lancaster House, London, S. W. 1
den 12. September 1944

*) Festlegung und geänderte Beschreibung erfolgten gemäß Abkommen vom 14. 11. 1944. Darüber hinaus wurde den US-Streitkräften die Kontrolle über die Häfen von Bremen und Bremerhaven und die erforderlichen Umschlagplätze in deren Nachbarschaft sowie Transit-Möglichkeiten durch die britische Zone eingeräumt. Die französische Zone wurde erst später festgelegt.
**) Der nordwestliche Teil von Berlin wurde im Abkommen vom 14. November 1944 den Streitkräften des Vereinigten Königreiches zugewiesen, der südliche Teil den Streitkräften der USA. Die Zuweisung der Bezirke Reinickendorf und Wedding an die französische Besatzungsmacht wurde später geregelt.

Abkommen über die Kontrolleinrichtungen in Deutschland vom 14. November 1944

Die Regierungen der Vereinigten Staaten von Amerika, des Vereinigten Königreichs von Großbritannien und Nordirland und der Union der Sozialistischen Sowjetrepubliken haben das folgende Abkommen erzielt bezüglich des Aufbaus des alliierten Kontrollsystems in Deutschland für die Zeit, während der Deutschland die grundlegenden Forderungen der bedingungslosen Kapitulation erfüllen wird:

§ 1

Die oberste Gewalt in Deutschland wird von den Oberbefehlshabern der Streitkräfte der Vereinigten Staaten von Amerika, des Vereinigten Königreichs und der Union der Sozialistischen Sowjetrepubliken nach den Weisungen ihrer jeweiligen Regierungen ausgeübt und zwar von jedem einzeln in seiner eigenen Besatzungszone sowie auch gemeinsam in ihrer Eigenschaft als Mitglieder des aufgrund dieses Abkommens errichteten Kontrollorgans bezüglich der Deutschland als Ganzes betreffenden Fragen.

§ 2

Jedem Oberbefehlshaber werden in seiner Besatzungszone Vertreter des Heeres, der Marine und der Luftwaffe der anderen beiden Oberbefehlshaber für Verbindungsaufgaben zugewiesen.

§ 3

a) Die drei Oberbefehlshaber, die als Organ gemeinsam tätig werden, bilden das oberste Kontrollorgan unter der Bezeichnung Kontrollrat.

b) Aufgabe des Kontrollrats ist es,

I. eine angemessene Einheitlichkeit der Maßnahmen der Oberbefehlshaber in ihren jeweiligen Besatzungszonen zu gewährleisten;

II. auf der Grundlage von Weisungen, die jeder Oberbefehlshaber von seiner Regierung erhält, hinsichtlich der hauptsächlichen militärischen, politischen, wirtschaftlichen und sonstigen Fragen, die Deutschland als Ganzes betreffen, Pläne aufzustellen und gemeinsame Beschlüsse zu fassen;

III. die deutsche Zentralverwaltung zu kontrollieren, die unter der Leitung des Kontrollrats tätig wird und ihm gegenüber für die Erfüllung seiner Forderungen verantwortlich ist;

IV. Anweisungen betreffend die Verwaltung von Groß-Berlin durch geeignete Organe zu erlassen.

c) Der Kontrollrat tritt mindestens einmal alle zehn Tage zusammen und tagt jeweils auf Antrag eines seiner Mitglieder. Die Beschlüsse des Kontrollrats werden einstimmig gefaßt. Der Vorsitz des Kontrollrats wird abwechselnd von jedem seiner drei Mitglieder wahrgenommen.

d) Jedem Mitglied des Kontrollrats steht ein Politischer Berater zur Seite, der erforderlichenfalls an den Sitzungen des Kontrollrats teilnimmt. Jedes Mitglied des Kontrollrats kann erforderlichenfalls auf Sitzungen des Rats auch von Beratern der Marine oder Luftwaffe begleitet werden.

§ 4

Ein ständiger Koordinierungsausschuß, zusammengesetzt aus je einem Vertreter der drei Oberbefehlshaber, nicht unter dem Range eines Generals oder dem entsprechenden Rang bei der Kriegsmarine oder Luftwaffe, wird unter dem Kontrollrat eingerichtet. Mitglieder des Koordinierungsausschusses werden – wenn notwendig – Kontrollratssitzungen beiwohnen.

§ 5

Die Pflichten des Koordinierungsausschusses, die im Interesse des Kontrollrates und durch den Kontrollstab ausgeübt werden, schließen ein:

a) die Ausführung der Beschlüsse des Kontrollrates;

b) die dauernde Überwachung und Kontrolle der Tätigkeiten der deutschen Zentralverwaltung und Institutionen;

c) die Koordinierung von laufenden Problemen, die einheitliche Maßnahmen in allen drei Zonen erfordern;

d) die einleitende Prüfung und Vorbereitung aller Fragen, die von den einzelnen Oberbefehlshabern dem Kontrollrat unterbreitet werden.

§ 6

a) Die Mitglieder des Kontrollstabes, von ihren entsprechenden Staatsbehörden ernannt, werden in folgende Abteilungen eingeteilt:

Militär, Kriegsmarine, Luftwaffe, Transport, Politik, Wirtschaft, Finanz, Reparationen, Lieferungen und Ersatzleistungen, interne Angelegenheiten und Nachrichtenwesen, Recht, Kriegsgefangene, vertriebene Personen und Arbeitskräfte.

Zahlenmäßige und funktionsmäßige Anpassungen der Abteilungen können im Lichte der gemachten Erfahrungen vorgenommen werden.

b) Jede Abteilung wird von drei hochrangigen Beamten – einem von jeder der Drei Mächte – geleitet. Die Aufgaben der drei Abteilungsleiter, die gemeinsam wirken, schließen ein:

aa) Kontrollausübung über die entsprechenden deutschen Ministerien und deutschen Zentralinstitutionen;

bb) Ratgebertätigkeit gegenüber dem Kontrollrat und – wenn notwendig – Teilnahme an dessen Sitzungen;

cc) Übermittlung von Beschlüssen des Kontrollrates, die durch den Koordinierungsausschuß mitgeteilt wurden, an die deutsche Zentralverwaltung.

c) Die drei Abteilungsleiter nehmen teil an Sitzungen des Koordinierungsausschusses, bei denen Angelegenheiten, die die Arbeit ihrer Abteilung betreffen, auf der Tagesordnung stehen.

d) Das Personal der Abteilungen kann sowohl Zivil- als auch Militärpersonen einschließen. Es kann auch in speziellen Fällen Angehörige anderer Vereinter Nationen einschließen, die auf Grund ihrer persönlichen Befähigung hierzu ernannt worden sind.

§ 7

a) Es wird eine interalliierte Regierungsbehörde (Komendatura) errichtet, die sich aus den von ihren jeweiligen Oberbefehlshabern ernannten drei Kommandanten – jeweils einer von jeder Macht – zusammensetzt, um gemeinsam Anweisungen betreffend die Verwaltung des Gebiets von Groß-Berlin zu erlassen. Jeder Kommandant wird abwechselnd als Vorsitzführender Kommandant an der Spitze der Interalliierten Regierungsbehörde stehen.

b) Ein technischer Stab, der aus Personal einer jeden der Drei Mächte besteht, wird unter der Interalliierten Regierungsbehörde eingesetzt und hat die Aufgabe, die Tätigkeit der für die Verwaltung der Stadt zuständigen örtlichen Organe von Groß-Berlin zu überwachen und zu kontrollieren.

c) Die Interalliierte Regierungsbehörde wird unter der allgemeinen Leitung des Kontrollrats tätig und erhält ihre Weisungen durch den Koordinierungsausschuß.

§ 8

Die erforderliche Verbindung zu den Regierungen sonstiger hauptsächlich interessierter Vereinter Nationen wird dadurch gewährleistet, daß diese Regierungen Militärmissionen (denen auch zivile Mitglieder angehören können) beim Kontrollrat ernennen, die nach festgelegten Verfahren Zugang zu den Kontrollorganen haben.

§ 9

Organisationen der Vereinten Nationen, die vom Kontrollrat zugelassen worden sind, in Deutschland zu wirken, werden im Hinblick auf ihre Tätigkeiten in Deutschland der alliierten Kontrolleinrichtung unterstellt und sind ihr gegenüber verantwortlich.

§ 10

Die alliierten Organe für Kontrolle und Verwaltung Deutschlands, wie sie oben umrissen sind, werden während der Anfangszeit der Besetzung Deutschlands sofort im Anschluß an die Kapitulation ihr Amt ausüben, d. h. in der Zeit, in der Deutschland die grundlegenden Erfordernisse der bedingungslosen Kapitulation ausführt.

§ 11

Die Frage der alliierten Organe, die erforderlich sind, um die Funktionen der Kontrolle und Verwaltung in Deutschland späterhin auszuüben, wird Gegenstand eines neuen Abkommens zwischen den Regierungen der Vereinigten Staaten von Amerika, des Vereinigten Königreichs und der Union der Sozialistischen Sowjetrepubliken sein.

Der obige Text des Abkommens über die Kontrolleinrichtung in Deutschland zwischen den Regierungen der Vereinigten Staaten von Amerika, des Vereinigten Königreichs und der Union der Sozialistischen Sowjetrepubliken ist vorbereitet und einstimmig angenommen worden von den Vertretern der Vereinigten Staaten von Amerika, des Vereinigten Königreichs und der Union der Sozialistischen Sowjetrepubliken bei der Europäischen Beratungskommission anläßlich der Sitzung vom 14. November 1944 und wird nun ihren entsprechenden Regierungen zur Annahme zugeleitet.

| Für den Vertreter der Regierung der Vereinigten Staaten von Amerika bei der Europäischen Beratungskommission: Philip E. Mosely | Vertreter der Regierung des Vereinigten Königreichs bei der Europäischen Beratungskommission: William Strang | Vertreter der Regierung der Union der Sozialistischen Sowjetrepubliken bei der Europäischen Beratungskommission F. Gusew |

Lancaster House, London, S. W. 1
den 14. November 1944

Protokoll und Abkommen wurden zusammengestellt nach den Jalta-Dokumenten und »Deutschland 1945«, hrsg. v. Gesamtdeutschen Institut Bonn o. J.

ZITIERTE UND VERWENDETE LITERATUR

Die unheilige Allianz. Stalins Briefwechsel mit Churchill 1941–1945. Mit einer Einleitung von Manfred Rexin. Reinbek 1964

Blum, John M.: Deutschland ein Ackerland? Morgenthau und die amerikanische Kriegspolitik 1941–1945. Aus den Morgenthau-Tagebüchern. Düsseldorf 1968

Briefwechsel Stalins mit Churchill, Attlee, Roosevelt und Truman 1941–1945. Berlin 1961 (aus dem Russischen)

Churchill, Winston S.: Der zweite Weltkrieg. Bde. V/1, V/2, VI/1 und VI/2. Hamburg 1952–1954

Churchill & Roosevelt. The Complete Correspondence. Ed. by Warren F. Kimball. 3 Bde. Princeton 1984

Deuerlein, Ernst: Die Einheit Deutschlands. Bd. 1: Die Erörterungen und Entscheidungen der Kriegs- und Nachkriegskonferenzen 1941–1949. Darstellung Dokumente. Frankfurt 2. Aufl. 1961

Feis, Herbert: Churchill, Roosevelt, Stalin. The War They Waged and the Peace They Sought. London 1957

Fischer, Alexander: Sowjetische Deutschlandpolitik im Zweiten Weltkrieg 1941–1945. Stuttgart 1975

Foreign Relations of the United States. Diplomatic Papers. Ed. by Department of State. The Conferences at Cairo and Tehran 1943. Washington 1961; 1945, Vol. III: European Advisory Commission, Austria, Germany. Washington 1968; The Conferences at Malta and Yalta 1945. Washington 1955

Graml, Hermann: Die Alliierten und die Teilung Deutschlands. Konflikte und Entscheidungen 1941–1948. Frankfurt 1985

Hacker, Jens: Der Ostblock. Entstehung, Entwicklung und Struktur 1939–1980. Baden-Baden 1983

Jacobsen, Hans-Adolf: Der Weg zur Teilung der Welt. Politik und Strategie 1939–1945. Koblenz – Bonn 1977

Die Jalta-Dokumente. Vollständige deutsche Ausgabe der offiziellen Dokumente des U.S. State Departments über die Konferenz von Jalta. Göttingen 1957

Kolko, Gabriel: The Politics of War. The World and United States Foreign Policy, 1943–1945. New York 1968

Kowalski, Hans-Günther: Die »European Advisory Commission« als Instrument alliierter Deutschlandplanung 1943–1945. In: Vierteljahrshefte für Zeitgeschichte 19 (1971), S. 261–293

Magenheimer, Heinz: Die Konferenz von Jalta 1945 und die »Teilung Europas«. In: Österreichische Militärische Zeitschrift 20 (1982), S. 203–210

Marienfeld, Wolfgang: Konferenzen über Deutschland. Die alliierte Deutschlandplanung und -politik 1941–1949. Hannover 1962

Mastny, Vojtech: Moskaus Weg zum Kalten Krieg. Von der Kriegsallianz zur sowjetischen Vormachtstellung in Osteuropa. München 1980 (dt. Ausgabe von: Russia's Road to the Cold War. Diplomacy, Warfare, and Politics of Communism, 1941–1945. New York 1979)

Meissner, Boris: Rußland, die Westmächte und Deutschland. Die sowjetische Deutschlandpolitik 1943–1953. Hamburg 1953

Moltmann, Günter: Amerikas Deutschlandpolitik im zweiten Weltkrieg. Kriegs- und Friedensziele 1941–1945. Heidelberg 1958

Roosevelt and Churchill. Their Secret Wartime Correspondence. Ed. by Francis L. Loewenheim, Harold D. Langley and Manfred Jonas. London 1975

Sherwood, Robert E.: Roosevelt and Hopkins. An Intimate History. New York 1948

Snell, John L.: The Meaning of Yalta. Big Three Diplomacy and the New Balance of Power. Toronto 1956

Snell, John L.: Wartime Origins of the East-West-Dilemma Germany. New Orleans 1959

Stettinius, Edward R. jr.: Roosevelt and the Russians. The Yalta Conference. New York 1949

Teheran, Jalta, Potsdam. Dokumentensammlung. Hrsg. v. Šlava P. Sanakojew und B. L. Zybulewski. Frankfurt 1978 (dt. Ausgabe von: Tegeran, Jalta, Potsdam. Moskau 1978)

Teheran–Jalta–Potsdam. Die sowjetischen Protokolle von den Kriegskonferen- zen der »Großen Drei«. Hrsg. u. eingel. v. Alexander Fischer. Köln 1968, 2. Aufl. 1973

Vierheller, Viktoria: Polen und die Deutschland-Frage 1939–1949. Köln 1970

Weidenfeld, Werner: Jalta und die Teilung Deutschlands. Schicksalsfrage für Europa. Andernach 1969

GERD R. UEBERSCHÄR

Der totale Bombenkrieg
bis zum Kriegsende

Am 28. März 1945, als der alliierte Sieg über das Dritte Reich
unmittelbar bevorstand, schickte der britische Premierminister Sir
Winston Churchill ein ungewöhnliches persönliches Memorandum
an den Stabschef der britischen Luftwaffe (Royal Air Force
= RAF), Luftmarschall Sir Charles Portal. Churchill schrieb: »Mir
scheint jetzt der Moment gekommen zu sein, daß man das Problem
der Bombardierung deutscher Städte um des wachsenden Terrors
willen – denn darum geht es doch, auch wenn andere Motive
vorgeschoben werden – neu überdenken sollte. Sonst werden wir in
den Besitz eines völlig zerstörten Landes kommen.« Ergänzend
bemerkte der Premier, »die Zerstörung von Dresden hinterläßt
einen ernsten Zweifel an der Art und Weise des alliierten Bombenkrieges. Ich bin der Meinung, daß in Zukunft militärisch wichtige
Ziele verstärkt in Erwägung gezogen werden müssen, weit mehr in
unserem eigenen Interesse als in dem des Gegners«. Er halte »eine
genauere Konzentration der Angriffe auf militärisch relevante Ziele,
wie Ölanlagen und Verkehrswege unmittelbar hinter der Front, für
notwendiger als weitere Terrorakte und zügellose Zerstörung, so
eindrucksvoll diese auch sein mögen«.

Dies war eine bemerkenswerte Stellungnahme und Anweisung
Churchills, nachdem die britische Regierung seit 1942 konsequent
den Flächen-Bombenkrieg gegen die feindliche Zivilbevölkerung
verlangt und die Angriffe auf deutsche Städte ausdrücklich unterstützt hatte. Was war geschehen? Wie kam es, daß Churchill bei
diesem Kurswechsel gerade auf Dresden Bezug nahm?

Am 13. und 14. Februar 1945 legten die anglo-amerikanischen
Luftstreitkräfte durch drei schwere Luftangriffe unmittelbar nach-
einander Dresden, die Kunstmetropole an der Elbe, in Schutt und
Asche. Nach dem Einbruch der Roten Armee in die östlichen
Provinzen Deutschlands waren in der Stadt Tausende von Flücht-

Europas Großstädte sanken in Schutt und Asche

Links oben: Hamburg, Gerhart-Hauptmann-Platz im Juni 1944; rechts oben: Coventry in Großbritannien; unten: Brennende Londoner Docks nach einem deutschen Luftangriff im September 1940.

lingen versammelt, die auf ihrem Weg nach Westen hier Zwischen-
station machten. Rund 950 000 Menschen lebten zu dieser Zeit in
der Stadt.

Zur Unterstützung ihrer Landoperationen hatte die Sowjetführung wiederholt die Westalliierten um Bombardierung deutscher
Verkehrsknotenpunkte im Raum Berlin oder Leipzig gebeten. Kurz
vor der Jalta-Konferenz wollte Churchill diesem Wunsch ausdrücklich entsprechen, um dem Verbündeten die britische Militärmacht zu
demonstrieren. Er bestimmte dafür Dresden als Ziel eines demon-
strativen Panikangriffes, ohne daß die Sowjetführung ausdrücklich
um die Bombardierung dieser Stadt ersucht hatte. Die Dresdner
Luftschutzmaßnahmen waren für einen solchen Doppelschlag der
RAF und US-Air Force nicht gerüstet. Das RAF-Bomber-Command unter der Leitung von Luftmarschall Harris warf in der Nacht
vom 13./14. Februar in zwei Angriffswellen mit 772 schweren Lanca-
ster-Bombern rund 2650 Tonnen Bomben, dabei 650 000 Brandbomben, auf die Wohngebiete der Innenstadt. Innerhalb weniger
Minuten glich der größte Teil des Stadtzentrums einer tosenden,
brennenden Hölle; ein Feuersturm wütete mit orkanartiger Gewalt.
Als am nächsten Tag der dritte Angriff durch die 8. US-Luftflotte in
der Mittagszeit erfolgte, stand über Dresden bereits eine dichte
Staub- und Rauchwolke. Die 316 US-Bomber warfen nochmals 781
Tonnen Spreng- und Brandbomben. Mehr als Dreiviertel des Zen-
trums von Dresden wurde zerstört; 15 bis 20 Quadratkilometer des
Stadtgebietes waren nach dem Tag- und Nachtangriff ein großes
Schutt- und Trümmergebiet. Viele Kunst- und Kulturdenkmäler
(wie Oper, Hofkirche, Zwinger, Frauenkirche, Schloß) wurden zerstört oder schwer beschädigt.

Über die Zahl der Toten gab es immer wieder heftige Debatten.
Sie ist nicht exakt feststellbar, da sich viele Flüchtlinge unregistriert
in der Stadt aufhielten. Nach neueren Forschungsergebnissen schätzt
man 35 000 bis 70 000 Tote. Fast 7000 Leichen mußten auf Stahl-
rosten mitten in der Stadt auf dem Altmarkt möglichst rasch und
z. T. nicht identifiziert verbrannt werden, um den Ausbruch von
Epidemien zu vermeiden.

Der britische Rundfunk BBC in London berichtete bereits in
seiner Abendmeldung am 14. Februar 1945, daß im Zentrum von
Dresden aufgrund des konzentrischen alliierten Angriffes »Brände

von vernichtender Konzentration« wüteten. Die Nazi-Führung zögerte anfangs, das ganze Ausmaß des Infernos für die eigene Propaganda zu nutzen und es somit auch der eigenen Bevölkerung bekanntzugeben. Der deutsche Wehrmachtsbericht meldete am 14. Februar nur kurz:»Die Briten richteten in der vergangenen Nacht Terrorangriffe gegen das Stadtgebiet von Dresden.« Am nächsten Tag wurde ergänzt, daß in den Wohnvierteln durch weitere Tagesangriffe »umfangreiche Schäden« entstanden und »unersetzliche Bau- und Kunstdenkmäler vernichtet« worden seien.

Anfang März ließ Goebbels dann doch in der Wochenzeitung »Das Reich« einen schonungslosen Bericht abdrucken, der allein die Alliierten für den Bombenkrieg gegen die Zivilbevölkerung verantwortlich machte: Die Angriffe auf Dresden hätten die »radikalste Vernichtung eines großen, zusammenhängenden Stadtgebietes und im Verhältnis zur Zahl der Einwohner und der Angriffe die weitaus schwersten Verluste an Menschenleben hervorgerufen. Eine Stadtsilhouette von vollendeter Harmonie ist vom europäischen Himmel gelöscht. Zehntausende, die unter ihren Türmen werkten und wohnten, sind in Massengräbern beigesetzt, ohne daß der Versuch einer Identifizierung möglich gewesen wäre.« Das Stadtgebiet sei nun »menschenleer«, es gebe darin nur Tote und »Lebende nur, um Tote zu bergen und Vermißte zu suchen«. Mit der Zerstörung Dresdens sei die Absicht der Alliierten offenkundig geworden, die deutsche Bevölkerung »durch Massenmord zur Kapitulation zu zwingen«.

Als kurz darauf auch die Presse in den neutralen Staaten Europas das Ausmaß der Vernichtung und die vermutlichen Totenzahlen meldete sowie nach dem militärischen Sinn dieser Aktion fragte, schien die Goebbels-Propaganda Erfolg zu erzielen. Die Diskussion irritierte auch die Öffentlichkeit in England. Am 6. März kam der strategische Bomberkrieg der Westalliierten sogar im britischen Parlament zur Sprache; die Regierungsvertreter hatten Mühe, angesichts der Zerstörung Dresdens die Praxis dieses Luftkrieges zu verteidigen.

Wie war es zu diesem Krieg der Bomber gekommen? International anerkannte vertragliche Abmachungen über die Beschränkung der Luftkriegführung gab es bei Beginn des Zweiten Weltkrieges nicht. Obwohl die Regierungen in Berlin, London und Paris im September 1939 dem Appell des US-Präsidenten Roosevelt zuge-

Berliner! Berlinerinnen!

Der Feind setzt den Luftterror gegen die deutsche Zivilbevölkerung rücksichtslos fort. Es ist dringend erwünscht und liegt im Interesse jedes Einzelnen, der nicht aus beruflichen oder sonstigen Gründen zum Verbleiben in Berlin verpflichtet ist (Frauen, Kinder, Pensionäre, Rentner usw.), sich in weniger luftgefährdete Gebiete zu begeben.

Hierzu bestehen folgende Möglichkeiten:

1. Wer Verwandte außerhalb Berlins hat, die ihn aufnehmen können, kann abreisen. Erforderlich ist, daß er sich bei seiner Kartenstelle eine Abreisebescheinigung ausstellen läßt. Hierzu sind sämtliche Lebensmittelkarten sowie die örtlichen Berliner Bezugsausweise mitzubringen. Auf Grund dieser Abreisebescheinigung erhält er von der zuständigen Ortswaltung der NSV. einen Freifahrschein.

2. Auch wer keine Aufnahme bei Verwandten außerhalb Berlins finden kann, darf ebenfalls abreisen, jedoch nur nach Orten in den für Berlin bestimmten Aufnahmegauen Mark Brandenburg, Ostpreußen und Wartheland. Auch in diesem Falle ist zwecks Beibringung einer Abreisebescheinigung durch die Kartenstelle die Vorlage sämtlicher Lebensmittelkarten und der örtlichen Berliner Bezugsausweise erforderlich. Das Quartier selbst wird durch die hiesige Ortswaltung der NSV. vermittelt, die einen Freifahrschein ausstellt.

3. Wer nicht gleich abreisen kann, aber Verwandte außerhalb Berlins besitzt, hat die Möglichkeit, sein Unterkommen bei seinen Verwandten schon jetzt vorsorglich festzulegen, indem er sich von seiner zuständigen Ortswaltung der NSV. eine Verwandten-Meldekarte besorgt und sie ausgefüllt zu seinen Verwandten schickt. Diese müssen auf der Karte ihre Bereitwilligkeit zur Aufnahme erklären und von der Ortswaltung des vorgesehenen Zureiseortes die Unbedenklichkeit der Aufnahme bescheinigen lassen. Die Karte ist der hiesigen Ortswaltung der NSV. zur Kenntnis vorzulegen und für den Fall der tatsächlichen Abreise aufzuwahren.

4. In jedem Falle empfiehlt es sich, einige Kleidungsstücke, kleinen Hausrat (Töpfe, Geschirr, Eßbestecke usw.), Bettzeug, mitzunehmen.

Die Transportkosten trägt der Bezirksbürgermeister (Quartierstelle).

Es ist verboten, unter Verzicht auf diese Möglichkeiten planlos zu reisen. Wer planlos reist, läuft Gefahr, am Zielort kein Quartier zu finden und muß mit Schwierigkeiten in der Lebensmittelversorgung rechnen.

Der Reichsverteidigungskommissar
für den Reichsverteidigungsbezirk Berlin
Dr. Goebbels
Gauleiter und Reichsminister

Goebbels erteilt im Sommer 1943 als »Reichsverteidigungskommissar« und Gauleiter von Berlin die Genehmigung zur Teilevakuierung von Berlin wegen der andauernden alliierten Luftangriffe.

stimmt hatten, keine Luftangriffe auf die Zivilbevölkerung durchzuführen, zeigte sich bald, daß die militärischen Kampfmaßnahmen keinen Halt vor der Zivilbevölkerung machten. Schon bei der Eroberung Warschaus im September 1939 durch die deutsche Wehrmacht offenbarte sich die Unmöglichkeit, zwischen zivilen und militärischen Zielen oder sogenannten »offenen und unverteidigten« sowie befestigten Städten zu unterscheiden.

Die gleichen Erfahrungen machten die Briten, als sie bis Frühjahr 1940 Bombenangriffe gegen deutsche Küstenanlagen und Schiffsziele in Norddeutschland flogen. Als am 10. Mai 1940 der deutsche Angriff im Westen begann, wurde irrtümlicherweise die Stadt Freiburg i. Br. von deutschen Flugzeugen bombardiert. Unter der Zivilbevölkerung gab es zahlreiche Tote und Verletzte. Fortan erklärte die Nazi-Propaganda, mit Freiburg hätten die Westmächte die Bombardierung der Zivilbevölkerung begonnen – eine Lüge, die bis Kriegsende aufrechterhalten wurde, obwohl Hitler, Göring und Goebbels wußten, daß die deutsche Luftwaffe versehentlich die Breisgau-Stadt bombardiert hatte. Nach dem Regierungsantritt Churchills beschloß das britische Kriegskabinett am 11. Mai 1940, den Bombenkrieg durch strategische Einsätze in das Innere Deutschlands zu tragen. Wenige Tage darauf bombardierte die deutsche Luftwaffe Rotterdam, um die rasche Übergabe der Stadt zu erzwingen.

Die Eskalation des Luftkrieges führte ab Sommer 1940 zu verstärkten Angriffen auf die Städte im Hinterland. Hitler wollte die britischen Städte »ausradieren« und ließ während der Luftschlacht um England London, Birmingham, Portsmouth, Southampton, Liverpool und Coventry bombardieren; als Vergeltung flogen die Briten Angriffe auf Berlin. Damit setzten sich die nach dem Ersten Weltkrieg entwickelten Luftkriegstheorien durch, bei denen der Terror- und Vernichtungskrieg gegen die Zivilbevölkerung im Sinne des »Totalen Krieges« eine entscheidende Rolle spielte.

Als Luftmarschall Arthur Harris, später berüchtigt als »Bomber-Harris«, im Februar 1942 den Befehl über das RAF-Bomber-Command übernahm, lag die Entscheidung des britischen Kriegskabinetts vom 14. Februar 1942 bereits vor, in erster Linie nicht militärische Einzelobjekte, sondern die Arbeiter-Wohngebiete der deutschen Industriestädte als Zielpunkte auszuwählen. Dabei ging man ab Frühjahr 1942 zum bewußten Flächenbombardement (area bombing) über, um die Kampfmoral der deutschen Zivilbevölkerung in der Heimat zu brechen. Harris bewies mit den schweren Angriffen auf Lübeck und Rostock im März und April 1942 sowie den »Tausend-Bomber-Angriffen« auf Köln (30./31. Mai 1942), Essen (1. Juni 1942) und Bremen (25./26. Juni 1942), daß Flächenbombardements zu verheerenden Ergebnissen im Feindesland führen konnten.

Auf der Casablanca-Konferenz verständigten sich die alliierten Stabschefs im Januar 1943 darauf, »die Militärmaschinerie, Industrie und Wirtschaft Deutschlands konsequent zu zerstören und zu vernichten sowie das deutsche Volk zu demoralisieren bis zu einem Punkt, an dem seine Widerstandskraft gebrochen ist«. Die dabei vereinbarte »kombinierte Bomberoffensive« führte zur britisch-amerikanischen Arbeitsteilung, wonach die Briten nachts und die Amerikaner tagsüber ihre Angriffe flogen. Die deutsche Flak sowie die Tag- und Nachtjäger konnten die fast pausenlosen Einflüge schon lange nicht mehr abwehren.

Zweifelhaft ist jedoch, ob es den Alliierten gelang, mit ihrem Flächenbombardement Moral und Kampfgeist des deutschen Volkes zu brechen, wenn auch das »Unternehmen Gomorrha«, d. h. die mehrmaligen vernichtenden Großangriffe auf Hamburg im Juli 1943, die totale Zerstörungskraft eines konzentrischen Luftangriffs mit Brandbomben auf ein dichtes Wohngebiet »eindrucksvoll« demonstrierte. Weitere Großangriffe auf Dortmund, Leipzig, Braunschweig, Augsburg, Schweinfurt sowie auf Berlin (»Battle of Berlin«) bis zum Frühjahr 1944 forderten schwere Opfer unter der deutschen Zivilbevölkerung.

Da die schweren Verluste und Opfer nicht versteckt werden konnten, versuchte die NS-Führung, die Bevölkerung mit Worten und Sprachregelungen zu beruhigen. Reichspropagandaminister Goebbels verfügte am 3. Februar 1944, daß das Wort »Katastrophe« im Zusammenhang mit Meldungen über feindliche Luftangriffe – auch bei Rettungsmaßnahmen im »Katastropheneinsatz« – aus dem Sprachgebrauch der Wehrmacht und offiziellen Meldungen sowie Berichten zu streichen sei, da es »psychologisch und politisch unerfreulich« sei; anstelle von »Katastropheneinsatz« solle das Wort »Soforthilfe« verwendet werden (Quelle: Archiv des Instituts für Zeitgeschichte München).

Die R.A.F. ist heute stärker als die deutsche und die italienische Luftwaffe zusammen. Die amerikanische Flugzeugproduktion ist grösser als die Deutschlands, Italiens und Japans zusammen.

Die R.A.F. warf in der Nacht vom 23. zum 24. Mai 1943 in einer Stunde doppelt so viele Bomben auf Dortmund, wie die Luftwaffe in den sechs Monaten vom 1. Januar bis zum 30. Juni 1943 auf ganz England warf.

Die Festung Europa hat kein Dach

Zerstörung aus der Luft

„Deutschland hat 90 kriegsindustrielle Zentren. 40 davon sind absolut lebensnotwendig für die deutsche Kriegführung, die andern 50 sind, sagen wir, von beträchtlicher Wichtigkeit. Wir beabsichtigen, sie alle vollständig produktionsunfähig zu machen. Wir sind auf dem besten Wege zu ihrer Zerstörung."
Luftmarschall Harris.

HAMBURG
Teilaufnahme

Von den Alliierten abgeworfenes Propagandamaterial.

48

Zur gleichen Zeit wurde den Stadtoberhäuptern des Deutschen Reiches eine positive Einstellung zur Luftbombardierung ihrer Städte durch die Westalliierten abverlangt, als der Reichsführer SS Heinrich Himmler in seiner Eigenschaft als Reichsinnenminister die deutschen Oberbürgermeister und Bürgermeister zu einem kommunalpolitischen Kongreß nach Posen zusammenrief. Die Reichsversammlung diente der Information über die mit den schweren Bombenangriffen der Alliierten verbundenen Probleme in den Städten. Himmler belehrte die Oberbürgermeister persönlich über die sich aus einer Bombardierung ergebenden »Vorteile« für ein nationalsozialistisches Stadtoberhaupt: Die Bombenangriffe hätten auch »ihr Gutes«. Die Städte und Gemeinden könnten danach »ohne die Bausünden des 19. und 20. Jahrhunderts, wo regellos und ohne Sinn liberalistisch gebaut wurde«, im Sinne echter nationalsozialistischer Architektur neu errichtet werden. Die Stadtoberhäupter, so erklärte ihnen Himmler unverblümt, könnten dann »ihren Namen in die Geschichte ihrer Stadt einmalig einschreiben« (Quelle: Bundesarchiv Koblenz, R 18/3523).

Nach den Stimmungsberichten des Sicherheitsdienstes war es jedoch der Bevölkerung der jeweiligen Städte im Westen des Reiches verständlicherweise angenehmer, wenn sie auf diese »gute« Sache verzichten konnten. Sie hofften immer wieder, daß ihre jeweilige Heimatstadt von den Luftangriffen des »Totalen Krieges«, wie ihn Goebbels propagiert hatte, verschont würde. Die Arbeiter und Bewohner der westdeutschen Industriestädte empfahlen denn auch den Westalliierten in einem für die Stimmung symptomatischen Spruch von Mund zu Mund: »Lieber Tommy, fliege weiter, wir sind alle Bergarbeiter. Fliege weiter nach Berlin, die haben alle ›ja‹ geschrien!«

Ab Sommer 1944 – nach der Landung der Alliierten in der Normandie – sank bei jedem Tag- und Nachtangriff der Westalliierten ein Wohngebiet nach dem anderen in Schutt und Asche, so z. B. am 27. November Freiburg, am 4. Dezember Heilbronn und Karlsruhe, am 9. Dezember Stuttgart und am 17. Dezember Ulm. Die Moral der Bevölkerung wurde jedoch nicht gebrochen. Dafür sorgten schon der Terror des NS-Systems und dessen durchaus erfolgreiche Propaganda. Andererseits konnte der bald in der deutschen Bevölkerung aufkommende Ruf nach Vergeltung nicht mehr in die

Tat umgesetzt werden. Weder die von Hitler befohlenen »Wunderwaffen«-Einsätze der V 1- und V 2-Geschosse auf London ab Juni 1944 noch die ersten Jagdeinsätze von Turbinen-Düsenmaschinen (Me 262 und Me 163) konnten die Luftherrschaft der Alliierten erschüttern, die planmäßig ihre Ziele für die Flächenbombardierungen auswählten und angriffen.

Vergeblich blieb auch das letzte Aufbäumen der deutschen Luftwaffe im »Unternehmen Bodenplatte« Anfang Januar 1945, als mit fast 900 Flugzeugen noch einmal die alliierten Flugplätze, Radaranlagen und Stützpunkte im Westen angegriffen wurden. Ein Drittel der dabei eingesetzten Maschinen ging – viele durch eigene Flak – verloren. Die deutsche Luftwaffe hatte so in den Januar- und Februar-Wochen den Großangriffen der Anglo-Amerikaner auf Dresden, Magdeburg, Berlin, Stuttgart, Wien, Pforzheim, Chemnitz, Cottbus, Dortmund, Nürnberg, Regensburg, Bremen, Essen und Hamburg nichts mehr entgegenzusetzen. Noch am 16. März 1945 wurde Würzburg durch einen schweren Nachtangriff der 5. RAF-Bomber-Group zu 85 Prozent zerstört, 5000 Menschen kamen in dem Feuersturm um. Dresden, das Symbol für den totalen Luftkrieg, wurde am 17. April noch einmal mit Bomben belegt. Am 22. März wurde das Zentrum von Hildesheim und am 14./15. April der Stadtkern von Potsdam vernichtet. Kiel war die letzte deutsche Stadt, die am 3. Mai 1945 bombardiert wurde.

Churchill mußte zwar sein Telegramm vom 28. März 1945 nach Protesten seiner Luftmarschälle abändern; gleichwohl erklärten die Vereinigten Stabschefs am 16. April die strategische Luftoffensive gegen Deutschland grundsätzlich für abgeschlossen. Leider kam die veränderte Bombenpolitik für viele deutsche Städte zu spät. Wie Dresden sahen bei Kriegsende fast alle größeren Städte Deutschlands aus. Das Gesamtergebnis des modernen, hochtechnisierten Luftkrieges gegen die Zivilbevölkerung war erschütternd: Rund 3,6 Millionen Häuser wurden in Deutschland durch Luftangriffe zerstört, über 7,5 Millionen Obdachlose hinterließ der Krieg. In Deutschland starben etwa 600 000, in Großbritannien 60 000 Menschen im Bombenhagel; noch in den letzten drei Kriegsmonaten fanden 120 000 Deutsche den Tod. Aber nicht die Flächenbombardements von Harris führten zur deutschen Kapitulation, sondern erst die strategische Bombardierung der deutschen Kriegs- und

Treibstoffindustrie sowie die raschen Landoperationen und Erfolge der britischen, amerikanischen und sowjetischen Armeen ab Sommer 1944.

Nach wie vor ist die Bewertung des Erfolges der anglo-amerikanischen Nachtangriffe und insbesondere die Notwendigkeit der weiteren konsequenten Durchführung in den letzten Kriegswochen, als die Niederlage des Dritten Reiches bereits erkennbar war, auch in Großbritannien und in den USA umstritten. Die von beiden Seiten durchgeführten Bombenangriffe auf die Zivilbevölkerung gehören gleichwohl zu den schrecklichsten Ereignissen der totalen Kriegführung im Zweiten Weltkrieg.

ZITIERTE UND VERWENDETE LITERATUR

Bergander, Götz: Dresden im Luftkrieg. Köln–Wien 1977

Brunswig, Hans: Feuersturm über Hamburg. Die Luftangriffe auf Hamburg im 2. Weltkrieg und ihre Folgen. Stuttgart 4. Aufl. 1981

Deutschland 1945. Alltag zwischen Krieg und Frieden in Geschichten, Dokumenten und Bildern. Hrsg. v. Klaus-Jörg Ruhl. Darmstadt 1984

Ethell, Jeffrey / Price, Alfred: Angriffsziel Berlin. Auftrag 250: 6. März 1944. Stuttgart 1982

Feuchter, Georg W.: Der Luftkrieg. Vom Fesselballon zum Raumfahrzeug. Frankfurt – Bonn 2. Aufl. 1962

Frankland, Noble: Die Bomberoffensive. Rastatt 1985

Freeman, Roger A.: The Mighty Eigth. Units, Men and Machines. London 1970

Girbig, Werner: 1000 Tage über Deutschland. Die 8. amerikanische Luftflotte im 2. Weltkrieg. München 1964

Girbig, Werner: . . . im Anflug auf die Reichshauptstadt. Stuttgart 1970

Girbig, Werner: Start im Morgengrauen. Eine Chronik vom Untergang der deutschen Jagdwaffe im Westen 1944/1945. Stuttgart 1973

Girbig, Werner: . . . mit Kurs auf Leuna. Die Luftoffensive gegen die Treibstoffindustrie und der deutsche Abwehreinsatz 1944–1945. Stuttgart 1980

Golücke, Friedhelm: Schweinfurt und der strategische Luftkrieg 1943. Der Angriff der US Air Force vom 14. Oktober 1943 gegen die Schweinfurter Kugellagerindustrie. Paderborn 1980

Groehler, Olaf: Geschichte des Luftkrieges 1910 bis 1980. Berlin-Ost 5. Aufl. 1983

Hastings, Max: Bomber Command. London 1980

Irving, David: Und Deutschlands Städte starben nicht. Ein Dokumentarbericht. Zürich 1963

Irving, David: Der Untergang Dresdens. Gütersloh 1964

Irving, David: Die Tragödie der Deutschen Luftwaffe. Aus den Akten und Erinnerungen von Feldmarschall Milch. Frankfurt – Berlin 1970

Kurowski, Franz: Der Luftkrieg über Deutschland. Düsseldorf 1977

Kurowski, Franz: Bedingungslose Kapitulation. Inferno in Deutschland 1945. Leoni am Starnberger See 1983

Longmate, Norman: The Bombers. The RAF Offensive against Germany, 1939–1945. London 1983

Maier, Klaus A.: Der strategische Luftkrieg in beiden Weltkriegen. In: Ploetz – Geschichte der Weltkriege. Mächte, Ereignisse, Entwicklungen 1900–1945. Hrsg. v. Andreas Hillgruber und Jost Dülffer. Freiburg 1981, S. 248–262

McKee, Alexander: Dresden 1945. Das deutsche Hiroshima. Wien – Hamburg 1983

Middlebrook, Martin: The Nuremberg Raid, 30–31 March 1944. London 1973

Middlebrook, Martin: Hamburg Juli '43. Alliierte Luftstreitkräfte gegen eine deutsche Stadt. Berlin 1983

Nowarra, Heinz J.: Die Bomber kommen. Der Weg zum totalen Luftkrieg 1940–1944. Friedberg 1979

Paul, Wolfgang: Der Heimatkrieg 1939–1945. Esslingen 1980

Price, Alfred: Luftschlacht über Deutschland. Stuttgart 1973, 4. Aufl. 1983

Rose, Arno: Radikaler Luftkampf. Stuttgart 1977

Spetzler, Eberhard: Luftkrieg und Menschlichkeit. Die völkerrechtliche Stellung der Zivilpersonen im Luftkrieg. Göttingen 1956

Ueberschär, Gerd R. / Wette, Wolfram: Bomben und Legenden. Die schrittweise Aufklärung des Luftangriffs auf Freiburg am 10. Mai 1940. Ein dokumentarischer Bericht. Freiburg 1981

The United States Strategic Bombing Survey. Ed. by David MacIsaac. 10 Bde. New York – London 1976

Verrier, Anthony: Bomberoffensive gegen Deutschland 1939–1945. Frankfurt 1970

Webster, Sir Charles / Frankland, Noble: The Strategic Air Offensive Against Germany 1939–1945. 4 Bde. London 1961

ROLF-DIETER MÜLLER

Hitler wollte aus Deutschland eine Wüste machen

Der Zeitpunkt war sorgfältig gewählt. Albert Speer feierte am 19. März 1945 seinen 40. Geburtstag. Bei dieser Gelegenheit wollte der Rüstungsminister des Dritten Reiches, der auch als Lieblingsarchitekt Adolf Hitler so nahe stand wie kaum ein anderer in der NS-Hierarchie, dem »Führer« eine Denkschrift übergeben. Ihr Inhalt war so brisant, daß sie dem Baumeister des deutschen »Rüstungswunders« nicht nur die Sympathie seines väterlichen Freundes, sondern leicht auch das Leben kosten konnte. Am Vorabend hatte es eine stürmische Lagebesprechung im Tiefbunker unter der Reichskanzlei gegeben, bei der es um die Verteidigung des Saargebietes ging. Hitler bestand trotz aller Einwendungen hartnäckig darauf, daß die Parteistellen die gesamte Saar-Bevölkerung zwangsweise evakuierten. Schon in den letzten Wochen war Speer bemüht gewesen, Hitlers häufige Zerstörungsbefehle so weit wie möglich zu hintertreiben, um die industrielle Substanz und die Lebensmöglichkeiten für die Bevölkerung der betroffenen Gebiete über das bevorstehende Kriegsende hinaus zu erhalten.

Seine niederschmetternde Bilanz der wirtschaftlichen Situation Deutschlands im März 1945 schloß der Rüstungsminister mit der Feststellung, daß der endgültige Zusammenbruch der Produktion in vier bis acht Wochen zu erwarten sei. »Wir haben kein Recht dazu«, so schrieb er in der Denkschrift, »in diesem Stadium des Krieges von uns aus Zerstörungen vorzunehmen, die das Leben des Volkes treffen könnten.«

Knapp drei Jahre zuvor, am Jahreswechsel 1941/42, hatte Speers Vorgänger, Fritz Todt, in einer ähnlich dramatischen Situation den »Führer« beschworen, eine politische Beendigung des Krieges herbeizuführen, da nach dem militärischen Scheitern vor Moskau und dem Kriegseintritt der USA, bei gleichzeitiger Desorganisation der deutschen Kriegswirtschaft, keine Aussicht mehr bestand, den Krieg

Der Architekt des »Rüstungswunders«, Albert Speer, bei einer Rede in einer Berliner Rüstungsfabrik (1943).

zu gewinnen. Hitler hatte seinem damaligen Rüstungsminister klarzumachen versucht, daß es einen politischen Ausweg, nach allem was passiert war, nicht gab, nur den verzweifelten Kampf um Sieg oder Untergang. Todt kam bald darauf unter mysteriösen Umständen ums Leben, und mit der Einsetzung seines Architekten Speer faßte Hitler wieder Mut.

Speer setzte mit aller Energie und großem Erfolg die eingeleiteten organisatorischen Änderungen Todts fort. Auch wenn seine Produktionsrekorde nicht immer das hielten, was Speer dem »Führer« mit phantastischen Statistiken und Prognosen vorgaukelte, so blieb er doch der unersetzliche Organisator der deutschen Rüstung. Sein System der Selbstverwaltung der Wirtschaft, das den Unternehmern einen größtmöglichen Freiraum gab, um die gestellten Aufgaben zu erfüllen und sie vor Eingriffen von Wehrmacht, Partei und SS weitgehend schützte, hatte sich bewährt. Von den Ideologen war es wegen seiner »demokratischen« Elemente und der erkennbaren Anlehnung an anglo-amerikanische Vorbilder in der Wirtschaftsordnung jedoch stets argwöhnisch betrachtet worden.

Die deutsche Wirtschaft lieferte Hitler die Waffen zur Fortsetzung seines Krieges, obwohl dieser längst sinnlos geworden war und immer mörderischer wurde. Zimperlich war man dabei nicht. Mehr als sieben Millionen Zwangsarbeiter und Kriegsgefangene arbeiteten unter teilweise unmenschlichen Bedingungen in Bergwerken und Fabrikhallen. Viele von ihnen fanden dabei den Tod. Aber auch die deutsche Bevölkerung wurde in immer stärkerem Maße in den Produktionsprozeß einbezogen. Bestandteil dieser Kriegswirtschaft war schließlich auch der »Sklavenstaat« der SS. Millionen politisch Verfolgter und rassisch »Minderwertiger« gingen dort ihrer »Vernichtung durch Arbeit« im Rahmen der Kriegsproduktion entgegen. Und die deutsche Industrie war darin tief verstrickt. Es gab aber auch Konflikte, da die SS im Verständnis Speers »unrationell« arbeitete und mit ihrem Machtanspruch eine zunehmende Bedrohung des Rüstungsministers und seiner Schützlinge darstellte.

Anfang 1944, als mit verzweifelten Anstrengungen die letzten Kräfte mobilisiert wurden, um unter den Schlägen der alliierten Bomber und innerhalb des sich rapide verkleinernden Wirtschaftsraumes noch einmal den Ausstoß an Kriegsmaterial zu steigern, verlor Speer allmählich seine »Kronprinzenrolle«. Im Herbst des

Jahres schließlich zeichnete sich der wirtschaftliche Zusammenbruch bereits in aller Deutlichkeit ab: Zunehmende Produktionsausfälle, ein dem Zerfall preisgegebenes Verkehrssystem, monatlich fast 25 000 total zerstörte Wohngebäude durch den Luftkrieg, viele Millionen Menschen, die alles Hab und Gut verloren hatten, und ein immer größerer Mangel an lebenswichtigen Versorgungsgütern.

Die zentrale Lenkung der Wirtschaft wurde gelockert, die einzelnen Regionen des Reiches sich selbst überlassen und durch Bevollmächtigte und Einsatzstäbe wirtschaftlich verwaltet. Sogar der Schwarze Markt, auf dem sich die notleidende Bevölkerung versorgte, wurde nun amtlich toleriert. Die Losung hieß nicht mehr Konzentration auf die leistungsfähigsten Großbetriebe, sondern Streuung der Rüstungsproduktion auf zahlreiche kleine und kleinste Fertigungsbetriebe sowie Mobilisierung der Heimarbeit. Sogar die Lazarettinsassen sollten eingespannt werden. In unterirdischen Anlagen wurden die wichtigsten Waffen montiert. Hunderte von mittelständischen Betrieben der Gebrauchsgüterindustrie z. B. im wenig luftkriegsgefährdeten Schwarzwald entgingen auf diese Weise der drohenden Stillegung. Statt Betten wurden Munitionspackgefäße, statt Haushaltsgeräte Panzerfäuste produziert.

Der Zusammenbruch der Kohleversorgung beendete aber nicht nur diese letzten Anstrengungen, sondern verschärfte zugleich auch die schlechten Lebensbedingungen der Bevölkerungsmehrheit. Am stärksten betroffen waren die Ausgestoßenen der »Volksgemeinschaft«, politische Gefangene, KZ-Insassen, Zwangsarbeiter und Kriegsgefangene, die auf der untersten Stufe des Versorgungssystems standen.

Im Februar und März 1945 befand sich die deutsche Wirtschaft bereits in tiefer Agonie. Das Millionenheer der Flüchtlinge aus dem Osten brachte neues Elend. Während im Führerhauptquartier noch immer fiktive Rüstungspläne geschmiedet wurden, kämpften die Arbeiter in den Betrieben, die Landbevölkerung, die Opfer des Bombenkrieges und der Vertreibung einen verzweifelten Kampf ums Überleben.

Die Industriellen und Wirtschaftsführer hatten sich auf diese Situation schon seit Monaten vorbereitet. Von den einzelnen Betrieben und Branchen ausgehend, hatten sich im vorausgegangenen Jahr verschiedene Gremien mit dem Problem des Übergangs von der NS-

»Verbrannte Erde« im Osten – die Hinterlassenschaft der Wehrmacht.

Der »Schienenreißwolf« – eines der Instrumente für die planmäßige Zerstörungsarbeit.

Kriegswirtschaft zur Friedenswirtschaft befaßt. Es ging darum, nach Lösungen zu suchen, um jeden abrupten Bruch zu vermeiden und das Abkoppeln vom Nationalsozialismus langsam zu vollziehen. Die Bewahrung der kapitalistischen Wirtschafts- und Gesellschaftsordnung, das zeigten die Erfahrungen des Zusammenbruchs am Ende des Ersten Weltkrieges und der nachfolgenden Revolution deutlich, hing entscheidend davon ab, daß es gelang, die wirtschaftlichen Probleme nach Kriegsende rasch in den Griff zu bekommen. Schwierigste Bereiche waren die Versorgung mit Nahrungsmitteln und Rohstoffen sowie die Schuldenkonsolidierung. Mit der aufgestauten, verdeckten Inflation war praktisch die Vermögenssubstanz des deutschen Volkes aufgezehrt.

Überall stießen die Planer, unter ihnen auch Ludwig Erhard, der spätere »Vater des westdeutschen Wirtschaftswunders«, auf die dominante Rolle der USA. Ohne Hilfe von außen, soviel war sicher, würde es keine Chance geben, sich aus der dirigistischen Zentralverwaltungswirtschaft zu lösen und den Weg in eine freiere Wirtschaftsform zu finden. Obwohl Erwägungen auf amerikanischer Seite, nach dem Plan des Finanzministers Morgenthau Deutschland rücksichtslos in ein reines Agrarland zurückzuverwandeln, durchaus ernstzunehmen waren und damit gerechnet werden mußte, daß sich die UdSSR einen Anteil an der politisch-wirtschaftlichen Neuordnung Deutschlands sichern würde, waren doch zumindest die materiellen Voraussetzungen für ein Überleben der gewachsenen Wirtschaftslandschaft nicht ungünstig.

Der Rüstungsboom hatte innerhalb der deutschen Wirtschaft einen enormen Modernisierungs- und Konzentrationsschub zumindest in Teilbereichen bewirkt. Zukunftsorientierte Branchen wie Elektrotechnik und Chemie hatten sich stark entwickeln können. Das Facharbeiterpotential war vergrößert worden. Rationelle Fertigungsmethoden wie die Fließbandproduktion, die vor dem Kriege Ausnahmeerscheinungen gewesen waren, hatten sich durchgesetzt.

Der Bomberkrieg der Alliierten zielte erst in den letzten Kriegsmonaten auf die Schlüsselindustrien; der Schaden aber, der angerichtet worden war, wurde durch die Erweiterungen der Produktionsanlagen während des Krieges wettgemacht, so daß die Industrie insgesamt nur auf den Stand von 1939 zurückgeworfen wurde. Die anderen europäischen Industrien jedoch, soweit sie unter deutscher

Bombardierte Gebäude der Luftschiffbau GmbH in Friedrichshafen. Der endgültige Zusammenbruch der Produktion war Anfang 1945 nur noch eine Frage weniger Wochen.

Herrschaft gestanden hatten, waren durch Stillegungen, Zerstörungen und Ausschlachtungen für deutsche Zwecke schwerer betroffen. Damit konnte die Überlegenheit der deutschen Industrie als gefestigt in die Nachkriegsplanungen einkalkuliert werden. Wenn es gelang, die mit den USA nach dem Ersten Weltkrieg geknüpfte Partnerschaft auch nach dem Zweiten Weltkrieg aufzunehmen, boten sich also günstige Aussichten.

Auch die sich abzeichnende Teilung Deutschlands unter den Siegermächten barg keine Schrecken, da Art und Dauer noch nicht absehbar waren und die Dezentralisierung der Kriegswirtschaft die Selbständigkeit der einzelnen Regionen quasi schon vorwegnahm. Erste praktische Schritte waren Bemühungen, die Betriebe möglichst lange durch Rüstungsaufträge intakt zu halten, Rohstoffe trotz aller Strafandrohungen zu horten und, soweit die Betriebe ins Operationsgebiet gerieten, Zerstörungen durch die Sprengtrupps der Wehrmacht zu verhindern. Speer wußte die Betriebsführer hinter sich, bei den Wehrmachtstellen und vor allem den Gauleitern aber war die Haltung keineswegs sicher. Es kam also alles darauf an, daß nicht von Hitler in allerletzter Minute ein Inferno des Untergangs inszeniert wurde.

Als Speer kurz nach Mitternacht seine Denkschrift dem überraschten Hitler übergab, reagierte dieser eisig und entschlossen: »Wenn der Krieg verloren geht, wird auch das Volk verloren sein. Es ist nicht notwendig, auf die Grundlagen, die das deutsche Volk zu seinem primitivsten Weiterleben braucht, Rücksicht zu nehmen. Im Gegenteil ist es besser, selbst diese Dinge zu zerstören. Denn das Volk hat sich als das schwächere erwiesen, und dem stärkeren Ostvolk gehört ausschließlich die Zukunft. Was nach diesem Kampf übrigbleibt, sind ohnehin nur die Minderwertigen; denn die Guten sind gefallen!«

Am nächsten Morgen machte Hitler seine düstere Ankündigung wahr. Der Führerbefehl vom 19. März 1945 ordnete die totale Vernichtung des wirtschaftlichen Lebens in Deutschland an. Alle Verkehrs-, Nachrichten-, Industrie- und Versorgungsanlagen sollten zerstört werden. Speer wurde teilweise entmachtet und die Gauleiter mit der Durchführung des »Nero«-Befehls beauftragt. Dies war das Prinzip »Verbrannte Erde«, wie es bereits seit 1943 bei den deutschen Rückzügen im Osten in schärfster Form praktiziert worden war. Mehr als 250 000 Güterwaggons mit »Räumungsgut« waren ins Reich geschafft worden, Hunderttausende als Zwangsarbeiter verschleppt, selbst Kinder wurden in spezielle Lager gebracht oder als Flakhelfer mißbraucht. Man hatte dem Feind eine Wüste überlassen, und Hitler war entschlossen, mit Deutschland auch nicht anders zu verfahren.

Es gelang Speer und anderen Stellen jedoch, teilweise durch die Bewaffnung von Betriebsangehörigen, die Durchführung des Vernichtungsbefehls weitgehend zu verhindern. Aber es blieb bis zum Ende ein riskantes Spiel. Bis in den April 1945 hinein verfügte der Diktator nämlich über ein Mittel, das die Wirkung von Sprengstoff bei weitem übertraf: Das ungeheure Arsenal von chemischen Kampfstoffen, deren Einsatz den Untergang Deutschlands wohl tatsächlich herbeigeführt hätte. Aber solange sich Hitler in seinem Bunker in Berlin an die Hoffnung einer eigenen letzten Überlebenschance klammerte, zögerte er. Als er dann schließlich in der eingeschlossenen Reichshauptstadt den Tod ins Auge fassen mußte, war diese letzte furchtbare Waffe nicht mehr einsatzbereit und das Leben der Bevölkerung sowie seine Existenzgrundlagen gerettet.

Hitlers »Nero«-Befehl zur Zerstörung Deutschlands

Der Führer hat am 19. 3. 1945 nachstehenden Befehl erlassen:
Betr.: Zerstörungsmaßnahmen im Reichsgebiet.
Der Kampf um die Existenz unseres Volkes zwingt auch innerhalb des Reichsgebietes zur Ausnutzung aller Mittel, die die Kampfkraft unseres Feindes schwächen und sein weiteres Vordringen behindern. Alle Möglichkeiten, der Schlagkraft des Feindes unmittelbar oder mittelbar den nachhaltigsten Schaden zuzufügen, müssen ausgenutzt werden. Es ist ein Irrtum zu glauben, nicht zerstörte oder nur kurzfristig gelähmte Verkehrs-, Nachrichten-, Industrie- und Versorgungsanlagen bei der Rückgewinnung verlorener Gebiete für eigene Zwecke wieder in Betrieb nehmen zu können. Der Feind wird bei seinem Rückzug uns nur eine verbrannte Erde zurücklassen und jede Rücksichtnahme auf die Bevölkerung fallen lassen. Ich befehle daher:
1) Alle militärischen, Verkehrs-, Nachrichten-, Industrie- und Versorgungsanlagen sowie Sachwerte innerhalb des Reichsgebietes, die sich der Feind

für die Fortsetzung seines Kampfes irgendwie sofort oder in absehbarer Zeit nutzbar machen kann, sind zu zerstören.

2) Verantwortlich für die Durchführung dieser Zerstörungen sind die militärischen Kommandobehörden für alle militärischen Objekte, einschließlich der Verkehrs- und Nachrichtenanlagen. Die Gauleiter und Reichsverteidigungskommissare für alle Industrie- und Versorgungsanlagen sowie sonstige Sachwerte. Den Gauleitern und Reichsverteidigungskommissaren ist bei der Durchführung ihrer Aufgabe durch die Truppe die notwendige Hilfe zu leisten.

3) Dieser Befehl ist schnellstens allen Truppenführern bekanntzugeben, entgegenstehende Weisungen sind ungültig.

gez. Adolf Hitler

Quelle: Bundesarchiv-Militärarchiv

Einschränkung der Zerstörungen durch Rüstungsminister Speer

Führerhauptquartier, den 30. 3. 1945

Zur einheitlichen Durchführung meines Erlasses vom 19. 3. 1945 ordne ich an:

1. Die befohlenen Zerstörungsmaßnahmen von Industrieanlagen dienen ausschließlich dem Zweck, dem Gegner die Nutzung dieser Anlagen und Betriebe zur Erhöhung seiner Kampfkraft unmöglich zu machen.

2. In keinem Fall dürfen die ergriffenen Maßnahmen die eigene Kampfkraft schwächen.

Die Produktion muß bis zum letztmöglichen Zeitpunkt, selbst unter der Gefahr aufrecht erhalten bleiben, daß bei schnellen Bewegungen des Gegners einmal ein Werk unzerstört in seine Hände fällt. Industrieanlagen aller Art, einschließlich der Versorgungsbetriebe dürfen daher erst dann zerstört werden, wenn sie vom Feind unmittelbar bedroht sind.

3. Während bei Brückenbauwerken und anderen Verkehrsanlagen nur eine totale Zerstörung dem Feind die Nutzung auf längere Sicht unmöglich macht, kann bei Industrieanlagen einschließlich der Versorgungsbetriebe auch durch nachhaltige Lähmung der gleiche Zweck erreicht werden.

Totale Zerstörungen für besonders wichtige Werke werden auf meine

Weisung vom Reichsminister für Rüstung und Kriegsproduktion festgelegt (z. B. Munitionanstalten, wichtigste chemische Werke usw.).

4. Die Auslösung zur Lähmung und Zerstörung von Industrieanlagen und anderen Betrieben wird vom Gauleiter und Reichsverteidigungskommissar gegeben, der ihre Durchführung überwacht.

Die Durchführung wird ausschließlich von den Dienststellen und Organen des Reichsministers für Rüstung und Kriegsproduktion vorgenommen. Dabei haben alle Dienststellen der Partei, des Staates und der Wehrmacht Hilfe zu leisten.

5. Durchführungsbestimmungen erläßt mit meiner Zustimmung der Reichsminister für Rüstung und Kriegsproduktion. Er kann Einzelweisungen an die Reichsverteidigungskommissare geben.

6. Diese Grundsätze gelten sinngemäß für die Betriebe und Anlagen in der unmittelbaren Kampfzone.

gez. Adolf Hitler

Quelle: Bundesarchiv-Militärarchiv

ZITIERTE UND VERWENDETE LITERATUR

Blumenberg-Lampe, Christine: Das wirtschaftspolitische Programm der »Freiburger Kreise«. Berlin 1973

Boelcke, Willi A.: Die deutsche Wirtschaft 1930–1945. Düsseldorf 1983

Boelcke, Willi A.: Hitlers Befehle zur Zerstörung oder Lähmung des deutschen Industriepotentials 1944/45. In: Tradition 13 (1968), S. 301–316

Brauch, Hans Günter / Müller, Rolf-Dieter (Hrsg.): Chemische Kriegführung – Chemische Abrüstung. Dokumente und Kommentare. Bd. 1. Berlin 1985

Eichholtz, Dietrich: Geschichte der deutschen Kriegswirtschaft 1939–1945. Bd. 2: 1941–1943. Berlin-Ost 1985

Geyer, Michael: Deutsche Rüstungspolitik 1860–1980. Frankfurt 1984

Grube, Frank / Richter, Gerhard: Alltag im Dritten Reich. Hamburg 1982

Herbert, Ulrich: Fremdarbeiter. Politik und Praxis des »Ausländer-Einsatzes« in der Kriegswirtschaft des Dritten Reiches. Berlin – Bonn 1985

Herbst, Ludolf: Der Totale Krieg und die Ordnung der Wirtschaft. Die Kriegswirtschaft im Spannungsfeld von Politik, Ideologie und Propaganda 1939–1945. Stuttgart 1982

Holmsten, Georg: Kriegsalltag 1939–1945 in Deutschland. Düsseldorf 1982

Janssen, Gregor: Das Ministerium Speer. Deutschlands Rüstung im Krieg. Berlin 1968

Milward, Alan S.: Die deutsche Kriegswirtschaft 1939–1945. Stuttgart 1966

Milward, Alan S.: Der Zweite Weltkrieg. Krieg, Wirtschaft und Gesellschaft 1939–1945. München 1977

Paul, Wolfgang: Der Heimatkrieg 1939 bis 1945. Esslingen 1980

Speer, Albert: Erinnerungen. Frankfurt 1969

Wagenführ, Rolf: Die deutsche Industrie im Kriege 1939–1945. Berlin 1954

Werner, Wolfgang Franz: Bleib übrig! Deutsche Arbeiter in der nationalsozialistischen Kriegswirtschaft. Düsseldorf 1983

Weyres v. Levetzow, Hans-Joachim: Die deutsche Rüstungswirtschaft 1942 bis zum Ende des Krieges. München 1975

ROLF-DIETER MÜLLER

Zur Situation der Frauen

Das hätte sich der Diktator zuvor niemals träumen lassen: Bewaffnete Frauen als letztes Aufgebot zur Verteidigung des »Tausendjährigen« Reiches, das bereits nach zwölf Jahren am Abgrund stand. Kampf und Waffendienst galten nun einmal als Männersache in Deutschland, schon vor der Machtübernahme der Nationalsozialisten.

Die NS-Bewegung hatte sich von Anfang an als Männerbund verstanden. Konservativ und rückwärts gewandt, beharrte sie auf einem Rollenverständnis, das von der Vorherrschaft des Mannes ausging und den weiblichen Lebensbereich auf Familie, Kinder und Haushalt eingrenzte. Gemäß Parteiprogramm durften Frauen in der NSDAP keine Führungspositionen einnehmen. Viele Frauen hatten diese politische Entmündigung und die entwürdigende Reduzierung ihrer Persönlichkeit auf die biologische Funktion keineswegs als bedrückend empfunden. Sie schwärmten für den »Führer« Adolf Hitler, der als Idol der Massen ängstlich jeden Einblick in sein Privatleben vermied.

Dankbar empfanden die Frauen die umfassenden sozialpolitischen Maßnahmen des Regimes zur Förderung von Ehe, Mutterschaft und Hausfrauentätigkeit; sie übersahen dabei zumeist die Kehrseite der Medaille: Eheverbote des »Blutschutzgesetzes«, Sterilisierung angeblich minderwertiger Frauen, die sittlichen Entgleisungen der SS bei der Züchtung »rassisch wertvollen« Nachwuchses, die bis zum Kindesraub in den eroberten Ländern führten, und die verbrecherische Vernichtungspolitik gegen Millionen rassisch unerwünschter Menschen im deutschen Machtbereich.

Die »Ritterlichkeit«, mit der die Nationalsozialisten gern ihr Verhältnis zur deutschen, »arischen« Frau umschrieben, demaskierte sich gegenüber den Frauen in den eroberten Gebieten, den Fremdarbeiterinnen im Reich, weiblichen KZ-Insassen und jüdischen Frauen rasch in voller Brutalität. Neben Sklavenarbeit und »Vernichtung durch Arbeit« umfaßte das entsetzliche Spektrum eine Vielzahl anderer verbrecherischer Maßnahmen: Heranziehung als lebendes Objekt für medizinische Versuche, Folter, Erhängen, Erschießen und Vergasen. Hier kehrte der Rassismus und die biologistische Denkweise der Nazis seine menschenverachtenden, barbarischen Grundlagen bis zur letzten Konsequenz hervor.

Die Frauen der deutschen »Volksgemeinschaft« hingegen wurden auch während des Krieges mit ungewöhnlicher »Schonung« behandelt. Während z. B. in England und der UdSSR Frauen rücksichtslos in den Produktionsprozeß eingespannt wurden – ähnlich wie in Deutschland in der Zeit des Ersten Weltkrieges –, verzichtete die NS-Führung darauf, das Potential von etwa fünf Millionen zusätzlicher weiblicher Arbeitskräfte nutzbar zu machen. Neben der Rücksicht auf die Stimmung an der »Heimatfront« war es vor allem die Sorge um die Gebärfreudigkeit der deutschen Frauen, die für die Besiedlung des »Großgermanischen Reiches« nach dem »Endsieg« benötigt wurde. Appelle zum freiwilligen Arbeitseinsatz blieben ohne große Resonanz, wie der folgende Auszug aus dem Nachrichtendienst der Reichsfrauenführung (Sonderdruck vom August 1940) zeigt: »Wir bekommen zum Einsatz immer nur die, die wissen, was arbeiten heißt. Wir bekommen auch die sogenannten oberen Zehntausend, vor allem Offiziersfrauen und Menschen, die man beim Ehrgefühl packen kann. Wir können gar nicht bekommen eine gewisse obere Mittelschicht, Frauen, die es früher gar nicht allzu gut gehabt, die auch nicht allzu viel gelernt haben, sich aber dann gut verheirateten, und nun auf ihrem guten bürgerlichen Glück sitzen und sich bei jedem Aufruf auch zum allereinfachsten Einsatz einfach schwerhörig stellen. Es sind Menschen, die nach dem alten egoistischen Grundsatz leben: Jetzt haben wir uns das erarbeitet, jetzt sorgen wir erst einmal für uns, nach ein paar Jahren können wir uns ein Kind zulegen und dann vielleicht noch mal eins. Das wird so ineinandergerechnet, wie es am besten paßt. Da wird der Küchenschrank mit dem zweiten Kind verkoppelt und der Toilettenspiegel oder Radioapparat mit dem dritten Kind. Diese Menschen sind schwer für eine selbstlose und für die Gemeinschaft nützliche Idee zu gewinnen.«

Hitler sorgte dafür, daß der Platz der deutschen Frauen in den

»Jede Geburt eine
gewonnene
Schlacht« – Mütter
kinderreicher Fami-
lien wurden mit
dem »Ehrenkreuz
der deutschen Mut-
ter« ausgezeichnet
(Oktober 1939).

Frauen verlassen
mit ihren Kindern
die Luftschutz-
bunker.

Rüstungsfabriken von rund zehn Millionen Kriegsgefangenen und ausländischen Zwangsarbeitern eingenommen wurde. Hunderttausende ukrainischer Mädchen wurden ins Reich geholt, um in den deutschen Haushalten auszuhelfen.

Selbst nach der Katastrophe von Stalingrad zögerte die NS-Führung vor der Einführung einer allgemeinen Frauendienstpflicht. Zwar versuchte sie, zumindest auf die Gruppe der berufslosen Frauen, die keine oder keine Kleinkinder zu betreuen hatten, Druck auszuüben. Dabei hatten aber die »Damen der Gesellschaft« die größten Chancen, der Erfassung zu entgehen. Bezeichnend war ein Resümee des Generalbevollmächtigten für den Arbeitseinsatz, Fritz Sauckel, Ende 1943: Seit Beginn des Jahres seien 3,6 Millionen Frauen untersucht worden, davon seien einsatzfähig 1,6 Millionen. »Von diesen wurden nur halbtags beschäftigt 0,7 Millionen. Im Laufe des Jahres mußten von den zu Beginn eingestellten Frauen auf Grund ärztlichen Attests wieder 0,5 Millionen entlassen werden.«

Die Inkonsequenz bei der Durchführung der Frauendienstpflicht beeinträchtigte verständlicherweise die Arbeitsmoral derjenigen Frauen, die entweder ihr Leben lang in den Fabriken geschuftet hatten oder gedrängt worden waren, vom Büro in die Produktion überzuwechseln. Der starke Anstieg der Krankmeldungen war jedenfalls nicht nur auf körperliche und seelische Belastungen zurückzuführen. Soziale Unterschiede wurden im Zeichen des »Totalen Krieges« und der prahlerischen Propaganda mit besonderer Verbitterung registriert. Der Groll richtete sich oft auch gegen die wachsende Zahl von Studentinnen. Obwohl das Studium schon längst jeden Anklang an alte »Studentenherrlichkeit« verloren hatte – überfüllte Hörsäle, Raumnot, verkürzte Lernzeiten, politische Schulungen, Pflichteinsätze, z. B. in Lazaretten und bei der Ernte –, unterstellte man gerade den Studentinnen gern, daß sie sich hauptsächlich vor der Dienstpflicht in den Rüstungsfabriken drükken wollten.

Die Nationalsozialisten schwankten in dieser Frage zwischen unumgänglichen Zugeständnissen und grundsätzlicher Ablehnung »bildungsversessener« Frauen. Ohne einen gewissen Bestand an wissenschaftlichen Fachkräften konnte man auch in der Kriegswirtschaft nicht auskommen, und die zum Kriegsdienst einberufenen männlichen Akademiker mußten ersetzt werden.

Wenn man auf die Entwicklung neuer »Wunderwaffen« hoffte, dann brauchte man dafür eine große Zahl von Spezialisten und Forschern. Die Wehrmacht war deshalb im Herbst 1944 bereit, einige von ihnen wieder aus dem Kriegsdienst zu entlassen. Als eine »letzte Reserve für Berufe mit höherer Schulbildung« waren aber Frauen unentbehrlich geworden, wie Reichserziehungsminister Rust erkannte. Den Gegenpol vertrat z. B. der Münchener Gauleiter Giesler, der die Studentinnen aufforderte, anstelle des Studiums lieber dem »Führer ein Kind zu schenken«. Sie sollten in jedem Universitätsjahr ein »Zeugnis« in Form eines Sohnes vorlegen und »wenn einige Mädels nicht hübsch genug sind, einen Freund zu finden, würde ich gern jeder einen von meinen Adjutanten zuweisen, und ich kann ihr ein erfreuliches Erlebnis versprechen«. Einig war man sich lediglich darin, daß die Ausdehnung des Frauenstudiums nur vorübergehend sein sollte, bis »männlicher Nachwuchs wieder in ausreichendem Maße vorhanden« wäre.

Insgesamt erhöhte sich die Zahl der weiblichen Arbeitskräfte während des ganzen Krieges im Vergleich zum Jahr 1939 nur geringfügig, auch wenn die NS-Propaganda das Bild der Briefträgerin, Straßenbahnschaffnerin, Lkw-Fahrerin usw. verbreitete. Weitere Maßnahmen, Männer durch Frauen zu ersetzen, brachten in der letzten Kriegsphase zwar einige Verschärfungen, aber keine grundsätzliche Änderung. Noch im September 1944 gab es 1,3 Millionen Hausgehilfinnen.

Die Propagandaformel von der »Volksgemeinschaft« wurde in der Zeit des »Totalen Krieges« ab 1942/43 unglaubwürdiger denn je. Krasse Unterschiede in der persönlichen Betroffenheit durch den Krieg kennzeichneten die Situation der Frauen und ihrer Familien – Unterschiede, die Göring mit dem Vergleich Arbeitspferde und Rassepferde noch zynisch rechtfertigte. Am schwersten hatten es die Bäuerinnen in Klein- und Mittelbetrieben, die ihren Hof zumeist allein bewirtschaften mußten, allenfalls unterstützt von Arbeitsmaiden des Reichsarbeitsdienstes und Pflichtjahrmädeln oder Kriegsgefangenen. Arbeits- und Mutterschutzbestimmungen waren für sie ohne Bedeutung. Im Gegensatz zu den verbalen Verrenkungen der NS-Ideologie vom angeblichen »Blutsquell« der Nation war die Geburtenrate auf dem Lande am niedrigsten; das war eine Folge der extrem langen und schweren Arbeitsbelastung. Auch der Aufruf

Frauen müßen die Männer an den Maschinen ersetzen, hier bei der Fertigung von Panzergranaten.

Die »Brautleute« Adolf Hitler und Eva Braun auf dem Obersalzberg.

zur letzten »Erzeugungsschlacht« im Frühjahr 1945 richtete sich in erster Linie an die alleinstehende Bäuerin. Von ihr wurde erwartet, daß sie trotz der näherrückenden Kriegsfurie und mit völlig unzulänglichen Mitteln die Felder bestellte.

Für die Frauen in den Rüstungsfabriken und in den vom Bombenkrieg heimgesuchten Großstädten war die Last der Entbehrungen nicht viel geringer. In den letzten Kriegsmonaten verschlechterte sich dann auch die Situation der erwerbstätigen Frau in den Klein- und Mittelstädten sowie im Dienstleistungsbereich. Sie alle empfanden – will man den geheimen Stimmungsberichten des Sicherheitsdienstes glauben – die ungleiche Belastung im Vergleich zu den bessergestellten Kreisen, auch wenn diese natürlich vom Krieg keineswegs unberührt blieben.

Im Juni 1944 hatte man zur Sicherstellung des weiblichen Kräftebedarfs in der Kriegswirtschaft den Geburtsjahrgang 1927 für den Reichsarbeitsdienst der weiblichen Jugend auch in Baden gemustert. Ausgenommen wurden lediglich solche Mädchen, die bereits eine Ausbildung als technische Zeichnerin, chemisch-technische Assistentin, Chemotechnikerin oder Metallographin aufgenommen hatten. Da das Aufbringungssoll gegenüber dem Vorjahr erheblich vergrößert worden war, mußte man für den Arbeitsdienst auch auf Dienstpflichtige aus der gewerblichen Kriegswirtschaft zurückgreifen, was Einbrüche selbst in wichtigsten Fertigungen hervorrief. Bei den herrschenden bürokratischen Wirrnissen und ideologischen Widersprüchen waren solche widersinnigen Maßnahmen keine Seltenheit.

Die ungleiche Arbeitsbelastung der Frauen verminderte sich trotz großsprecherischer Parolen der Partei nur geringfügig. Während z. B. für Arbeiterinnen, deren Betriebe Aufträge des Jägerprogramms übernommen hatten, eine 54- bis 56-Stunden-Woche zur Pflicht gemacht wurde, hatten die Arbeitsämter größte Schwierigkeiten, bisher vom Arbeitseinsatz zurückgestellte Frauen zu erfassen.

Angesichts der zusammenbrechenden Fronten verschärfte sich allerdings der Druck gegen solche Vorbehalte und Rücksichten. Selbst die Schüler wurden nun partiell in die Kriegsproduktion eingespannt. Mitte Januar 1945 zog eine Referentin beim Frauenamt der Deutschen Arbeitsfront vor Pressevertretern folgende Bilanz des

Fraueneinsatzes in der Rüstung: Millionen Frauen seien aufgrund der verschärften Meldepflicht in die Betriebe gekommen, wo sich die Betriebsfrauenwalterinnen ihrer annähmen, um ihnen zur Seite zu stehen und »die Angst vor dem Betriebe zu bekämpfen«; Halbtagseinsatz werde kaum noch zugestanden; von den »Halbtagsfrauen« werde eine Mindestarbeitszeit von 30 Stunden pro Woche verlangt, außerdem die Beteiligung am Luftschutzdienst sowie an der Nachtarbeit, mit der die durch Fliegeralarm ausgefallenen Arbeitsstunden nachgeholt würden; die durch Familienpflichten stark gebundenen Frauen würden gedrängt, »Kriegsheimarbeit« mit einer Verpflichtung von täglich drei bis vier Stunden zu übernehmen und leichte, schnell erlernbare Einfachstfertigungen durchzuführen; neben der zahlenmäßigen Steigerung des Fraueneinsatzes werde man in den nächsten Monaten auch eine wertmäßige Steigerung anstreben, und zwar durch systematische Anlernung, Erziehung zur Selbständigkeit am Arbeitsplatz, durch Ausbildung zur vollwertigen Facharbeiterin und Unterführerin. Der Zusammenbruch der Produktion im Frühjahr 1945 verminderte allerdings auch den Leistungsdruck auf die Frauen.

Unterschiedliche subjektive Betroffenheit durch den Krieg gab es nicht nur zwischen Frauen der verschiedenen Gesellschaftsschichten, sondern auch zwischen den Generationen. Die älteren Frauen erinnerten sich noch an die Not des Ersten Weltkrieges, die sich in dieser Form nicht wiederholte. Die mittlere Generation war geprägt von den Entbehrungen der Inflationszeit und der Weltwirtschaftskrise, aber auch von dem »Aufschwung« in den 30er Jahren, oft ihre persönlich schönsten Jahre, die sie an das NS-Regime banden. Obwohl die Jüngeren im Hitler-Staat aufgewachsen waren und in die Pflicht genommen wurden, z. B. im Bund Deutscher Mädel (BDM), im Arbeitsdienst, beim Geländemarsch, bei Heimabenden und im Zeltlager, verstanden es nicht wenige, sich der geistigen und tatsächlichen Uniformierung zu entziehen. Die Vorliebe für modischen Chic und andere verpönte Attribute westlichen Lebensstils war unausrottbar, wenn auch unter Kriegsbedingungen zumeist nur eine Sehnsucht.

Vor allem bei der Jugend wuchs die Bereitschaft zu abweichenden Verhaltensweisen, eine Folge der zwangsläufig gelockerten sozialen Kontrolle in den Kriegswirrnissen und der häufig zerstörten Fami-

Frauen an der Waffe.

Blitzmädel erleben das Kriegsende.

lien. Oft machte auch die drängende Not ein größeres Maß an Selbständigkeit zum Überleben erforderlich. Der Partei waren Erscheinungen wie die »Swing-Cliquen«, Jugendliche, die für amerikanische Musik schwärmten, ein Dorn im Auge, und dort, wo abweichendes Verhalten in Widerstand überging, wie z. B. bei den »Edelweiß-Piraten« in Köln, schlug sie erbarmungslos zu. Insgesamt aber war die Anpassung auch der weiblichen Jugend in so weitem Maße gelungen, daß die wenigen, die den Weg in den Widerstand gingen, isoliert blieben.

Wie sah der Alltag für die Frauen an der »Heimatfront« aus? Hier ist – neben der Arbeitspflicht für die Kriegswirtschaft – zunächst an die zunehmende Erschwerung der Haushaltsführung zu denken, durch die Rationierung von Lebensmitteln – obwohl diese nicht so knapp wurden wie in den meisten anderen europäischen Ländern – und die besonders schwierige Versorgung mit Konsumgütern. Selbst Schuhe und Babywäsche waren oft nur auf dem Schwarzen Markt zu bekommen. Stundenlanges Schlangestehen, nächtliche Fliegeralarme, Kohlenmangel, Stromsperre usw. kamen noch hinzu.

Mit immer neuen Kampagnen und Appellen – die sich in erster Linie an die Frauen richteten – versuchte das Regime, das durch wachsende Not erschwerte Alltagsleben zu steuern und damit zum »Durchhalten« zu ermuntern. Frauen sollten z. B. »Waffen gegen Kohlenklau« schmieden, gemeint war der Bau einer Kochkiste, ausgepolstert mit Papier, Stroh oder Heu, die insofern energiesparend war, als die Speisen nur kurz auf dem Herd angekocht wurden, um dann in der wärmeisolierenden Kiste fertigzugaren.

Zusammenrücken in den wenigen noch erhaltenen Wohnungen, fleißige Gartenarbeit, um sich selbst ernähren zu können, solche Parolen waren die eine Seite, tägliche Belehrungen über das Verhalten bei Tieffliegerangriffen die andere Seite des Alltags. Während Aufrufe des Reichsführers SS Heinrich Himmler gegen »Drückeberger« – gerade die deutschen Frauen und Mädchen seien berufen, »diese Männer an ihrer Ehre zu packen, zur Pflicht zu rufen, ihnen statt Mitleid Verachtung entgegenzubringen und hartnäckige Feiglinge mit dem Scheuerlappen zur Front zu hauen« – wohl kaum noch ernstgenommen wurden, war es empfehlenswert, weiterhin vor Nazi-Spitzeln auf der Hut zu sein. Auf Flüsterpropaganda konnte die Todesstrafe stehen.

Zu den drängenderen Alltagssorgen gehörten vielfach die Erschütterungen der familiären und persönlichen Beziehungen, wenn der Ehemann oder Freund an der Front stand und die Frau jeden Tag mit dem Schlimmsten rechnen mußte. Die langen Trennungen lösten zwangsläufig die Bindungen und führten nicht zuletzt auch zu sexuellen Problemen. Für die Männer wurden diese zwar von der Wehrmacht an der Front geregelt, aber den Frauen in der Heimat brachte man kein Verständnis entgegen. Die Stimmungsberichte des Sicherheitsdienstes waren voll von Klagen über den »unmoralischen« Lebenswandel vieler Frauen, und das Regime versuchte mit härtesten Strafen Kontakte mit Kriegsgefangenen und Fremdarbeitern zu verhindern.

Der »Totale Krieg« verschonte weder Frauen noch Kinder. Jede vierte Familie war schließlich ausgebombt, Hunderttausende verloren im Bombenhagel ihr Leben. Frauen im Kriegsdienst – gegen diese Konsequenz hatten sich die NS-Machthaber lange Zeit gesperrt. Dennoch nahm die Zahl von Rotkreuz-Helferinnen und anderen Hilfskräften der Wehrmacht ständig zu, um Männer für den Frontdienst freizumachen. Zunächst vorwiegend im Nachrichten- und Stabsdienst eingesetzt, gerieten die Blitzmädel immer stärker in den Strudel des Krieges. Die Gefahr, als »Offiziersmatraze« u. ä. verleumdet zu werden, war wohl noch die geringste. Seit Sommer 1944 standen etwa 50 000 Maiden des RAD an den Scheinwerferbatterien der Flak, und die Zahl der Wehrmachtshelferinnen erreichte Anfang 1945 ungefähr eine halbe Million. Die ideologischen Barrieren schwanden, je näher die militärische Niederlage rückte.

Frauen und Mädchen wurden, zum Teil aufgrund freiwilliger Meldungen, hinter der Hauptkampflinie als Hilfspersonal eingesetzt zum Ausbessern von Uniformen und Ausrüstung oder sogar als Melder. Am 23. März 1945 gab das Oberkommando der Wehrmacht dann bekannt, daß der »Führer« die Ausstattung von Frauen im freiwilligen Einsatz und zur Selbstverteidigung mit Handfeuerwaffen und Panzerfäusten genehmigt habe. Die Panzerfaust wurde nun von der NS-Propaganda als »Waffe der Frau« gepriesen. Um den eigenen Untergang hinauszuzögern, ließ Hitler alle Skrupel fallen: »Ob Mädchen oder Frauen, ist ganz wurscht: eingesetzt muß alles werden«, erklärte er und genehmigte sogar die versuchsweise Aufstellung eines Frauenbataillons. Er versprach sich davon eine »entsprechende Rückwirkung auf die Haltung der Männer«. Dazu ist es infolge der Kriegsereignisse zum Glück nicht mehr gekommen.

Die heimliche Trauung Adolf Hitlers mit seiner langjährigen Geliebten Eva Braun am 28. April 1945, kurz bevor beide im Führerbunker Selbstmord begingen, ist in diesem Zusammenhang von einer tiefen Symbolik. In ihr kommt die Befangenheit, Zwiespältigkeit und Heuchelei zum Ausdruck, die das Verhältnis Hitlers und seines Regimes gegenüber den Frauen charakterisierten; sie kennzeichnet zugleich aber auch die Bereitschaft, im Strudel des Untergangs alle bisherigen Grundsätze über Bord zu werfen.

Der von den Nazis entfesselte Krieg schlug nun mit voller Gewalt auf die deutsche Zivilbevölkerung zurück. Die meisten Frauen hatten – ob freiwillig oder gezwungen – in den vergangenen fünf Jahren ihre Ehemänner, Söhne und Freunde zum Bahnhof gebracht für einen Krieg, der sich in fernen Ländern abspielte. Im Rahmen der Kriegswirtschaft – am Pflug, an den Maschinen, beim Stricken von Wollsachen usw. – hatten sie ihren eigenen Teil zur Kriegführung beigetragen. Hitlers »Paradefrau«, die Reichsfrauenführerin Gertrud Scholtz-Klink, hatte das so ausgedrückt: »Unsere Männer haben zu den Waffen gegriffen, und wir Frauen reichen ihnen diese Waffen zu, bis der letzte Sieg errungen ist.« Sie mußten nun erleben, daß die Welle der Gewalt, die im deutschen Namen über die Nachbarvölker gebracht worden war, zurückflutete. In den ersten Wochen des russischen Vormarsches auf deutschem Boden kam es zu entsetzlichen Massakern und zu zahllosen Vergewaltigungen. Die Willkür der Sieger war im Osten sicher härter als im Westen, aber auch dort unübersehbar.

So bezahlten am Ende auch deutsche Frauen den Krieg mit dem Verlust von Heimat und Habe, mit Entehrung und Tod. Viele verloren ihre Männer – es gab 1945 etwa 1,2 Millionen Kriegerwitwen –, ihre Kinder oder andere Angehörige. Da die überlebenden Männer zumeist für mehrere Jahre in den Gefangenenlagern verblieben, hatten die Frauen auch die Last des Überlebenskampfes nach Kriegsende und den ersten Wiederaufbau zu tragen. Die Trümmerfrauen wurden dafür zur Symbolfigur. Sich mit der Vergangenheit auseinanderzusetzen, dazu waren die meisten Frauen ebensowenig bereit wie ein Großteil der Deutschen, zumal sie jahrelang indoktriniert worden waren, die Frau habe kein politisches Verständnis.

Der im Krieg mögliche und zum Teil unvermeidliche Emanzipationsschub war von den Nationalsozialisten mit allen Mitteln eingedämmt worden. Dennoch hatten viele Frauen soviel Selbstbewußtsein und Selbständigkeit gewonnen, daß sie auch nach dem Kriege daran festhielten. Dieser Impuls für gesellschaftliche Strukturveränderungen begünstigte den Neuaufbau nach 1945. Aber er war sehr schwach. Die meisten Frauen empfanden wohl die im Krieg gemachten Erfahrungen, das Auf-sich-selbst-gestellt-Sein, lediglich als Ausnahmesituation, deren Ende sie herbeisehnten. Als der Krieg und die größte Nachkriegsnot vorbei und die Männer wieder zurückgekehrt waren, trat die Mehrzahl der Frauen auf den Platz zurück, der ihnen erneut als angeblich »angestammt« zugewiesen wurde.

ZITIERTE UND VERWENDETE LITERATUR

Bajohr, Stefan: Die Hälfte der Fabrik. Geschichte der Frauenarbeit in Deutschland 1914–1945. Marburg 1979

Bleuel, Hans-Peter: Das saubere Reich. Eros und Sexualität im Dritten Reich. Bern – München 1972

Der alltägliche Faschismus. Frauen im 3. Reich. Berlin – Bonn 1981

Gersdorff, Ursula v.: Frauen im Kriegsdienst 1914–1945. Stuttgart 1969

Klaus, Martin: Mädchen in der Hitlerjugend. Die Erziehung zur »deutschen Frau«. Köln 1980

Kopetzky, Helmut: Die andere Front. Europäische Frauen in Krieg und Widerstand 1939–1945. Köln 1983

Kuhn, Annette: Frauen im deutschen Faschismus. Eine Quellensammlung mit fachwissenschaftlichen und fachdidaktischen Kommentaren. 2 Bde. Düsseldorf 1983

Lück, Margret: Die Frau im Männerstaat. Frankfurt 1979

Meldungen aus dem Reich. Auswahl aus den geheimen Lageberichten des Sicherheitsdienstes der SS. Hrsg. v. Heinz Boberach. Neuwied – Berlin 1965

Mutterkreuz und Arbeitsbuch. Zur Geschichte der Frauen in der Weimarer Republik und im Nationalsozialismus. Frankfurt 1981

Frauen unterm Hakenkreuz. Hrsg. v. Maruta Schmidt u. Gabi Dietz. Berlin 1983

Schönfeldt, Sybil Gräfin: Sonderappell. Wien 1978

Seidler, Franz: Blitzmädchen. Die Geschichte der Helferinnen der deutschen Wehrmacht im Zweiten Weltkrieg. Koblenz – Bonn 1979

Thalmann, Rita: Frausein im Dritten Reich. München – Wien 1984

Westenrieder, Norbert: »Deutsche Frauen und Mädchen!« Vom Alltagsleben 1933–1945. Düsseldorf 1984

Wiggershaus, Renate: Frauen unterm Nationalsozialismus. Wuppertal 1984

Winkler, Dörte: Frauenarbeit im »Dritten Reich«. Hamburg 1977

GERD R. UEBERSCHÄR

Der »Endkampf ums Reich« im Westen und Osten

Am Neujahrstag des Jahres 1945 verlas Hitler im Rundfunk einen
Aufruf an seine »Volksgenossen und Volksgenossinnen«. Seit langer
Zeit war es die erste öffentliche Ansprache des »Führers«. Obwohl
die Alliierten in Ost und West unmittelbar vor den deutschen
Grenzen standen und die »Festung Europa« im Kern auf das Reich
geschrumpft war, erklärte Hitler den Krieg noch nicht für verloren.
Großsprecherisch verkündete er: »Wir sind zu allem entschlossen.
Die Welt muß wissen, daß daher dieser Staat niemals kapitulieren
wird, daß das heutige Deutsche Reich, wie alle großen Staaten der
Vergangenheit, auf seinem Weg Rückschlägen ausgesetzt sein mag,
daß es aber nie diesen Weg verlassen wird . . . Millionen Deutsche
aller Berufe und aller Lebensstände, Männer und Frauen, Knaben
und Mädchen, bis herab zu Kindern haben zum Spaten und zur
Schaufel gegriffen. Tausende von Volkssturm-Bataillonen sind entstanden und im Entstehen begriffen. Divisionen sind neu aufgestellt,
Volks-Artillerie-Korps, Werfer- und Sturmgeschütz-Brigaden sowie
Panzerverbände wurden aus dem Boden gestampft . . . Mein Glauben an die Zukunft unseres Volkes ist unerschütterlich« (zit. M.
Domarus: Hitler. Bd. 2/2, S. 2182 ff.).
   Im ähnlichen Wortlaut ging der Aufruf auch an die Wehrmacht;
dabei betonte er, daß das Reich durch Waffengewalt nicht nieder-
gerungen werden könne, daß sich »ein November 1918 nie mehr«
wiederholen werde. Hitler erklärte, er sei »unbeirrbar in der fanatischen Entschlossenheit, den Krieg unter allen Umständen durchzu-
kämpfen«. Nach den Geheimberichten über die Stimmung in der
Bevölkerung verfehlte Hitlers Siegeszuversicht nicht seine Wirkung.
Viele Deutsche hielten es trotz der alliierten militärischen Überlegenheit immer noch für möglich, daß durch die von der Goebbels-
Propaganda angekündigten »Wunderwaffen« doch noch eine positive Wende im Krieg herbeigeführt werden könnte.

Hitler bei seinem letzten Besuch der Ostfront bei der 9. Armee im März 1945.

Wie sollten jedoch die von Hitler erwähnten neuen Verbände geschaffen werden, wenn bereits die letzten personellen und materiellen Reserven für die vergebliche Ardennenoffensive verbraucht worden waren? Die am 16. Dezember 1944 begonnene Offensive im Westen war Anfang 1945 endgültig gescheitert. Am 8. Januar mußte Hitler die Genehmigung geben, die deutschen Verbände wieder auf die Ausgangsstellung zurückzunehmen. Tags darauf zeichnete sich ab, daß auch das »Unternehmen Nordwind« im Nordelsaß, der letzte größere Angriff der deutschen Wehrmacht an der Westfront, mißlungen war. Ohne genügende Artillerie- und Luftunterstützung sowie ohne ausreichende Kraftfahrzeuge und Kraftstoffmengen erwarteten die unbeweglichen deutschen Armeen ab Jahresbeginn 1945 den überlegenen anglo-amerikanischen Gegenangriff über die Grenze in das Rheinland und Ruhrgebiet sowie die große Winteroffensive der Roten Armee im Osten.

Hitlers Ankündigungen neuer Waffen – wie Volksgewehr, Volks-

Die Westfront (1945)

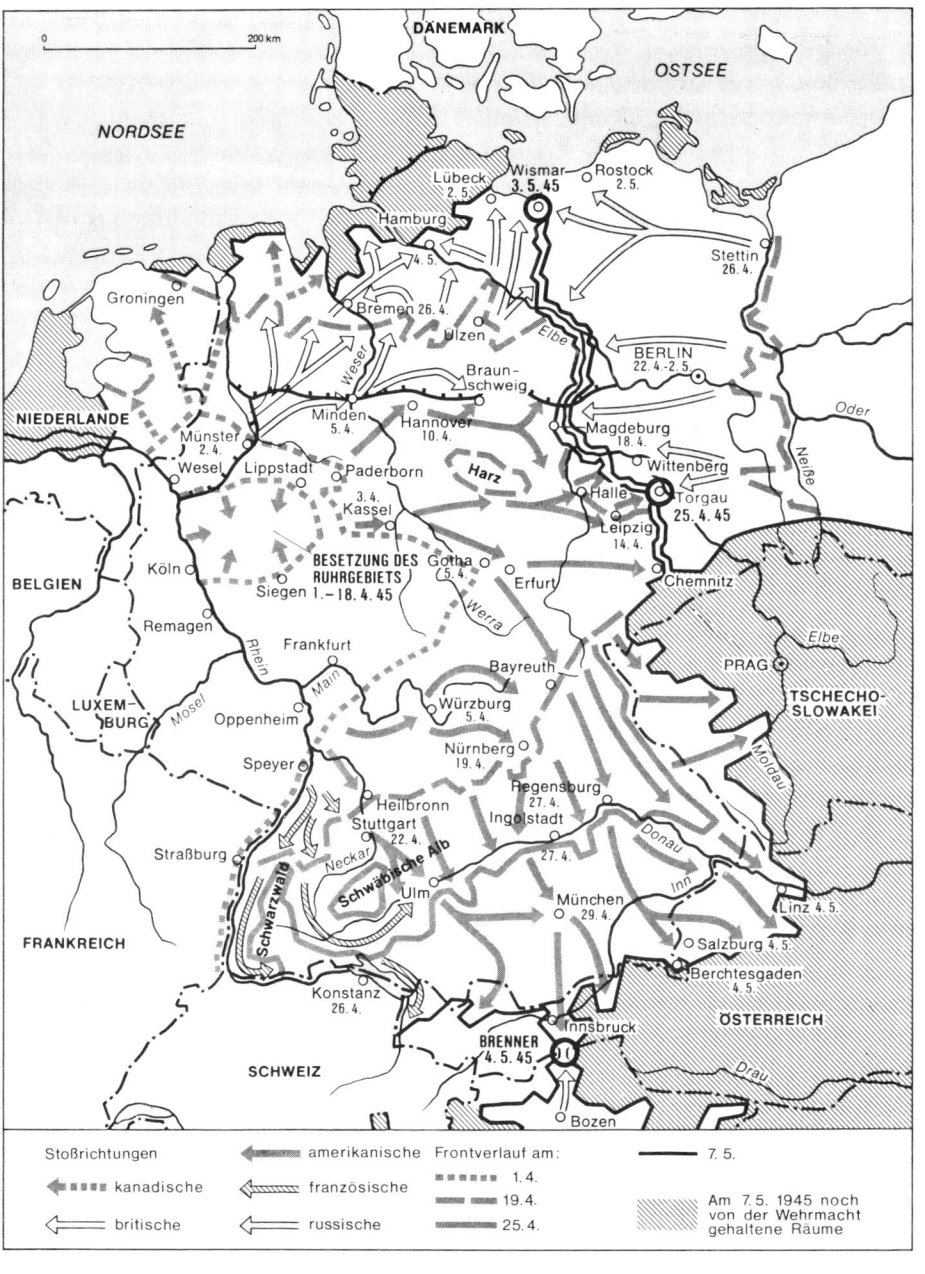

jäger und Rammjäger – und neuer Volks-Divisionen sowie Volks-Artillerie-Korps waren nur leere Worthülsen. Fanatischer Wille sollte realen Kampfwert ersetzen. Kein Befehlshaber vom Divisionsverband an aufwärts durfte nunmehr irgendeinen Angriff oder Rückzug durchführen, ohne diese Absicht vorher Hitler gemeldet zu haben, um ihm noch ein persönliches Eingreifen in die Operation zu ermöglichen. Der mißtrauische Diktator, der nach dem Attentat vom 20. Juli 1944 seinen militärischen Beratern ohnehin nicht mehr vertraute, wollte den Kampf persönlich aus seinem »Führerhauptquartier« führen, das er symbolischerweise am 16. Januar 1945 von Ziegenberg in Hessen nach Berlin in den Bunker unter die Reichskanzlei verlegte. Planmäßige und vorausschauende Vorbereitungen für eine Evakuierung der Zivilbevölkerung aus den bedrohten Grenzgebieten lehnte er ab. Statt dessen sollten fanatische Partei- und Gauleiter als Reichsverteidigungskommissare die Bevölkerung zur Verteidigung an Ort und Stelle zwingen. Voraussagen des eigenen militärischen Geheimdienstes über die Kräfteverhältnisse der sowjetischen Verbände an der Ostfront und über die zu erwartende massive Offensive der Sowjetarmee bewertete Hitler geringschätzig als »größten Bluff seit Dschingis Khan«.

Mit mehreren Heeresgruppen (1., 2. und 3. Belorussische Front, 1. und 4. Ukrainische Front) trat dann die Rote Armee am 12./14. Januar 1945 aus den Brückenköpfen an der Weichsel bei Baranow, Magnuszew und Pulawy zum Angriff gegen den deutschen Mittelabschnitt der Ostfront und gegen Ostpreußen an. Bis Ende Januar entfaltete sich die mit starken Panzerkräften geführte Großoffensive der Sowjettruppen über die gesamte Ostfront. Eine erfolgreiche Abwehr war den beiden angeschlagenen deutschen Heeresgruppen »Mitte« (Generaloberst Reinhardt) und »A« (Generaloberst Harpe) nicht möglich, zumal sie über keinerlei Reserven verfügten. Die vordere Verteidigungslinie wurde rasch durchstoßen, große Teile der 3. und 4. deutschen Panzerarmee sowie der 2. Armee wurden völlig zerschlagen und zersprengt; schon nach vier Tagen gab es keine zusammenhängende deutsche Abwehrfront mehr. Am 17. Januar mußte Warschau, am 19. Januar Krakau von den deutschen Truppen geräumt werden. Am gleichen Tage erreichte die Rote Armee die schlesische Grenze. Posen, Thorn und Graudenz wurden eingeschlossen und von Hitler zu »Festungen« erklärt. Das

Die Ostfront (November 1944 bis April 1945)

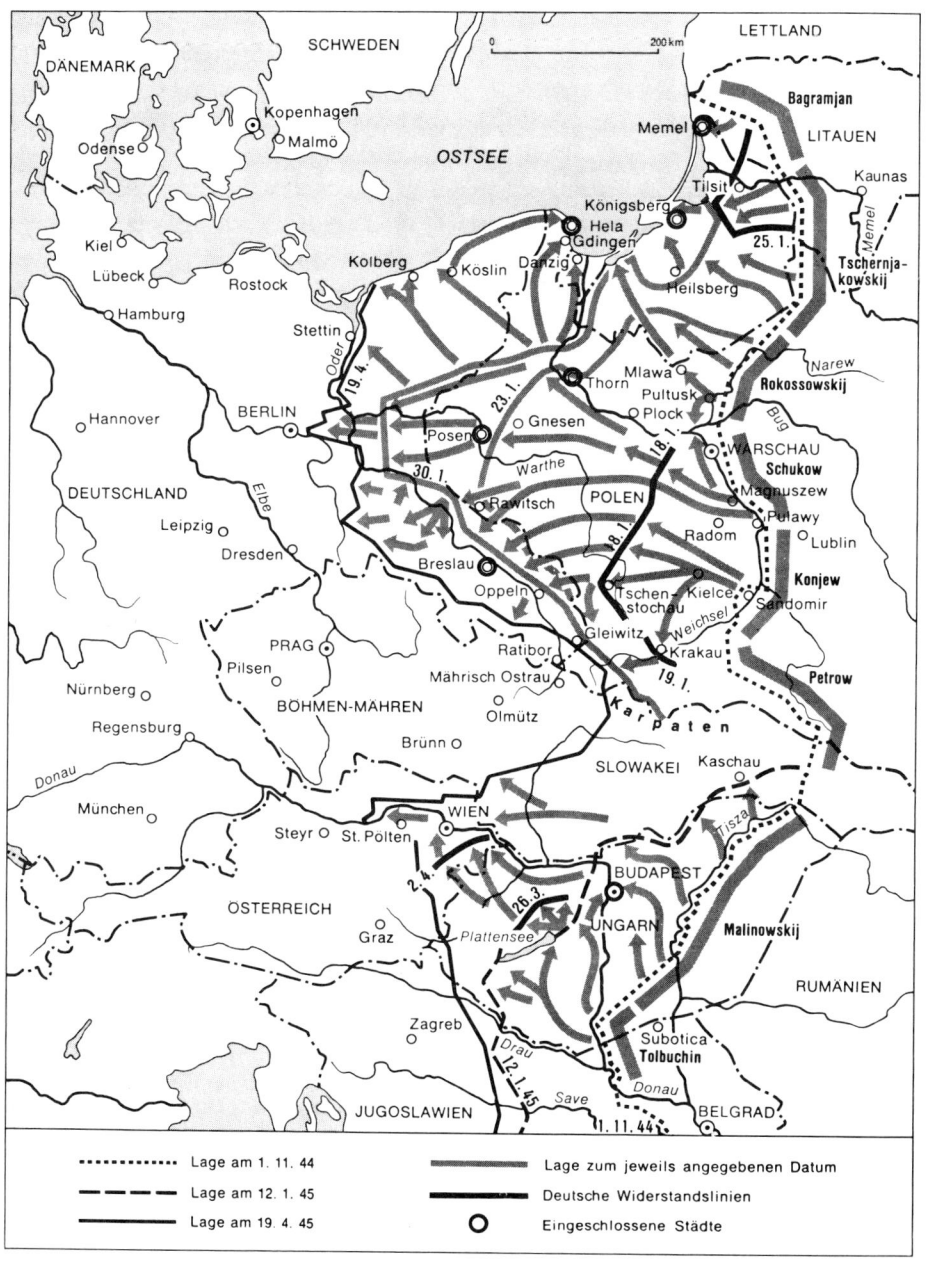

US-General Dwight D. Eisenhower. Sowjetmarschall Georgi K. Schukow.

Amerikanische Soldaten und Rotarmisten bei der Begegnung an der Elbe bei Torgau.

Industriegebiet von Oberschlesien fiel den Sowjetstreitkräften Ende Januar unzerstört in die Hände.

Mit Ersatztruppenteilen, Landesschützen- und Volkssturmeinheiten sowie Polizei- und Etappenpersonal und Hitlerjugend ließen sich auch in Ostpreußen die im Verhältnis von 7 bis 10:1 überlegenen sowjetischen Panzerverbände (bei der Infanterie war das Verhältnis 9 bis 11:1 und bei der Artillerie sogar 10 bis 20:1 zugunsten der Sowjetarmee) nicht aufhalten. Die Sowjetstreitkräfte besetzten am 21. Januar Tannenberg und schlossen am 29. Januar Königsberg ein. Kurz darauf erreichte die Rote Armee bereits bei Küstrin die Oder und konnte am 31. Januar 1945 einen Brückenkopf über den Fluß erzwingen. Breslau wurde Mitte Februar eingeschlossen und durch Volkssturmverbände sowie eilig zusammengeraffte Wehrmachtseinheiten als »Festung« bis zum 6. Mai 1945 hartnäckig verteidigt.

Statt daraufhin der zusammengebrochenen Ostfront die im Westen abgezogenen Verbände der 6. SS-Panzerarmee (unter SS-Oberstgruppenführer Sepp Dietrich) zuzuführen, befahl Hitler jedoch, mit diesen SS-Divisionen eine neue Offensive am Plattensee durchzuführen, um die ungarischen Erdölfelder zu halten. Nach wie vor lehnte er es auch ab, die Truppen der Heeresgruppe »Nord« aus dem von der übrigen Ostfront abgeschnittenen Kurland-Kessel abzuziehen und sie für den »Endkampf im Reich« heranzuschaffen. Die ca. 30 Divisionen mit fast 400 000 Mann mußten als Heeresgruppe »Kurland« (ab 25. Januar 1945 so umbenannt) weiterhin – ebenso wie andere abgeschnittene Truppenverbände auf den Inseln der Ägäis, auf Kreta oder in den französischen Atlantikhäfen – in ihren Stellungen ausharren, weil der »Führer« zuvor den rechtzeitigen Rückzug verboten hatte.

Statt dessen ernannte Hitler ihm treu ergebene Generale und fanatische Parteiführer zu neuen Befehlshabern: Generaloberst Schörner sollte mit der Heeresgruppe »Süd«, unterstützt durch den rücksichtslosen Gauleiter Hanke, Schlesien verteidigen. Generaloberst Rendulic übernahm die neue Heeresgruppe »Nord« (bisher Heeresgruppe »Mitte«) und hatte gemeinsam mit dem unfähigen Gauleiter Koch die Verteidigung Ostpreußens zu organisieren. Der Reichsführer SS Heinrich Himmler wurde als neue »Wunderwaffe« zum Oberbefehlshaber der neugebildeten Heeresgruppe »Weichsel« in Pommern ernannt; gleichzeitig sollte er »hinter der gesamten

Ostfront auf deutschem Boden die nationale Verteidigung« gewährleisten. Weder Schlesien noch Ostpreußen oder Pommern konnten
jedoch gehalten werden. Am 22. Februar mußte Posen kapitulieren,
am 26. Februar erreichte die Rote Armee bei Kolberg, das als
»Festung« eingeschlossen wurde, die Ostsee. Trotz Hitlers wieder-
holter Verteidigungsbefehle mußten am 18. März Kolberg, am 28.
März Gdingen und am 30. März Danzig, das seit dem 14. März
eingeschlossen war, aufgegeben werden.

Während der Kampfoperationen kamen Zehntausende von
Flüchtlingen in den strengen Wintertagen bei den unorganisierten
und zu späten Fluchtbewegungen aus dem Osten ums Leben. Hohe
Verluste forderten aber auch die sinnlosen Straßenkämpfe in den zu
»Festungen« erklärten Städten. Als Breslau am 6. Mai kapitulierte,
waren schließlich 70 Prozent der Gebäude durch Artillerie- und
Granatbeschuß zerstört. In Königsberg, das am 9. April den sowjeti-
schen Einschließungskräften unterlag, sah es ebenso aus. Gauleiter
Koch hatte sich jedoch rechtzeitig aus der Stadt abgesetzt und war
auf einem Eisbrecher über die Ostsee nach Dänemark geflüchtet.
Auch Gauleiter Hanke ließ seine Mitkämpfer in Breslau schmählich
im Stich und rettete sich mit dem Flugzeug.

Als auch die Westalliierten am 8. Februar 1945 mit der
21. englischen Armeegruppe (Feldmarschall Montgomery), der 12.
US-Armeegruppe (General Bradley) und kanadischen Verbänden
angriffen, mußten die deutschen Truppen das linksrheinische Gebiet
aufgeben und über den Rhein zurück. Am 6. März ging Köln
verloren. Die 9. US-Panzerdivision erreichte am 7. März die unzer-
störte Eisenbahnbrücke bei Remagen. Ihr Vorstoß erfolgte so überraschend, daß die Brücke über den Rhein nicht mehr gesprengt
werden konnte. Während die Amerikaner dort rasch einen rechtsrheinischen Brückenkopf bildeten, ließ Hitler in maßloser Wut am
13. März die für die ausgebliebene Sprengung der Brücke angeblich
verantwortlichen Offiziere von einem neu eingesetzten »fliegenden
Standgericht« aburteilen und sofort erschießen.

Ab 13. März eroberten die 3. US-Armee (General Patton) und die
nach Süden einschwenkende 1. französische und 7. US-Armee der

◁ Gefangennahme von deutschen Soldaten und Volkssturmmännern vor dem Köl-
ner Dom.

6. US-Armeegruppe (General Devers) den saarpfälzischen Raum. Kaiserslautern und Bingen wurden von den Alliierten eingenommen, das Saargebiet vollständig besetzt.

Am 23./24. März 1945 wurde der Angriff der Anglo-Amerikaner fortgesetzt. Montgomery überschritt mit seinen Truppen bei Wesel den Rhein und stieß ins Emsland vor; damit waren die deutschen Verbände in der »Festung Holland« abgeschnitten. Die Resttruppen der ehemaligen Heeresgruppe »H« wurden von den Briten zur Elbe und bis Mitte April nach Holstein zurückgedrängt. Aus dem Brückenkopf bei Remagen stieß Bradleys 12. Armeegruppe nach Osten und Nordosten vor. Bei Lippstadt wurde schließlich am 1. April die Einkreisung des Ruhrgebietes abgeschlossen. Die unter Generalfeldmarschall Model kämpfende Heeresgruppe »B« stellte mit fast 25 Divisionen und rund 325 000 Mann am 18. April den Kampf ein. Model beging Selbstmord.

Pattons 3. Armee erzwang am 23. März bei Mainz-Oppenheim einen Brückenkopf am Ostufer des Rheins, aus dem sie auf Darmstadt, Frankfurt, Aschaffenburg, Fulda und Eisenach sowie zum Erzgebirge vorstoßen konnte. Schon am 12. April erreichten die Amerikaner südlich von Magdeburg und am 19. April die Briten bei Lauenburg die Elbe; gleichzeitig besetzten sie die mitteldeutschen Gebiete von Hessen und Thüringen.

Mitte März griffen die Sowjets in Ungarn an, wo schon zuvor am 13. Februar 1945 Budapest von den deutschen und ungarischen Truppen aufgegeben werden mußte. Nachdem die Front nochmals kurzfristig am Plattensee stabilisiert worden war, mußte sie nun vor dem übermächtigen Angriff der Roten Armee, die inzwischen auch durch Verbände der neuen Kriegsgegner Deutschlands (Tschechoslowakei, Bulgarien und Rumänien) verstärkt worden war, hinter Preßburg zurückweichen. Am 13. April fiel Wien nach heftigen Straßenkämpfen in die Hand der Truppen des sowjetischen Marschalls Tolbuchin.

Das schnelle Erreichen der Elbe bot den Westalliierten die Chance, den Sowjets zuvorzukommen und vor den Armeen Stalins Berlin zu erobern. Insbesondere Churchill bedrängte die Amerikaner, ohne Rücksicht auf die in Jalta abgemachten Besatzungszonen so weit wie möglich nach Osten vorzurücken. Eisenhower sollte Berlin, Prag und Dresden vor der Roten Armee erobern. Der

MILITAERREGIERUNG–DEUTSCHLAND
KONTROLLGEBIET DES OBERSTEN BEFEHLSHABERS
PROKLAMATION Nr. I

AN DAS DEUTSCHE VOLK:
Ich, General Dwight D. Eisenhower, Oberster Befehlshaber der Alliierten Streitkräfte gebe hiermit Folgendes bekannt:

I.

Die Alliierten Streitkräfte, die unter meinem Oberbefehl stehen, haben jetzt deutschen Boden betreten. Wir kommen als ein siegreiches Heer; jedoch nicht als Unterdrücker. In dem deutschen Gebiet, das von Streitkräften unter meinem Oberbefehl besetzt ist, werden wir den Nationalsozialismus und den deutschen Militarismus vernichten, die Herrschaft der Nationalsozialistischen Deutschen Arbeiter Partei beseitigen, die NSDAP auflösen sowie die grausamen, harten und ungerechten Rechtssätze und Einrichtungen, die von der NSDAP geschaffen worden sind, aufheben. Den deutschen Militarismus, der so oft den Frieden der Welt gestört hat, werden wir endgültig beseitigen. Führer der Wehrmacht und der NSDAP, Mitglieder der Geheimen Staats-Polizei und andere Personen, die verdächtig sind, Verbrechen und Grausamkeiten begangen zu haben, werden gerichtlich angeklagt und, falls für schuldig befunden, ihrer gerechten Bestrafung zugeführt.

II.

Die höchste gesetzgebende, rechtsprechende und vollziehende Machtbefugnis und Gewalt in dem besetzten Gebiet ist in meiner Person als Oberster Befehlshaber der Alliierten Streitkräfte und als Militär-Gouverneur vereinigt. Die Militärregierung ist eingesetzt, um diese Gewalten unter meinem Befehl auszuüben. Alle Personen in dem besetzten Gebiet haben unverzüglich und widerspruchslos alle Befehle und Veröffentlichungen der Militärregierung zu befolgen. Gerichte der Militärregierung werden eingesetzt, um Rechtsbrecher zu verurteilen. Widerstand gegen die Alliierten Streitkräfte wird einnachsichtlich gebrochen. Andere schwere strafbare Handlungen werden scharfstens geahndet.

III.

Alle deutschen Gerichte, Unterrichts- und Erziehungsanstalten innerhalb des besetzten Gebietes werden bis auf Weiteres geschlossen. Dem Volksgerichtshof, den Sondergerichten, den SS Polizei-Gerichten und anderen ausserordentlichen Gerichten wird überall im besetzten Gebiet die Gerichtsbarkeit entzogen. Die Wiederaufnahme der Tätigkeit der Straf- und Zivilgerichte und die Wieder-Eröffnung der Unterrichts- und Erziehungsanstalten wird genehmigt, sobald die Zustände es zulassen.

IV.

Alle Beamte sind verpflichtet, bis auf Weiteres auf ihren Posten zu verbleiben und alle Befehle und Anordnungen der Militärregierung oder der Alliierten Behörden, die an die deutsche Regierung oder an das deutsche Volk gerichtet sind, zu befolgen und auszuführen. Dies gilt auch für die Beamten, Arbeiter und Angestellten sämtlicher öffentlichen und gemeinwirtschaftlichen Betriebe, sowie für sonstige Personen, die notwendige Tätigkeiten verrichten.

DWIGHT D. EISENHOWER
General
Oberster Befehlshaber
Alliierte Streitkräfte

GA/GI 1M.

Die erste Proklamation General Eisenhowers an die deutsche Bevölkerung. Die Proklamation wurde jeweils beim Einmarsch der Truppen plakatiert und als Flugblatt verteilt.

alliierte Oberbefehlshaber verschloß sich jedoch den politischen Überlegungen. Militärische Erwägungen bewogen ihn, nicht nach Berlin, sondern rasch nach Süddeutschland und Österreich vorzustoßen. Ganz offensichtlich war Eisenhower von den NS-Propagandameldungen und Gerüchten über den Ausbau der sogenannten »Alpenfestung« irritiert; er hielt es für möglich, daß sich die NS-Machthaber dort als letzte Zuflucht verschanzen könnten. Er setzte deshalb den Angriff mit der 6. Armeegruppe nach Süden fort und eroberte am 20. April Nürnberg, am 28. April Augsburg und am 30. April München sowie am 5. Mai Linz. Die 1. französische Armee besetzte am 21./22. April Stuttgart und drang bis zum Bodensee und nach Vorarlberg vor. Die Reduit-Stellung in den Alpen erwies sich jedoch als ein Phantomgebilde.

Mit seiner Entscheidung zum Vorstoß nach Süden überließ es Eisenhower der Roten Armee, den Berliner Raum freizukämpfen, für die die Eroberung der Reichshauptstadt zweifellos symbolische Bedeutung erhielt und den größten Triumph darstellte.

Als US-Präsident Roosevelt am 12. April an einem Gehirnschlag starb, schöpften Hitler und Goebbels in der Reichskanzlei neue Hoffnung, die Allianz der Gegner werde doch noch zerfallen. Der erneute sowjetische Großangriff vom 16. April aus den Oder-Brükkenköpfen und vom Neiße-Ufer bei Küstrin, Guben und Muskau in Richtung auf Berlin belehrte sie jedoch eines Besseren. Durch gewaltige Artillerieunterstützung gelangen der 1. Ukrainischen Front (Marschall Konjew) und der 1. Belorussischen Front (Marschall Schukow) sowie der 2. Belorussischen Front (Marschall Rokossowski) sehr rasch der Durchbruch der Front und der Vorstoß über die Oder, so daß Berlin am 25. April von der Roten Armee eingeschlossen werden konnte. Schließlich trafen amerikanische und sowjetische Truppen der 69. US-Infanteriedivision und der 58. sowjetischen Gardedivision am 25. April 1945 bei Torgau und Strehla an der Elbe zusammen. Die Zusammenkunft und Vereinigung der alliierten Truppen in Mitteldeutschland symbolisierte als »historische Begegnung« sowohl den Sieg der Anti-Hitler-Koalition über das Dritte Reich als auch das Hineindrängen der beiden Flügelmächte USA und UdSSR als neue Weltmächte nach Europa; zugleich erfolgte durch sie die Teilung Deutschlands als noch verbliebener Kriegsschauplatz.

Hitler, seine Paladine und militärischen Berater lebten schon seit Wochen in einer Scheinwelt, die mit der militärischen Realität nichts mehr zu tun hatte. Ein Befehl Hitlers vom 12. April ordnete bei Androhung der Todesstrafe die Verteidigung aller deutschen Städte unter dem Kommando von sogenannten Festungs- oder Kampfkommandanten bis zum letzten Mann an. Neu eingesetzte Standgerichte versuchten, die Truppe zum äußersten Widerstand zu treiben; an vielen Frontabschnitten konnten sie ihre Henkersarbeit vollbringen und einsichtige Soldaten und Zivilisten, die den weiteren Kampf und die sinnlosen Zerstörungen verhindern wollten, ermorden.

Von Berlin aus kümmerte sich Hitler um die kleinsten Dinge an der Front. Dem Generalstab des Heeres schenkte er schon lange kein Vertrauen mehr. Seit Februar sah er in allen Niederlagen nur noch Aktionen des Verrats. Bei den letzten Lagebesprechungen beschäftigte er sich mit »Schatten- und Geisterdivisionen« und sorgte sich beispielsweise um den Fußmarsch einzelner Bataillone im Bozener Raum. Dabei redete er immer wieder vom »Endsieg«. Für die beiden getrennten Kampfräume im Süden und Norden des Reichs setzte er zwei neue Oberbefehlshaber ein: Großadmiral Dönitz sollte im Nordteil und Feldmarschall Kesselring im Südteil des Reiches den Kampf unerbittlich fortführen. Eine Kapitulation konnte sich Hitler nicht vorstellen. In der Lagebesprechung vom 22. April erklärte er zwar den Krieg für verloren; den »Kampf um Berlin« gab er jedoch noch nicht auf. Nach seinen Vorstellungen sollte die neu aufgestellte 12. Armee unter General Wenck die Reichshauptstadt wieder freikämpfen. Um sein eigenes Ende hinauszuschieben, befahl Hitler auch nach der Einkreisung der Stadt, die Verteidigung Berlins unermüdlich fortzusetzen, ohne sich davon zu überzeugen, ob dafür überhaupt die Möglichkeiten vorhanden waren, oder sich darum zu kümmern, daß dadurch nur noch weitere sinnlose Zerstörungen erfolgten und unnötige Opfer von der Berliner Bevölkerung verlangt wurden.

ZITIERTE UND VERWENDETE LITERATUR

Ahlfen, Hans von: Der Kampf um Schlesien. Ein authentischer Dokumentarbericht. München 1961

Ahlfen, Hans von / Niehoff, Hermann: So kämpfte Breslau. Verteidigung und Untergang von Schlesiens Hauptstadt. München 1959

Böddeker, Günter: Der Untergang des Dritten Reiches. Mit den Berichten des Oberkommandos der Wehrmacht vom 6. Januar – 9. Mai 1945 und einer Bilddokumentation. München 1985

Cartier, Raymond: Der Zweite Weltkrieg. Bd. 3: 1944–1945. München 6. Aufl. 1982

Deutschland im zweiten Weltkrieg. Bd. 6: Die Zerschlagung des Hitlerfaschismus und die Befreiung des deutschen Volkes (Juni 1944 bis zum 8. Mai 1945). Von einem Autorenkollektiv unter Leitung von Wolfgang Schumann und Olaf Groehler. Berlin-Ost 1985

Dieckert, Kurt / Großmann, Horst: Der Kampf um Ostpreußen. Ein authentischer Dokumentarbericht. München 1960

Domarus, Max: Hitler. Reden und Proklamationen 1932–1945. Kommentiert von einem deutschen Zeitgenossen. 2. Bde. Bd. II: Untergang, 2. Halbbd. Wiesbaden 1973

Eisenhower, Dwight D.: Von der Invasion zum Sieg. General Eisenhowers eigener Kriegsbericht. Bern 1947

Euler, Helmuth: Die Entscheidungsschlacht an Rhein und Ruhr 1945. Stuttgart 3. Aufl. 1981

Gruchmann, Lothar: Der Zweite Weltkrieg. Kriegführung und Politik. München 1967, 7., erweiterte Aufl. 1982

Goebbels, Joseph: Tagebücher 1945. Die letzten Aufzeichnungen. Einführung Rolf Hochhuth. Hamburg 1977

Guderian, Heinz: Erinnerungen eines Soldaten. Heidelberg 4. Aufl. 1951

Gunter, Georg: Letzter Lorbeer. Vorgeschichte. Geschichte der Kämpfe in Oberschlesien von Januar bis Mai 1945. Darmstadt 1974

Haupt, Werner: 1945. Das Ende im Osten. Chronik vom Kampf in Ost- und Mitteldeutschland. Dorheim 1970

Haupt, Werner: Das Ende im Westen 1945. Bildchronik vom Kampf in Westdeutschland. Dorheim 1972

Hitlers Lagebesprechungen. Die Protokollfragmente seiner militärischen Konferenzen 1942–1945. Hrsg. v. Helmut Heiber. Stuttgart 1962

Hitlers politisches Testament. Die Bormann Diktate vom Februar und April 1945. Mit einem Essay von Hugh R. Trevor-Roper und einem Nachwort von André François-Poncet. Hamburg 1981

Jung, Hermann: Die Ardennen-Offensive 1944/45. Ein Beispiel für die Kriegführung Hitlers. Göttingen 1971

Kriegstagebuch des Oberkommandos der Wehrmacht (Wehrmachtführungsstab) 1940–1945. Band IV: 1. Januar 1944 – 22. Mai 1945. Eingeleitet und erläutert von Percy Ernst Schramm. 2. Halbbd. IV/8 mit Nachträgen. München-Herrsching 1982

Kurowski, Franz: Bedingungslose Kapitulation. Inferno in Deutschland 1945. Leoni am Starnberger See 1983

Lasch, Otto: So fiel Königsberg. München 1958

Die letzten hundert Tage. Das Ende des Zweiten Weltkrieges in Europa und Asien. Hrsg. v. Hans Dollinger. Wissenschaftl. Beratung: Hans-A. Jacobsen. München 1965

Magenheimer, Heinz: Abwehrschlacht an der Weichsel 1945. Vorbereitung, Ablauf, Erfahrungen. Freiburg 1976

Magenheimer, Heinz: Das Kriegsende 1945 in Europa. Letzte Operationen und Abläufe. In: Österreichische Militärische Zeitschrift 23 (1985), H. 3, S. 189–203

Montgomery, Bernard L.: Memoiren. München 1958

Murawski, Erich: Die Eroberung Pommerns durch die Rote Armee. Boppard 1969

Niehaus, Werner: Endkampf zwischen Rhein und Weser. Nordwestdeutschland 1945. Stuttgart 1983

Paul, Wolfgang: Der Endkampf um Deutschland 1945. Esslingen 1976

Rauchensteiner, Manfried: Der Krieg in Österreich 1945. Wien 1984

Schukow, Georgi K.: Erinnerungen und Gedanken. Stuttgart 1969

Schultz-Naumann, Joachim: Die letzten dreißig Tage. Das Kriegstagebuch des OKW April bis Mai 1945 – Die Schlacht um Berlin. Dokumente: Bilder und Urkunden. München 1980

Thorwald, Jürgen: Die große Flucht. Es begann an der Weichsel. Das Ende an der Elbe. Stuttgart 1962

Tippelskirch, Kurt von: Geschichte des Zweiten Weltkrieges. Bonn 1951, 3. Aufl. 1959

Toland, John: Das Finale. Die letzten hundert Tage. München 1968

Tschuikow, Wassilij: Das Ende des Dritten Reiches. München 1966

ROLF-DIETER MÜLLER

Das Ende des Wahns vom Ostimperium

Düstere Visionen beherrschten das Gespräch zwischen Rüstungsminister Speer und dem »Führer« am 19. März 1945. Hitler hatte sich entschlossen, dem »stärkeren Ostvolk«, gemeint waren die Russen, nur eine Wüste in Deutschland zu hinterlassen. Den Kampf im Osten, der sich dem Ende zuneigte, hatte der Diktator stets als wichtigste Auseinandersetzung im Zweiten Weltkrieg verstanden. Und die Entscheidung über Sieg oder Niederlage des Dritten Reiches fiel wohl in der Tat im wesentlichen in den weiten, fruchtbaren und rohstoffreichen Ebenen Südrußlands.

Schon in den frühen 20er Jahren hatte Hitler die Eroberung von »Lebensraum im Osten« zum Kernpunkt seines politischen Programms erklärt. Er stand damit durchaus in einer gewissen Tradition. Der »Drang nach Osten« verband ihn mit den alten Eliten des Reiches und den deutschen Kriegszielen im Ersten Weltkrieg. Bei ihm wurden sie aber durch eine übersteigerte rassistische Komponente, den militanten Antibolschewismus und extreme Herrschaftsziele noch erweitert. Die Nationalsozialisten wollten das Fundament für eine deutsche Weltmachtstellung durch die Herrschaft über die Kornkammer Ukraine, die Kohle- und Erzlager des Donezgebietes und die Ölquellen des Kaukasus blockadefest machen und für ihr »Tausendjähriges Reich« zementieren.

Der konkrete Entschluß zum Überfall auf die UdSSR, dem »Unternehmen Barbarossa«, war im Sommer 1940 leicht gefallen. Nichts schien damals die siegreiche Wehrmacht aufhalten zu können. In einem Blitzfeldzug von wenigen Wochen wollte Hitler den »tönernen Koloß« des Stalin-Reiches niederwerfen. Politische, völkerrechtliche oder humanitäre Rücksichten glaubte man nicht nehmen zu müssen. Der Ostkrieg wurde als ein beispielloser Vernichtungskrieg geplant und durchgeführt. Er richtete sich nicht nur gegen die Rote Armee, sondern auch gegen große Teile der Zivil-

Deutsche Nachkriegspläne für die besetzten Ostgebiete

bevölkerung. Kommunisten und Kommissare, Juden und andere angeblich rassisch minderwertige Bevökerungsgruppen sollten schon beim Einmarsch ermordet werden. Das europäische Rußland galt als künftige Kolonie des Großdeutschen Reiches, die hemmungslos ausgebeutet werden konnte. Dazu gehörte auch die Versklavung und teilweise Dezimierung der einheimischen Bevölkerung, um »Lebensraum« für deutsche Siedler zu schaffen.

Ganz sicher über den Erfolg des Unternehmens war sich Hitler freilich von Anfang an manchmal doch nicht gewesen. In den Tagen vor dem Überfall, der auf den 22. Juni 1941 festgesetzt worden war, befand er sich in einer düsteren Stimmung. Seinem Propagandaminister Joseph Goebbels erklärte er: »Und haben wir gesiegt, wer fragt uns nach der Methode. Wir haben soviel auf dem Kerbholz, daß wir siegen müssen, weil sonst unser ganzes Volk, wir an der Spitze mit allem, was uns lieb ist, ausradiert würden.« Die Mehrheit der Bevölkerung in Deutschland hatte auf die Kriegsausweitung nach Osten keineswegs begeistert reagiert. Sorgen und Ängste sollten sich bald als berechtigt erweisen.

Mehr als drei Millionen deutscher Soldaten und verbündeter Hilfstruppen gelang es trotz spektakulärer Anfangserfolge nicht, den Sowjetstaat in die Knie zu zwingen. Nach drei Jahren härtester Kämpfe von unvorstellbarer Brutalität fluteten 1944 die geschlagenen Verbände der Wehrmacht auf die Reichsgrenze zurück. Sie hinterließen ein verbranntes, ausgeplündertes Land. Fast 20 Millionen Sowjetbürger waren ums Leben gekommen, mehrere Millionen nach Deutschland verschleppt worden. Die Wehrmacht selbst hatte rund 960 000 Gefallene, 3,8 Millionen Verwundete und 1,2 Millionen Vermißte zu beklagen. Hinzu kamen noch die Eisenbahner, Ingenieure, Beamten und Parteibonzen, die dem Partisanenkrieg zum Opfer gefallen waren, sowie die Schergen der SS.

Im Sommer 1944 war die Heeresgruppe »Mitte« unter den Schlägen der Roten Armee zusammengebrochen. Ein riesiges Loch entstand in der Ostfront. Während die sowjetischen Truppen auf das ungeschützte Ostpreußen und in Richtung Weichsel vorstießen, traf Hitler eine verhängnisvolle Entscheidung. Seit dem Januar war die Heeresgruppe »Nord« am nördlichen Abschnitt zurückgewichen. Sie hatte 900 Tage lang Leningrad belagert, um die Stadt nach dem Willen Hitlers auszuhungern und zu vernichten. Nun drohte der

Die »Germanisierung« des Ostens: Deutsche Siedler auf dem Weg zu ihren neuen Bauernhöfen im besetzten polnischen Gebiet.

Heeresgruppe die Einkesselung im Baltikum. Anstatt die 30 kampfkräftigen Divisionen, fast ein Drittel des gesamten Ostheeres, zum Schutz der ostpreußischen Grenze zurückzuziehen, befahl Hitler ihren Verbleib auf der Halbinsel Kurland. Überzeugende militärische Gründe gab es dafür nicht. Der hoffnungslose Kampf sollte ihm offenbar ein Sprungbrett nach Osten erhalten, falls sich das Blatt doch noch wendete.

Ein anderer Verdacht liegt nahe. Hitler konnte annehmen, die bedrohte Ostgrenze vernachlässigen zu können, weil er um den Kampfeswillen des Ostheeres nicht zu fürchten brauchte, wohl aber den der Verbände im Westen. Vielleicht hoffte er auch darauf, den Anglo-Amerikanern eine Schlappe beibringen und sie so zum

Zusammengehen gegen die »Bolschewisten« bewegen zu können. Kurz nach der Abtrennung der Heeresgruppe »Nord« betraten jedenfalls schon im Oktober 1944 Rotarmisten zum ersten Mal deutschen Boden. Eine jahrelange Haßpropaganda in der Roten Armee gegen die deutschen Aggressoren, durch ständige Anschauung in den befreiten Gebieten bestätigt, trug nun ihre Früchte. In der sowjetischen Armeezeitung schrieb der Schriftsteller Ilja Ehrenburg:

»Jetzt ist die Gerechtigkeit in dieses Land eingezogen. Wir befinden uns in der Heimat Erich Kochs, des Statthalters der Ukraine – damit ist alles gesagt. Wir haben es oft genug wiederholt: das Gericht kommt! Jetzt ist es da.« Etwas später wies er darauf hin: »Wir vergessen nichts. Wir marschieren durch Pommern, vor unseren Augen aber liegt das zerstörte blutende Weißrußland. Den penetranten Brandgeruch, der in unsere Soldatenmäntel in Smolensk und in Orel drang, wollen wir jetzt nach Berlin tragen. Vor Königsberg, vor Breslau und vor Schneidemühl denken wir an die Ruinen von Woronesh und von Stalingrad. Rotarmisten, die zur Zeit deutsche Städte stürmen, vergessen nicht, wie in Leningrad Mütter ihre toten Kinder auf kleinen Handschlitten fortschafften. Für die Qualen Leningrads hat Berlin uns noch nichts bezahlt . . .«

Diese Ausschreitungen auf deutschem Boden nahmen folglich ein entsetzliches Ausmaß an. Besonnene Männer konnten sich in der Roten Armee oft nicht durchsetzen. Alexander Solschenizyn, damals junger Hauptmann, wurde wegen seiner scharfen Kritik verhaftet und verschwand für acht Jahre in Straflagern. Nicht viel besser erging es Lew Kopelew, einem anderen Frontoffizier. Die beiden heute im Westen lebenden Schriftsteller haben die furchtbaren Szenen eindrucksvoll beschrieben . . .

Das Massaker in dem kleinen ostpreußischen Grenzort Nemmersdorf war im Herbst 1944 nur der Anfang. Die vorübergehende Rückeroberung durch die Wehrmacht enthüllte das grauenvolle Geschehen, das die Nazis für ihre Propaganda zu nutzen verstanden. Die erste Welle von Flüchtlingen – mehr als 200 000 Volksdeutsche aus dem Baltikum und aus Rußland, außerdem Kollaborateure der ehemaligen Besatzungsmacht – strömte damals bereits nach Westen. Auf die Schreckensmeldungen hin setzte eine zweite Welle in den ostdeutschen Grenzgebieten ein. Die unorganisierte, spontane

Fluchtbewegung wurde von fanatischen Parteibonzen behindert, die den Widerstand zu organisieren versuchten, und selbst meist rechtzeitig das Weite suchten. Währenddessen wurden in Kurland von den abgeschnittenen Armeen sechs verlustreiche Schlachten geschlagen. Unterstützung brachte nur die Kriegsmarine; sie half durch den Abtransport von Flüchtlingen und Verwundeten sowie durch das Eingreifen ihrer schweren Schiffsartillerie bei den Landkämpfen von See her. Der Preis war hoch. Wegen der fehlenden Luftunterstützung wurde nahezu die gesamte Ostseeflotte zerstört. Nur die beiden Kreuzer »Prinz Eugen« und »Nürnberg« waren Ende April 1945 noch einsatzfähig.

Aus spontanen Anfängen entwickelte sich eine große Rettungsaktion über die Ostsee, an der mehr als 700 Fahrzeuge, Handels- und Passagierschiffe, sogar kleine Kutter, beteiligt waren. Nach dem Einbruch der Sowjets in Ostpreußen Anfang 1945 wurden vor allem aus der Danziger Bucht Flüchtlinge und Soldaten abtransportiert. Bis Mai 1945 konnten so zwei bis drei Millionen Menschen evakuiert werden. Etwa ein Prozent von ihnen – 20 000 bis 25 000 – kam dabei ums Leben. Am bekanntesten ist der Untergang der »Wilhelm Gustloff« am 30. Januar 1945. Das mit ca. 6000 Flüchtlingen beladene ehemalige Kreuzfahrtschiff wurde vor der pommerschen Küste von drei Torpedos eines sowjetischen U-Bootes getroffen. Bald darauf zeigte es Schlagseite. Die Besatzung schoß Notsignale ab. An Bord des langsam sinkenden Schiffes kam es zu dramatischen Szenen. Die Ostsee war bewegt, die Wassertemperatur betrug kaum zwei Grad, das Deck war mit Eis überzogen und die Rettungsboote festgefroren. Nur 838 Menschen konnten schließlich von anderen Fahrzeugen des Geleitzuges gerettet werden.

Trotz solcher Katastrophen setzte die Kriegsmarine die Aktion bis zum letzten Tag fort. Noch am 8. Mai kamen 25 000 Soldaten aus der Danziger Bucht, wo sich einige kleine Kesselstellungen der Wehrmacht hielten, in Schleswig-Holstein an. Die Zurückgebliebenen erwartete Gefangenenlager und Zwangsarbeit in der UdSSR. Der Weg über Land, soweit er nicht von den vorstoßenden russischen Panzern versperrt wurde, war meist noch gefährlicher. Über vereiste Straßen und durch heftige Schneestürme behindert, zogen die Trecks dahin. Pferde glitten immer wieder aus, Wagen brachen zusammen. Viele zogen nur einen Handwagen mit ihrer letzten

Die letzten Operationen der deutschen Seestreitkräfte in der Ostsee (Januar bis Mai 1945)

Am 30. Januar 1945 wurde die Wilhelm Gustloff mit mehr als 6000 Flüchtlingen an Bord vor der pommerschen Küste von sowjetischen U-Boot-Torpedos getroffen. Nur 838 Menschen konnten gerettet werden.

Habe hinter sich her. Es war ein unvorstellbarer Kampf gegen die Verzweiflung. Nahrungsmittel, vor allem Milch für die Kleinkinder, gab es kaum. Dazu immer wieder Tiefflieger und die Angst, von feindlichen Panzern überrollt zu werden. Nicht wenige, insbesondere Alte und Kranke, gaben auf und fanden den Tod. Wem immer es gelang, ins Innere des Reiches zu entkommen, erfuhr auch dort oft einen schmerzlichen Mangel an Mitmenschlichkeit und Hilfsbereitschaft. Für viele war es zudem eine trügerische Sicherheit, so für die Flüchtlinge aus Schlesien, die in Dresden Zuflucht gesucht hatten und im Inferno des Bombenkrieges umkamen.

Zwischen den Trecks bewegten sich auch Elendszüge von Kriegsgefangenen und KZ-Insassen. Sie wurden von ihren Bewachern gnadenlos angetrieben. Wer nicht mehr weiter konnte, wurde erschossen. Derweil begann im bedrohten Berlin der »Führer« zu resignieren, wie seine Bemerkung gegenüber dem Rüstungsminister zeigt. Wenn auch dem »stärkeren Ostvolk« die Zukunft gehören würde, wie er meinte, so glaubte er doch, zumindest einen wichtigen Erfolg erreicht zu haben: die Vernichtung der Juden. Dieser Triumph ist in seinem politischen Testament noch deutlich spürbar.

Schon in seinem Buch »Mein Kampf« hatte er von dem neuen »Germanenzug« nach Osten gesprochen. Geschichte als Kampf der Rassen, in diesem Verständnis schien es nur konsequent zu sein, daß sich die Slawen nicht nur die neuen Ostkolonien Hitlers zurückholten, sondern auch jene Gebiete, die von den Deutschen in früheren Jahrhunderten kolonisiert worden waren. Die Beziehungen zwischen den Deutschen und ihren östlichen Nachbarn waren sicher nicht immer spannungsfrei gewesen. Aber insgesamt gesehen war es doch ein besonders enges, oft auch freundschaftliches Verhältnis gewesen. Das alles lag 1945 in Trümmern. Es dauerte nach Kriegsende fast drei Jahrzehnte, um die Beziehungen bis zu einem gewissen Grade wieder zu normalisieren. Eine wirkliche Aussöhnung ist wohl noch immer nicht erreicht. Die Kenntnis des furchtbaren Krieges im Osten, seiner Ursachen und Folgen, ist zweifellos eine unabdingbare Voraussetzung, um diesem Ziel näherzukommen und ein friedliches Zusammenleben zu sichern.

ZITIERTE UND VERWENDETE LITERATUR

Abwehrkämpfe am Nordflügel der Ostfront 1944–1945. Hrsg. v. Militärgeschichtlichen Forschungsamt. Stuttgart 1963

Bidlingmaier, Ingrid: Entstehung und Räumung der Ostseebrückenköpfe 1945. Neckargemünd 1962

Brustat-Naval, Fritz: Unternehmen Rettung. Herford 4. Auflage 1985

Dallin, Alexander: Deutsche Herrschaft in Rußland 1914–1945. Eine Studie über Besatzungspolitik. Düsseldorf 1958, 2. Aufl. Königstein 1981

Das Deutsche Reich und der Zweite Weltkrieg. Bd. 4: Der Angriff auf die Sowjetunion. Stuttgart 1983

Deutsche Besatzungspolitik in der UdSSR 1941–1944. Dokumente. Hrsg. v. Norbert Müller. Köln 1980

Dokumentation der Vertreibung der Deutschen aus Ost-Mitteleuropa. Bearb. v. Theodor Schieder. 5. Bde. Groß Denkte/Wolfenbüttel 1953–1961

Gerdau, Kurt: »Albatros« – Rettung über See. 115 Tage bis zum Frieden. Herford 1984

Haupt, Werner: Kurland. Die letzte Front. Schicksal für zwei Armeen. Bad Nauheim 1959

Hillgruber, Andreas: Der Zusammenbruch im Osten 1944/45 als Problem der deutschen Nationalgeschichte und der europäischen Geschichte. Opladen 1985 (= Vorträge der Rheinisch-Westfälischen Akademie der Wissenschaften, Geisteswissenschaften, G 277)

Hinze, Rolf: Der Zusammenbruch der Heeresgruppe Mitte im Osten 1944. Stuttgart 1980

Mitzka, H.: Zur Geschichte der Massendeportation der Ostdeutschen in die Sowjetunion im Jahre 1945. Ein historisch-politischer Beitrag. Einhausen 1985

Reitlinger, Gerald: Ein Haus auf Sand gebaut. Hitlers Gewaltpolitik in Rußland 1941–1944. Hamburg 1962

Schön, Heinz: Die »Gustloff«-Katastrophe. Bericht eines Überlebenden über die größte Schiffskatastrophe im 2. Weltkrieg. Stuttgart 1984

Schön, Heinz: Ostsee '45. Menschen, Schiffe, Schicksale. Stuttgart 2. Aufl. 1984

»Unternehmen Barbarossa«. Der deutsche Überfall auf die Sowjetunion 1941. Berichte, Analysen, Dokumente. Hrsg. v. Gerd R. Ueberschär und Wolfram Wette. Paderborn 1984

Zayas, Alfred M. de: Die Anglo-Amerikaner und die Vertreibung der Deutschen. München 1977

GERD R. UEBERSCHÄR

Die letzten Aufgebote für den »Volkskrieg«

Lange Zeit glaubte Hitler, den selbst entfesselten Zweifrontenkrieg ohne besondere Hilfe von Verbündeten und ohne völlige Ausschöpfung aller personellen und materiellen Reserven führen und rasch gewinnen zu können. Mehrmals äußerte er in seinen »Tischgesprächen« während des Krieges die Befürchtung, eine totale Mobilisierung und kriegsbedingte Einschränkung bei der Versorgung der Zivilbevölkerung könne zu größeren Unruhen und Aufständen gegen sein Regime führen. Die Revolution des Jahres 1918 bezeichnete er wiederholt als warnendes Beispiel.

Dagegen hatten sowohl England als auch die UdSSR in größter Not und Bedrängnis – London im Sommer 1940 und Moskau im Sommer 1941 – die Aufstellung von sogenannten Heimatschutzverbänden (»Home Guards« mit »Local Defence Volunteers« bzw. Volkswehr-Divisionen) als örtliche Miliztruppen im Rahmen einer verstärkten Heranziehung des gesamten Wehrpotentials durchgeführt, um den bevorstehenden oder erfolgten deutschen Einfall abzuwehren.

Nach den geglückten Feindoffensiven in der Normandie und im Mittelabschnitt der Ostfront sowie den alliierten Vorstößen zur Reichsgrenze stand Hitler im Herbst 1944 vor einer ähnlichen Situation: Am 21. Oktober 1944 fiel Aachen in die Hand der Amerikaner und die sowjetischen Truppen erreichten Ostpreußen. Hunderttausende deutscher Soldaten waren mittlerweile in Kriegsgefangenschaft geraten; viele Wehrmachtseinheiten waren personell und materiell völlig unzureichend ausgestattet, um dem Ansturm der Roten Armee und der westalliierten Streitkräfte widerstehen zu können.

Angesichts der großen Personalverluste an allen Fronten besann man sich im »Führerhauptquartier« auf die Möglichkeit, gemäß dem Wehrpflichtgesetz von 1935 den Kreis der Wehrpflichtigen in Kriegs-

und Notzeiten über das 45. Lebensjahr auszudehnen, um die letzten Reserven für die Reichsverteidigung aufzubieten. Schon ab Anfang September 1944 war die Zivilbevölkerung – ähnlich wie die Angehörigen des weiblichen Reichsarbeitsdienstes – zu umfangreichen Schanzarbeiten für die vom Generalstab des Heeres initiierte Wiederherstellung der alten Befestigungsanlagen an der Ost- und Westgrenze (Westwall) zwangsverpflichtet worden. Mit der Durchführung dieser Schanz- und Baumaßnahmen waren die Gauleiter als Reichsverteidigungskommissare beauftragt worden. Um die Grenzbefestigungen überhaupt personell besetzen zu können, wurde der Deutsche Volkssturm als eine Art Landsturm aufgestellt. Er sollte insbesondere die in den bedrohten Ostprovinzen zur Front abgezogenen Festungstruppen ersetzen sowie Panzersperren errichten und Sicherungsdienste durchführen.

Da Hitler den militärischen und staatlichen Dienststellen immer mehr mißtraute, beauftragte er bewußt den »Sekretär des Führers«, den neuen mächtigen Mann in der Parteizentrale, Reichsleiter Martin Bormann, mit der Aufstellung des Deutschen Volkssturms als Parteiformation im gesamten Reichsgebiet. Fanatischer Wille war ihm bei der Reichsverteidigung wichtiger als militärische Erfahrung. Die Führer des neuen Volkssturms sollten sich denn auch in erster Linie nicht durch militärisches Wissen und Können, sondern durch »Treue zum Führer und nationalsozialistische Standhaftigkeit« ausweisen.

Zum Einsatz im Deutschen Volkssturm wurden alle waffenfähigen Männer im Alter von 16 bis 60 Jahren aufgerufen. In seiner Proklamation zur Gründung des Volkssturms machte Hitler verlogen und fälschlicherweise das »Versagen aller europäischen Verbündeten« dafür verantwortlich, daß der Gegner nunmehr »in der Nähe oder an den deutschen Grenzen« stehe. Es gelte deshalb, dem »jüdisch-internationalen Feind den totalen Einsatz aller deutschen Menschen entgegenzusetzen« und einen unerbittlichen Kampf überall dort zu führen, »wo der Feind den deutschen Boden betreten will«. Hitlers Erlaß vom 25. September 1944 wurde erst anläßlich des Jahrestages der Völkerschlacht von Leipzig am 18. Oktober 1944 publik gemacht und zwei Tage später offiziell (im Reichsgesetzblatt 1944, Teil I, S. 253 f.) verkündet, als bereits die ersten Volkssturmverbände propagandawirksam in Erscheinung treten konnten. Parallel zur

Aufstellung des Volkssturms erschien von der Reichspost eine Sonderbriefmarke mit dem bezeichnenden Motto »Ein Volk steht auf«, und »Kolberg«, der Propaganda- und Durchhaltefilm der Ufa für den heroischen Endkampf der Zivilbevölkerung einer eingeschlossenen Stadt, wurde beschleunigt fertiggestellt.

Die NS-Führer Bormann, Himmler und Sauckel propagierten in ihren Reden und Aufrufen den Volkssturm sogleich als »entscheidendes Aufgebot« für den seit dem Kriegsbeginn von 1939 nunmehr anstehenden »zweiten Großeinsatz« des ganzen deutschen Volkes. Der Kampf der nationalsozialistischen »Volksgemeinschaft« sollte »mehr und mehr den Charakter eines geschichtlich beispiellosen Volkskrieges annehmen«, wie der NSDAP-Gauleiter Robert Wagner anläßlich des Vereidigungsappells des ersten Volkssturmbataillons aus Baden-Elsaß in Straßburg am 12. November 1944 erklärte (Quelle: Archiv des Instituts für Zeitgeschichte München, MA-138).

Nach den Plänen der Partei wurden vier altersmäßig und waffentauglich bedingte Aufgebote des Volkssturms aufgestellt: Das erste Aufgebot umfaßte alle tauglichen und waffenfähigen Männer der Jahrgänge 1884 bis 1924. Die aus ihnen gebildeten Volkssturmbataillone konnten auch außerhalb des Heimatgaus eingesetzt werden. Das zweite Aufgebot bildeten die bisher noch am Arbeitsplatz in der Heimat verbliebenen (sogenannten »uk-gestellten«) Männer von 25 bis 50 Jahren. Das dritte Aufgebot betraf die Jahrgänge 1925 bis 1928, soweit deren Angehörige nicht schon bei der Wehrmacht oder Waffen-SS Dienst taten. Der Jahrgang 1928 (16 Jahre) sollte bis zum 31. März 1945 in den Wehrertüchtigungslagern der Hitlerjugend (= HJ) und des Reichsarbeitsdienstes (= RAD) militärisch ausgebildet werden. Das vierte Aufgebot umfaßte alle Männer, die zum Waffendienst untauglich waren, jedoch für Wach- und Sicherungsaufgaben herangezogen werden sollten. In der Regel wurden aber nur die beiden ersten Aufgebote gebildet.

Reichsleiter Bormann wachte eifersüchtig darüber, daß der Volkssturm eine Parteiangelegenheit blieb. Die NSDAP-Gauleiter, die SA-Führung unter SA-Stabschef Wilhelm Schepmann und die Führung des Nationalsozialistischen Kraftfahrkorps unter NSKK-Korpsführer Werner Kraus hatten die Aufstellung und Ausbildung durchzuführen. Die Parteikanzlei verstand denn auch den jeweiligen Gauleiter als »unbeschränkten Herrn« und »obersten Gerichts-

Erlaß des Führers

über die Bildung
des deutschen Volkssturmes

Nach fünfjährigem schwerstem Kampf steht infolge des Versagens fast aller unserer Verbündeten der Feind an einigen Fronten in der Nähe oder an den deutschen Grenzen. Er strengt seine Kräfte an, um unser Reich zu zerschlagen, das deutsche Volk und seine soziale Ordnung zu vernichten. Sein letztes Ziel ist die Ausrottung des deutschen Menschen. Trotzdem ist unsere Lage keine andere, als sie im Herbst 1939 war. Damals standen wir ganz allein der Front unserer Feinde gegenüber. In wenigen Jahren ist es uns gelungen, durch einen ersten Großeinsatz unserer deutschen Volkskraft die wichtigsten militärischen Probleme zu lösen, den Bestand des Reiches und damit Europas für Jahre hindurch zu sichern. Während nun der Gegner glaubt, zum letzten Schlag ausholen zu können, sind wir entschlossen, den zweiten Großeinsatz unseres Volkes zu vollziehen. Es muß und wird uns gelingen, wie im Jahre 1939 ausschließlich auf unsere eigene Kraft bauend, nicht nur den Vernichtungswillen der Feinde zu brechen, sondern sie wieder zurückzuwerfen und so lange vom Reich abzuhalten, bis ein die Zukunft Deutschlands und seiner Verbündeten und damit Europas sichernder Friede gewährleistet ist. Dem uns bekannten totalen Vernichtungswillen unserer jüdisch-internationalen Feinde setzen wir den totalen Einsatz aller deutschen Menschen entgegen.

Zur Verstärkung der aktiven Kräfte unserer Wehrmacht und insbesondere zur Führung eines unerbittlichen Kampfes überall dort, wo der Feind den deutschen Boden betreten will, rufe ich daher alle waffenfähigen deutschen Männer zum Kampfeinsatz auf.

Ich befehle:

1. Es ist in den Gauen des großdeutschen Reiches aus allen waffenfähigen Männern im Alter von 16 bis 60 Jahren der deutsche Volkssturm zu bilden. Er wird den Heimatboden mit allen Waffen und Mitteln verteidigen, soweit sie dafür geeignet erscheinen.

2. Die Aufstellung und Führung des deutschen Volkssturmes übernehmen in ihren Gauen die Gauleiter. Sie bedienen sich dabei vor allem der fähigen Organisatoren und Führer der bewährten Einrichtungen der Partei, SA, SS, des NSKK und der HJ.

3. Ich ernenne den Stabschef der SA Schepmann zum Inspekteur für die Schießausbildung und den Korpsführer des NSKK Kraus zum Inspekteur für die motortechnische Ausbildung des deutschen Volkssturmes.

4. Die Angehörigen des deutschen Volkssturmes sind während ihres Einsatzes Soldaten im Sinne des Wehrgesetzes.

5. Die Zugehörigkeit der Angehörigen des deutschen Volkssturmes zu außerberuflichen Organisationen bleibt unberührt. Der Dienst im deutschen Volkssturm geht aber jedem Dienst in anderen Organisationen vor.

6. Der Reichsführer SS ist als Befehlshaber des Ersatzheeres verantwortlich für die militärische Organisation, die Ausbildung, Bewaffnung und Ausrüstung des deutschen Volkssturmes.

7. Der Kampfeinsatz des deutschen Volkssturmes erfolgt nach meinen Weisungen durch den Reichsführer SS als Befehlshaber des Ersatzheeres.

8. Die militärischen Ausführungsbestimmungen erläßt als Befehlshaber des Ersatzheeres Reichsführer SS Himmler, die politischen und organisatorischen in meinem Auftrage Reichsleiter Bormann.

9. Die Nationalsozialistische Partei erfüllt vor dem deutschen Volk ihre höchste Ehrenpflicht, indem sie in erster Linie ihre Organisationen als Hauptträger dieses Kampfes einsetzt.

Adolf Hitler

Plakatanschlag zum Volkssturm-Erlaß.

herrn« der Volkssturmbataillone seines Gaues. Dem Reichsführer SS, Heinrich Himmler, der nach dem Attentat vom 20. Juli 1944 von Hitler als neuer Befehlshaber des Ersatzheeres eingesetzt worden war, oblagen Bewaffnung, Ausrüstung und Kampfeinsatz. Erst im letzten Moment des Einsatzes sollten die Volkssturmeinheiten unter den Kampfauftrag der Wehrmacht treten.

Mit der Bewaffnung des Volkssturms war es jedoch nicht weit her. Es war zum Jahresende 1944 unmöglich, die fast sechs Millionen volkssturmpflichtigen Männer ausreichend auszurüsten. Für die beiden ersten Aufgebote wären etwa vier Millionen Karabiner (98 K) und über 200 000 Maschinengewehre notwendig gewesen. Doch woher sollten die Waffen kommen? Nachdem viele Produktionsstätten in Feindeshand gefallen waren und das Verkehrs- und Transportsystem durch die ständigen alliierten Bombenangriffe weitgehend zerschlagen war, konnte seit Januar 1945 nicht einmal mehr der Ersatzbedarf an Waffen für die Wehrmacht gedeckt werden. Zahlreiche Volkssturmeinheiten waren folglich nur mit Jagd- und Sportflinten oder mit veralteten italienischen, belgischen oder sonstigen Beute-Waffen aller Art ausgestattet. Munition und schwere Infanteriewaffen fehlten fast immer, zum Teil standen nur fünf bis zehn Schuß Munition pro Mann zur Verfügung.

Um den Waffenmangel notdürftig zu beheben, wurde mit der Produktion eines neuen, vereinfachten und aus Blechteilen gebauten Volksgewehrs und einer materialsparenden Volksmaschinenpistole begonnen sowie eine Volkshandgranate entwickelt. Relativ günstig war dagegen die Ausstattung mit den neu entwickelten Panzernahbekämpfungsmitteln »Panzerfaust« und »Ofenrohr«. Der Volkssturm wurde dann auch in der Propaganda als spezielles Panzerjägerkommando herausgestellt: »Mut und Panzerfaust besiegen jeden Panzer«, ließ Goebbels großsprecherisch verkünden.

Weil keine Uniformen mehr vorhanden waren, mußten viele Volkssturmsoldaten ihren Dienst – auch im Kampfeinsatz – in Zivil versehen. Durch eine Armbinde mit dem Aufdruck »Deutscher Volkssturm – Wehrmacht« waren sie wenigstens als Kombattanten im Sinne des Kriegsvölkerrechts entsprechend der Haager Landkriegsordnung von 1907 gekennzeichnet.

Um die kümmerliche Ausstattung des Volkssturms zu verbessern, ließ Bormann vom 7. bis 28. Januar 1945 eine Volksopfer-Sammlung durchführen. Die Bevölkerung sollte »ihr Letztes« (wie z. B. Alt-spinnstoffe, Wäscheteile und Kleidungsstücke aller Art, alte Schüt-zenuniformen und Uniformteile, Schuhe und private Zelte, Kochge-schirre und Ferngläser) abgeben.

In der Bevölkerung stieß der Volkssturm-Aufruf auf zwiespältige, die unzureichende Bewaffnung überwiegend auf kritische Reaktion. Ironisch erzählte man sich unter der Hand, daß mit dem Taschen-messer oder der Sense wohl kaum erfolgreich gegen moderne Kampfpanzer oder viermotorige Bomber zu kämpfen sei. Der Volkssturm konnte gegen die hohe Schlagkraft der überlegenen und modern ausgerüsteten alliierten Truppen wenig ausrichten. Bedingt durch die mangelhafte Bewaffnung, Ausrüstung und viel zu kurze Ausbildung war sein Kampfwert relativ gering. Die Mobilisierung von Kranken, Jugendlichen und Unausgebildeten war keine Krieg-führung im bisherigen Sinne mehr, eher ein unverantwortliches Hinführen zur »Schlachtbank des Krieges«.

Die nationalsozialistische Führung ging jedoch bei ihrer Vorstel-lung vom »Volkskrieg« nach wie vor von dem Wunschdenken aus, den bereits verlorenen Kampf für eine bestimmte Zeit noch weiter-führen zu können, um dadurch das Erscheinen neuer »Wunderwaf-fen« oder die veränderte politische Situation nach dem erhofften Zerwürfnis zwischen den Westalliierten und Moskau abwarten zu können. Zudem konnten die waffenfähigen Männer durch die Ein-berufung zum Volkssturm als Potential für einen Umsturzversuch gegen das NS-Regime in der Heimat »neutralisiert« und vielmehr für die eigenen Zwecke gebunden werden.

Im Osten kam es infolge des schnellen Vorstoßes der Roten Armee ab Jahresanfang 1945 zum vorzeitigen und überstürzten Einsatz der seit Oktober 1944 aufgestellten, jedoch unzureichend ausgebildeten und ausgerüsteten Volkssturmbataillone. Dennoch vollbrachten sie dort erstaunliche Leistungen. Während die Volks-sturmeinheiten im Osten wesentlich dazu beitragen konnten, den raschen Durchbruch der Sowjetarmee auf Berlin zu verhindern, wirkte sich ihr Einsatz im Westen in keiner Weise verzögernd auf die Operationen der Alliierten aus, obwohl den Volkssturmeinheiten dort längere Ausbildungszeiten zur Verfügung gestanden hatten und sie frühzeitig in die Heeresverbände eingegliedert worden waren. Angesichts der offenkundigen Material- und Personalüberlegenheit

Reichsgesetzblatt

Teil I

| 1945 | Ausgegeben in Berlin am 20. Februar 1945 | Nr. 6 |

Verordnung über die Errichtung von Standgerichten.

Vom 15. Februar 1945.

Die Härte des Ringens um den Bestand des Reiches erfordert von jedem Deutschen Kampfentschlossenheit und Hingabe bis zum Äußersten. Wer versucht, sich seinen Pflichten gegenüber der Allgemeinheit zu entziehen, insbesondere, wer dies aus Feigheit oder Eigennutz tut, muß sofort mit der notwendigen Härte zur Rechenschaft gezogen werden, damit nicht aus dem Versagen eines einzelnen dem Reich Schaden erwächst. Es wird deshalb auf Befehl des Führers im Einvernehmen mit dem Reichsminister und Chef der Reichskanzlei, dem Reichsminister des Innern und dem Leiter der Partei-Kanzlei angeordnet:

I.

In feindbedrohten Reichsverteidigungsbezirken werden Standgerichte gebildet.

II.

(1) Das Standgericht besteht aus einem Strafrichter als Vorsitzer sowie einem Politischen Leiter oder Gliederungsführer der NSDAP. und einem Offizier der Wehrmacht, der Waffen-## oder der Polizei als Beisitzern.

(2) Der Reichsverteidigungskommissar ernennt die Mitglieder des Gerichts und bestimmt einen Staatsanwalt als Anklagevertreter.

III.

(1) Die Standgerichte sind für alle Straftaten zuständig, durch die die deutsche Kampfkraft oder Kampfentschlossenheit gefährdet wird.

(2) Auf das Verfahren finden die Vorschriften der Reichsstrafprozeßordnung sinngemäß Anwendung.

IV.

(1) Das Urteil des Standgerichts lautet auf Todesstrafe, Freisprechung oder Überweisung an die ordentliche Gerichtsbarkeit. Es bedarf der Bestätigung durch den Reichsverteidigungskommissar, der Ort, Zeit und Art der Vollstreckung bestimmt.

(2) Ist der Reichsverteidigungskommissar nicht erreichbar und sofortige Vollstreckung unumgänglich, so übt der Anklagevertreter diese Befugnisse aus.

V.

Die zur Ergänzung, Änderung und Durchführung dieser Verordnung erforderlichen Vorschriften erläßt der Reichsminister der Justiz im Einvernehmen mit dem Reichsminister des Innern und dem Leiter der Partei-Kanzlei.

VI.

Die Verordnung tritt mit ihrer Verkündung im Rundfunk in Kraft.

Berlin, den 15. Februar 1945.

Der Reichsminister der Justiz

Dr. Thierack

der Anglo-Amerikaner wurde besonders im Westen die weitere Zerstörung der Heimat durch Kampfhandlungen als sinnlos und der rasche Einmarsch der Westalliierten sogar als wünschenswert angesehen. Viele auf sich allein gestellte Volkssturmeinheiten lösten sich beim Erscheinen des Feindes und nach Verlust des heimatlichen Wohngebietes auf. In den letzten Kriegswochen ließ im gesamten Reichsgebiet die Begeisterung für den »fanatischen Endkampf« sehr rasch nach. Der Sicherheitsdienst der SS konstatierte in seinen letzten Stimmungsberichten und »Meldungen aus dem Reich« von Ende März 1945: »Die eingehenden Meldungen lassen ein Umsichgreifen der Vertrauenskrise zur Führung erkennen . . . Die Zweifel an der Führung nehmen auch die Person des Führers nicht aus.«

Um die Niederlage möglichst lange hinauszuschieben, waren den Nationalsozialisten alle Mittel recht. Zur Bekräftigung der Propaganda vom »Volkskrieg« waren schon seit Sommer 1944 sogenannte »Volksgrenadierdivisionen« gebildet worden. Sie sollten die enge Verbindung zwischen Bevölkerung und Partei dokumentieren. Wurden sie anfangs noch aus regulären Heeres- und Ersatzeinheiten aufgestellt, so waren sie in den letzten Kriegsmonaten aus versprengten Soldaten und hastig ausgebildeten Alarm- und Volkssturmverbänden zusammengesetzt. Schließlich wurden sogar Luftwaffensoldaten und Matrosen der Kriegsmarine zu Luftwaffenfeld- und Marineinfanterie-Divisionen sowie zu Kampfbrigaden für den Infanterieeinsatz zusammengefaßt und den alliierten Truppen entgegengeworfen.

Ab Februar 1945 wurde der Jahrgang 1928 zum Wehrdienst eingezogen. In letzter Not ordnete Berlin schließlich am 5. März die Einberufung des Jahrganges 1929 an. 16jährige sollten als Soldaten in Ersatz- und Ausbildungsdivisionen im Rahmen der Aktion »Heimat an die Front« ebenso wie völlig unausgebildete Hitlerjungen das »Tausendjährige Reich« vor dem Untergang bewahren. Jugendliche Freiwillige aus der Hitler-Jugend standen schon seit Herbst 1944 in der SS-Panzerdivion Hitlerjugend an der Front; sie kämpften unter schweren Verlusten bis zum Kriegsende in Ungarn und Österreich.

Ohne Rücksicht auf mangelnde Ausrüstung und Bewaffnung ließ Hitler immer neue Kampfeinheiten bilden. Er redete sich ein, die unausgebildeten und eilig zusammengerafften Verbände, die er als Volksdivisionen, Volkswerfer-Brigaden und Volksartilleriekorps bezeichnete, könnten die Masse der modern ausgerüsteten alliierten Truppen, deren Stärke er mehrmals als »Bluff« und »Täuschung« abtat, aufhalten. Als letzte Neuaufstellungen des Heeres sollten Verbände mit klangvollen Namen nach »berühmten Deutschen«, wie die Divisionen »Albert Leo Schlageter«, »Theodor Körner«, »Scharnhorst«, »Ulrich von Hutten«, »Ferdinand von Schill« und »Clausewitz«, zum fanatischen Kampf um die Heimat anspornen. Sie waren jedoch ebenso wie das im April 1945 aus fanatisierten

Nazi-Funktionären gebildete »Freikorps Adolf Hitler«, nur mit alten Gewehren sowie Panzerfäusten und ohne jede Artillerie, Pioniere und Sturmgeschütze ausgestattet und für den von Hitler zu seiner Befreiung befohlenen »Endkampf um Berlin« völlig ungeeignet.

Ähnlich wie Hitler versuchte auch Himmler durch Aufstellung immer neuer fremdländischer Kampfverbände seiner Waffen-SS die militärische Niederlage aufzuhalten. Auch nichtgermanische Soldaten wurden nun in Himmlers SS eingereiht. Ungarische, kroatische, russische, italienische, lettische, estnische, ukrainische, weißruthenische, albanische, holländische, belgische, französische und Kosaken-Einheiten wurden als SS-Freiwilligen- und Waffen-Grenadier-Divisionen der SS aufgestellt. Zum Teil wurden dabei Kriegsgefangene zum deutschen Waffendienst gezwungen; entsprechend gering war ihr Kampfwert. Dies erkannte auch Hitler in seiner Lagebesprechung vom 23. März 1945, als er Zweifel am Kampfwert dieser Divisionen äußerte: »Ich will nicht behaupten, daß man mit diesen Fremdländischen nichts machen kann. Damit kann man schon etwas machen. Aber man braucht Zeit dazu ... Aber wenn man sie kriegt und die Gebiete [der Fremdländischen] irgendwo drüben [hinter der Front] liegen – warum sollen die dann überhaupt noch kämpfen?« Dementsprechend ließ die Einsatzbereitschaft mancher Ost- und sonstiger SS-Hilfstruppen dann auch sehr rasch nach; andere Einheiten kämpften dagegen wiederum an der Seite der Wehrmacht und Waffen-SS bis zum bitteren Ende.

Als Ausdruck des fanatischen Kampfwillens der für »Freiheit und Ehre« des deutschen Volkes kämpfenden NS-»Freiheitskämpfer« wurde ferner im Herbst 1944 der »Werwolf« als eine »aus nationalsozialistischem Geist geborene Organisation« zur Durchführung besonderer Aufgaben hinter den feindlichen Linien auf deutschem Boden gebildet. Sie stand unter geheimer Leitung des SS-Obergruppenführers Hans Prützmann (als »Reichswerwolf«) beim Stabe Himmlers und sollte nach erfolgter Besetzung im Rücken des Feindes den Sabotagekampf und Kleinkrieg ohne Beschränkung in den Mitteln aufnehmen sowie die deutsche Bevölkerung von der Zusammenarbeit mit den Alliierten abhalten. Plakate mit der Aufschrift »Der Werwolf ist da, wer sich ergibt, wird erschossen!« hingen in den letzten Kriegstagen an vielen Hauswänden des westlichen Reichsgebietes, um insbesondere vor der vielerorts festzustellenden

Das »letzte Aufgebot«:
Der Volkssturm.

Propagandaplakat
für den Volkssturm.

– von Goebbels sehr beklagten – Bereitschaft zur Zusammenarbeit mit den anglo-amerikanischen Besatzungstruppen zu warnen.

Durch einen Rundfunkappell wurde der Werwolf auf Anweisung von Goebbels am Ostersonntag, dem 1. April 1945, als angeblich »spontane Untergrundbewegung« in den besetzten deutschen Gebieten bekannt gemacht. Das Motto der über den Werwolf-Sender verkündeten Proklamation lautete: »Haß ist unser Gebet und Rache unser Feldgeschrei«; alle Mittel seien recht, dem Feind zu schaden. Die Terrorakte der fanatischen, meist jugendlichen Werwolf-Leute standen außerhalb des Kriegsvölkerrechts. Sie blieben jedoch vereinzelte Aktionen und entwickelten sich nicht zu einem umfassenden »Volks«- und Guerilla-Krieg, den die NS-Führer erhofft hatten.

Als spektakulärste kriminelle Aktion ist die auf Himmlers Befehl von einem hinter der Westfront abgesetzten Werwolf-Kommando durchgeführte Ermordung des Aachener Oberbürgermeisters Franz Oppenhoff am 25. März 1945 zu verzeichnen, weil sich dieser angeblich als Verräter in der seit 21. Oktober 1944 von den Alliierten besetzten Stadt dem Gegner zur Verfügung gestellt hatte; die Täter konnten erst 1949 bestraft werden. Glücklicherweise fanden die Aufrufe zur Bildung des Werwolfs unter der Bevölkerung und den Soldaten kein großes Echo, obwohl Reichsleiter Bormann die Gauleiter bedrängte, mit Hilfe zuverlässiger Parteigenossen Personal für die Werwolf-Organisation zu benennen.

Noch Anfang April 1945 führte die Luftwaffe eine selbstmörderische Rammjäger-Aktion als »Unternehmen Werwolf« gegen die an Zahl weit überlegenen alliierten Bomber durch, ohne aber den Strom der einfliegenden Feindflugzeuge aufhalten zu können. Erst nach Hitlers Tod wurden schließlich am 7. Mai 1945 weitere Werwolf-Aktionen im westlichen Gebiet des Reiches als illegale Kampftätigkeit untersagt.

Im März und April 1945 häuften sich die Durchhalteappelle der NS-Führung. Wiederholt rief Hitler zu »Sein oder Nichtsein« auf. Reichsleiter Bormann feuerte aus Berlin zum heroischen Kampf an. Anfang April verkündete er: »Der Kampf gegen den ins Reich eingedrungenen Gegner ist überall mit aller Unnachgiebigkeit und Unerbittlichkeit zu führen. Gauleiter und Kreisleiter . . . kämpfen in ihrem Gau und Kreis, siegen oder fallen. Ein Hundsfott, wer seinen

Gefangennahme jugendlicher deutscher Soldaten durch amerikanische Truppen.

vom Feind angegriffenen Gau ohne ausdrücklichen Befehl des Führers verläßt, wer nicht bis zum letzten Atemzug kämpft.« Hitler verdeutlichte am 29. März, daß bei diesem Endkampf »irgendwelche Rücksichten auf die deutsche Zivilbevölkerung nicht genommen werden« könnten.

Zur Unterstreichung der Forderung nach unerbittlicher »Kampfentschlossenheit und Hingabe bis zum Äußersten« wurden am 15. Februar 1945 auf Befehl Hitlers durch den Reichsjustizminister Otto Thierack in den feindbedrohten Gebieten Standgerichte gebildet, die von Parteifunktionären ernannt und eingesetzt wurden. Sie waren für alle Straftaten zuständig, »durch die die deutsche Kampfkraft oder Kampfentschlossenheit gefährdet« wurde und bestanden aus einem Strafrichter, einem politischen Leiter der NSDAP oder einer Gliederung der Partei sowie einem Offizier der Wehrmacht oder Führer der Waffen-SS und Polizei. Himmler ließ ab 26. Februar

1945 zusätzliche »Sonderstandgerichte zur Bekämpfung von Auflösungserscheinungen« einrichten. Am 9. März setzte Hitler zudem
ein besonderes »Fliegendes Standgericht« unter Generalleutnant
Rudolf Hübner ein, das ihm unmittelbar unterstellt war und die
»Aufträge« von ihm persönlich erhielt. Es war für alle strafbaren
Handlungen von Angehörigen der Wehrmachtsteile und der Waffen-SS ohne Unterschied des Ranges zuständig und besaß ein unein-
geschränktes Bestätigungsrecht für alle Urteile, um diese sofort
vollstrecken zu können. Die ersten Todesurteile dieses mobilen
Standgerichtes wurden am 13. März nach dem militärischen Verlust
der Brücke von Remagen gegenüber den angeblich verantwortlichen
Offizieren gefällt und sofort vollstreckt. Tausende Bürgerinnen,
Bürger und Soldaten fanden durch diese Nazi-Gerichte, die kaum
etwas mit Recht und Gerechtigkeit zu tun hatten, noch bis Kriegsende den Tod. In den letzten Kriegsmonaten wurden etwa monatlich
500 Todesurteile gefällt (im Ersten Weltkrieg waren es vergleichs-
weise ca. 150 Todesurteile gewesen).

Trotz dieser Terrormaßnahmen häuften sich jedoch die Zerfalls-
und Auflösungserscheinungen im Partei- und staatlichen Bereich.
Sie zeigten sich in dem Zerfall der Befehlsstrukturen und Partei-
hierarchien sowie der bislang offiziell propagierten Moral- und
Wertvorstellungen und in dem Zusammenbruch der inneren Ordnung des NS-Regimes. Auch der fanatischste Glaube an den »Endsieg« konnte die Realität des Frühjahrs 1945 nicht verändern:
Hitlers Herrschaft näherte sich gründlich und in atemberaubender
Schnelligkeit ihrem Ende.

ZITIERTE UND VERWENDETE LITERATUR

Domarus, Max: Hitler. Reden und Proklamationen 1932–1945. Kommentiert von
    einem deutschen Zeitgenossen. 2. Bde. Bd. II: Untergang, 2. Halbbd. Wies-
    baden 1973
Goebbels, Joseph: Tagebücher 1945. Die letzten Aufzeichnungen. Einführung
    Rolf Hochhuth. Hamburg 1977
Das Ende des Schreckens. Dokumente des Untergangs. Januar bis Mai 1945.
    Hrsg. v. Erich Kuby. München 1956, 2. Aufl. 1961

Kissel, Hans: Der Deutsche Volkssturm 1944/45. Eine territoriale Miliz im Rahmen der Landesverteidigung. Berlin/Frankfurt 1962

Mammach, Klaus: Der Volkssturm. Das letzte Aufgebot 1944/45. Köln 1981

Meldungen aus dem Reich 1938–1945. Die geheimen Lageberichte des Sicherheitsdienstes der SS. Hrsg. und eingeleitet von Heinz Boberach. 17 Bde. Bd. 17: 4. Mai 1944 – 28. März 1945. Herrsching 1984

Rose, Arno: Werwolf 1944–1945. Stuttgart 1980

Die letzten hundert Tage. Das Ende des Zweiten Weltkrieges in Europa und Asien. Hrsg. v. Hans Dollinger. Wissenschaftl. Beratung: Hans-A. Jacobsen. München 1965

ROLF-DIETER MÜLLER

Das Ende des SS-Staates

Hitlers Befehl, dem Feind in Deutschland nur eine Wüste zu hinterlassen, wurde nicht nur von seinem Rüstungsminister boykottiert. Auch Heinrich Himmler ging im März 1945 bereits andere Wege. Der treueste und mächtigste Paladin des »Führers« hatte sich in den vergangenen Wochen als militärischer Oberbefehlshaber am Oberrhein und in Pommern blamiert. Nun versuchte er verzweifelt, den eigenen Kopf zu retten. Noch immer bestand Hitlers Befehl, die Konzentrationslager beim Herannahen des Feindes zu evakuieren oder mitsamt ihren Insassen in die Luft zu sprengen.

Im Juli 1944 hatten sowjetische Truppen das zerstörte Vernichtungslager Majdanek in Polen betreten, der erste Einbruch in das gigantische System der Versklavung und Vernichtung, mit dem Himmlers SS ganz Europa überzogen hatte. Am frühen Nachmittag des 27. Januar 1945 befreiten dann Rotarmisten Auschwitz, das zweite große Konzentrationslager im Osten, Symbol des Nazi-Rassenwahns und des Völkermords an den europäischen Juden. Die »Fabrik des Todes« mit ihren Gaskammern und Krematorien, den Baustellen und Rüstungsfabriken war in aller Eile nur halb zerstört worden. Für rund 8000 zurückgelassene Häftlinge war ein unvorstellbares Martyrium beendet.

Die Masse der Arbeitssklaven von Auschwitz befand sich – ebenso wie Häftlingskolonnen anderer Lager – Anfang 1945 auf dem Weg in das rückwärtige Reichsgebiet. Es ist kaum möglich, die furchtbaren Bedingungen dieser Transporte zu beschreiben. Bald begannen auch die Räumungen und Liquidierungen im Westen des Reiches. Während die SS an den zusammenbrechenden Fronten und im Hinterland noch einmal durch Terror und Massenmord ihr Schreckensregiment praktizierte, hatte ihr allmächtiger Reichsführer Himmler jedoch bereits seine Fühler ausgestreckt, um sich mit den Westmächten zu arrangieren.

117

Eine Schlüsselrolle bei diesen Kontakten spielte sein Leibarzt Felix Kersten, der auf Himmler Einfluß ausübte und über Schweden Verbindungen zu internationalen jüdischen Organisationen besaß. Seinen größten Erfolg erreichte Kersten am 12. März 1945. Himmler unterzeichnete eine schriftliche Vereinbarung, in der er seine Bereitschaft erklärte, die Durchführung des Führerbefehls zur Zerstörung der Konzentrationslager zu verhindern, die Lager ordnungsgemäß zu übergeben und jede weitere Tötung von Juden einstellen zu lassen. Am 6. April ernannte er den SS-Standartenführer Kurt Becher zum Reichssonderkommissar für die Lager. Am 11. April konnten amerikanische Truppen das erste große Konzentrationslager im Reich, Buchenwald bei Weimar, kampflos befreien. Becher wandte sich sofort einem anderen Lager zu, dessen Name – neben Auschwitz – zum Symbol für die Grauen des SS-Staates geworden ist: Bergen-Belsen.

Anfang 1943, nach der Niederlage von Stalingrad, war das Lager in der Lüneburger Heide auf Anregung des Auswärtigen Amtes errichtet worden. Die Idee der Diplomaten: Juden mit Pässen neutraler und überseeischer Staaten, insbesondere mit britischer und amerikanischer Staatsangehörigkeit, zunächst bei den Mordaktionen zu verschonen und in einem »Aufenthaltslager« zur Verfügung zu halten, als Tauschobjekt für Deutsche in alliierten Internierungslagern. Der SS-Führer Adolf Eichmann, der den Holocaust an den Juden organisierte, versuchte im Herbst 1944 spezielle Geschäfte zu machen. Er wollte die ungarischen Juden gegen 10 000 amerikanische Lkws austauschen. Dieses wie auch viele andere Projekte scheiterten jedoch. Nur 357 der etwa 4000 bis 5000 »Austauschjuden« gelangten auf diesem Wege in die Freiheit, außerdem Ende 1944 noch einmal 1685 ungarische Juden, die für rund 1000 US-Dollar pro Kopf freigekauft worden waren.

Mitte 1944 war das Lager Bergen-Belsen zu einem sogenannten »Erholungslager« erweitert worden. Häftlinge aller Nationalitäten, die beim Kommando »Dora«, einer riesigen unterirdischen Fabrikationsstätte für V-Waffen im Harz, schwer erkrankt waren, wurden – sofern man sie nicht direkt zur Liquidation ins Lager Majdanek schickte – nach Bergen-Belsen gebracht. Das »Erholungslager« war aber nichts anderes als ein Sterbelager, wo man die Kranken und Schwachen praktisch sich selbst überließ.

Seit dem Herbst 1944 kam eine weitere Funktion hinzu. In ununterbrochenem Strom trafen Überlebende der Evakuierungstransporte in Bergen-Belsen ein. Innerhalb von drei Monaten verdreifachte sich dadurch die Zahl der Lagerinsassen, ohne daß entsprechende Vorkehrungen getroffen worden waren. Ein französischer Häftlingsarzt beschrieb die Situation in den letzten Monaten: »Belsen war das Lager, wo man die Greuel mit Scheinheiligkeit verübte. Hier gab es keine Massenhinrichtungen am Galgen; hier gab es keine Gaskammern. Man starb langsam, aber sicher. Der peinigende Hunger, die organisierte Vernachlässigung der Hygiene, die gewollten Epidemien, die Überfüllung der Unterkünfte, die Mißhandlungen, das Gefühl einer totalen Erniedrigung – das alles sicherte dem Krematorium die Erfüllung seines massiven und regelmäßigen Solls.« Es war der »wahrscheinlich schmutzigste und verkommenste Platz, der je die Oberfläche der Erde verunzierte«.

Im März 1945 kamen auch Transporte aus dem südwestdeutschen Raum an. Mehrere KZ-Außenkommandos der Lager Natzweiler (Elsaß) in Baden und Dachau (Bayern) in Württemberg konnten noch evakuiert werden. Sie waren ein Teil des Wirtschaftsimperiums der SS. Im Zeichen des »Totalen Krieges« waren Produktionsstätten teilweise unter die Erde verlagert worden. Zu Ausschachtungsarbeiten und auch zur Rüstungsfertigung setzte die SS Häftlinge ein oder verlieh sie an private Unternehmer. Zwei der wichtigsten Projekte im Südwesten waren der Ölschieferabbau auf der Schwäbischen Alb bei Schömberg und der Stollenbau bei Überlingen gewesen. Nach dem verheerenden Luftangriff auf Friedrichshafen hatte Hitler befohlen, die Produktion dieses wichtigsten Rüstungszentrums in Südwestdeutschland in unterirdischen Stollen wiederaufzunehmen. Die mit dem Bau beauftragte Münchener Firma setzte dazu 2000 KZ-Häftlinge aus Dachau ein, ohne aber die Vorgabe – Fertigstellung in 100 Tagen – erfüllen zu können.

Himmlers Beauftragter Becher traf am 10. April 1945 in Bergen-Belsen ein. Nach einem Bericht über die Lage erteilte der Reichsführer SS die Vollmacht, das ganze Lagergebiet der anrückenden britischen Armee zu übergeben. In dem riesigen Areal der Truppenübungsplätze Bergen und Munsterlager, zu dem nicht nur das KZ, sondern auch die geheimsten Produktionsstätten für neue Nervengase gehörten, hatte sich die Wehrmacht bereits zur Verteidigung

Übersichtskarte der KZ-Lager des »Dritten Reiches«

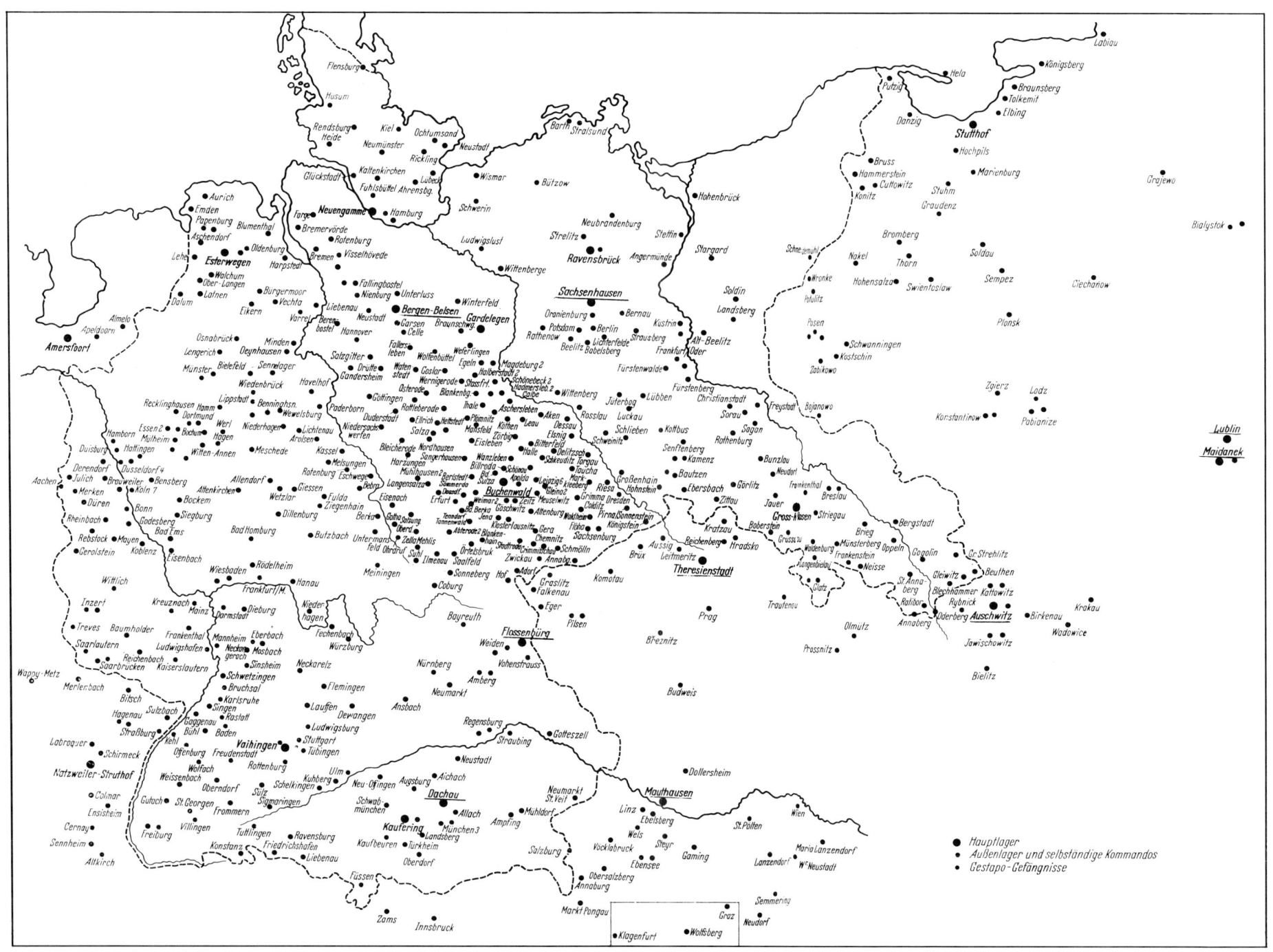

Haupflager

Außenlager und selbständige Kommandos

Gestapo-Gefängnisse

eingerichtet. Gegen den anfänglichen Widerstand der Offiziere erreichte Becher schließlich die Übergabeverhandlungen mit den Briten. Es wurde ein förmlicher Waffenstillstand für den Raum Belsen abgeschlossen. Die SS-Mannschaften durften ungehindert abziehen. Am 15. April übernahmen die Briten das Lager. Der Anblick, der sich ihnen bot, war grauenhaft. Überall befanden sich Leichenstapel. Die Gräben der Kanalisation waren mit Leichen gefüllt, selbst in den Baracken lagen Tote. Fast 50 000 Menschen waren in den letzten Wochen ums Leben gekommen. Tausende von Häftlingen lagen schwerkrank oder zu Tode erschöpft und apathisch in den Blocks. Die meisten von ihnen überlebten die nächsten Tage nicht. Von den Briten gemachte Aufnahmen gingen durch die ganze Welt. Belsen, der bisher unbekannte Name, wurde zum Symbol für den verbrecherischen Charakter des Dritten Reiches, für die Verruchtheit des Nazisystems.

Vielleicht erkannte auch Himmler plötzlich, daß auf diese Weise kein Geschäft mit den Westmächten zu machen war. Einen Tag vor der Übergabe Bergen-Belsens hatte er sich offenbar eines anderen besonnen. In einem Funkbefehl an alle anderen noch bestehenden Lager verlangte er, daß kein Häftling lebend in Feindeshand fallen dürfe. Einem Blutrausch der SS fielen in den letzten Tagen des Krieges vor allem die politischen Gefangenen zum Opfer, darunter auch die noch verbliebenen inhaftierten Angehörigen des deutschen Widerstandes. Ihnen sollte die Befreiung und der Triumph über die braunen Machthaber nicht gegönnt werden. Furchtbare Szenen spielten sich noch einmal am 3. Mai 1945 ab, als britische Kampfflugzeuge in der Lübecker Bucht die »Cap Arcona« und andere Schiffe versenkten, auf denen evakuierte Häftlinge aus dem KZ Neuengamme bei Hamburg zusammengepfercht worden waren.

In seinem politischen Testament rühmte sich Hitler seiner erfolgreichen Vernichtungspolitik gegenüber den Juden und verstieß zugleich Heinrich Himmler, seinen Vollstrecker, von dessen Westkontakten er erfahren hatte. Himmler erlitt ein erbärmliches Ende. In Wehrmachtsuniform wurde er in einem britischen Gefangenenlager entdeckt, wo er Selbstmord verübt hatte. Einigen seiner engsten Mitarbeiter erging es besser. Ihnen gelang – teilweise mit Unterstützung katholischer Priester und westlicher Geheimdienste – die Flucht nach Südamerika. Der Fall des ehemaligen Gestapochefs von

Heinrich Himmler (links) und Ernst Kaltenbrunner (rechts) bei einer Inspektion im KZ Mauthausen.

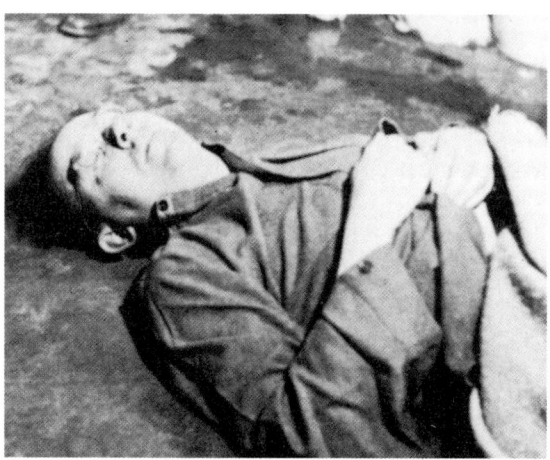

Himmler vergiftet sich in Lüneburg.

Eine von den Häftlingen gefertigte amerikanische Flagge begrüßt die Soldaten der 7. US-Armee, als diese im KZ Dachau eintreffen.

SS-Hauptsturmführer Josef Kramer (links), der Kommandant des KZs Bergen-Belsen.

Lyon, Barbie, der in diesen Tagen in Frankreich auf einen Prozeß wartet, ist dafür ein Beispiel, ebenso das Schicksal von Adolf Eichmann. Andere fanden unmittelbar Unterschlupf beim amerikanischen Geheimdienst.

Hitlers Appell an die Deutschen, den Kampf gegen die Juden fortzusetzen, fand zwar keinen Widerhall. Aber es dauerte nach Kriegsende Jahrzehnte, bis man das volle Ausmaß des Völkermords an den europäischen Juden zu begreifen begann. Dieses in deutschem Namen begangene Verbrechen geht nicht nur auf das Konto der SS. In dem bürokratischen Prozeß der »Endlösung der Judenfrage«, wie es die Nazis nannten, blieb kaum eine Behörde unbeteiligt. Nicht wenige Deutsche haben davon gewußt oder durch Gerüchte davon erfahren. Aber die Verdrängungsmechanismen wirken noch immer. Bundesarbeitsminister Norbert Blüm bekam es zu spüren, als er öffentlich erklärte, ob jemand als SS-Mann Hitler gedient habe oder in der Uniform der Wehrmacht, mache nur einen graduellen Unterschied aus; schließlich hätten die KZs nur solange funktioniert, wie die Wehrmacht kämpfte.

Am 21. April 1985 wurde in Bergen-Belsen mit einer großen Veranstaltung in Anwesenheit des Bundeskanzlers der Ereignisse vor 40 Jahren gedacht. Es ist zu hoffen, daß der Mut wächst, sich diesem unauslöschlichen Brandmal eines menschenverachtenden Systems zu stellen und sich offen auch mit den dunklen Seiten unserer Geschichte auseinanderzusetzen.

Himmlers Geheimdiplomatie

Felix Kersten   Stockholm, den 4. 4. 1945
Medicinalrat
Herrn Hilel Storch
Furusundsgatan 10
Stockholm

Sehr geehrter Herr Storch!

In Beantwortung Ihres gestrigen Schreibens darf ich Ihnen folgendes mittei-
len: Ich habe mich sofort mit meiner Sekretärin Frau Wacker in telefonische
Verbindung gesetzt und sie beauftragt, die erforderlichen Feststellungen zu
machen. Ich erhalte nun von ihr die Nachricht, daß sie sich mit Dr. Brandt,
dem persönlichen Referenten des Reichsführer-SS Himmler, in Verbindung
gesetzt hat und von ihm die Nachricht erhielt, daß alle Gerüchte über eine
etwaige Evakuierung von Bergen-Belsen völlig aus der Luft gegriffen sind.
Auf Grund meiner so ausführlichen Besprechungen mit Herrn Himmler
gerade über dieses Lager sind alle mir zugesagten Maßnahmen, die ich
Ihnen mitteilte, getroffen worden. Falls erforderlich, wird Bergen-Belsen bei
Heranrücken der Alliierten dieser (sic!) ordnungsgemäß übergeben werden.
Es wird alles vermieden werden, um Menschenleben unnötig zu opfern. Das
gleiche gilt für die Konzentrationslager Theresienstadt und andere. Herr Dr.
Brandt hat meiner Sekretärin gegenüber nochmals ausdrücklich bestätigt,
daß diesbezügliche schärfste Befehle vom Reichsführer erlassen worden
sind. Ich glaube somit voll berechtigt zu sein, Sie nach der Richtung Ihrer
Befürchtungen hin voll beruhigen zu können.

Es dürfte Sie vielleicht interessieren, daß Graf Bernadotte auf meine Bitte
hin von Herrn Himmler in zuvorkommendster Weise empfangen wurde und
daß der Reichsführer dem Grafen Bernadotte die mir gegenüber gemachten
Versprechungen nochmals ausdrücklich bestätigt hat. Es wurde mir ferner
mitgeteilt, daß Graf Bernadotte ein Schreiben von Herrn Dr. Brandt an mich,
in dem ausdrücklich bestätigt wird, daß dem Lager Bergen-Belsen besondere Aufmerksamkeit geschenkt würde, mitbringen werde. Sobald ich das
Schreiben erhalte, werde ich Ihnen davon Kenntnis geben.

Bei dieser Gelegenheit möchte ich Sie noch davon in Kenntnis setzen, daß
Herr Himmler unseren Besuch erwartet und durch Dr. Brandt erneut bestätigen ließ, daß uns ein guter Empfang und jeder Schutz zugesichert wird.

Mit vorzüglicher Hochachtung und bestem Gruß

Ihr (gez.) Felix Kersten

Quelle: Kolb, Bergen-Belsen, S. 224 f.

Vereinbarung zwischen dem Lagerkommandanten des Truppenübungsplatzes Bergen und dem Chef des Stabes des gegenüberliegenden englischen Korps.

Der Kommandant des Lagers hat Befehl vom Reichsführer-SS, aus den bekannten Gründen das Lager Bergen mit zwei Konzentrationslagern der SS (rund 60 000 Häftlingen) und den ungarischen Wehrmachtsangehörigen nebst deren Familien der Englischen Wehrmacht zu übergeben und Kampfhandlungen in diesem Raum zu unterbinden.

Zur Durchführung wurde folgendes festgelegt:

1. Der auf der Karte durch schwarze Kreuze an den Wegeeingängen bezeichnete Raum wird als neutrales Gebiet erklärt.

2. Beide kämpfenden Teile verpflichten sich, alles mögliche zu tun, um ein Hineintragen des Kampfes in diesen Raum, ein Beschießen des Raumes durch schwere Waffen und Fliegerangriffe auf diesen Raum zu vermeiden.

3. Das Betreten des neutralen Gebietes durch etwa zurückgehende deutsche Truppen ist möglichst zu vermeiden.

4. Zur Bezeichnung des Raumes stellt die Deutsche Wehrmacht an den auf der Karte durch Kreuze gekennzeichneten Punkten Schilder auf, welche auf der Außenseite die Aufschrift »Danger Typhus«, auf der Innenseite die Aufschrift »End of typhus area« tragen.

5. Die Deutsche Wehrmacht übernimmt:

a) die Bewachung der Häftlinge und Ablösung der SS-Wachen bis 13. 4. 1945, 12.00 Uhr. Sollten nach 12.00 Uhr Wachmannschaften der SS von der Englischen Wehrmacht übernommen werden, so werden sie als Kriegsgefangene behandelt;

b) die Weiterführung der Versorgungsanlagen;

c) die Weiterführung der Telefonzentrale mit eigenen Kräften, bis eine ordnungsgemäße Ablösung durch Teile der Englischen Wehrmacht durchgeführt ist.

6. Die als Wachmannschaften eingesetzten Angehörigen der Deutschen und Ungarischen Wehrmacht werden durch weiße Binde am linken Unterarm gekennzeichnet. Sie sind angewiesen, sich jeder feindseligen Handlung gegen die Englische Wehrmacht zu enthalten. Dafür verpflichtet sich die Englische Wehrmacht diesen bewaffneten Wachmannschaften und dem Wirtschaftspersonal innerhalb von sechs Tagen nach Übernahme des Lagers mit Waffen, Gerät und Fahrzeugen freien Abzug zu den deutschen Linien zu gewähren.

7. Das Wirtschafts- und Verwaltungspersonal der SS und der SS-Lager-arzt, die für geordnete Verpflegung, Herbeischaffung der Verpflegung und sanitäre Versorgung bisher verantwortlich waren, werden von der Englischen Wehrmacht mit übernommen und führen die Aufgaben so lange fort, bis eine ordnungsmäßige Übernahme durch die Englische Wehrmacht vorgeschla-gen wird.

8. Die Angehörigen der Ungarischen Wehrmacht einschl. ihrer Familien sind ab 10. 4. 1945 auf vier Wochen mit Verpflegung versehen. Die Beschaf-fung der darüber hinaus erforderlichen Verpflegung übernimmt die Englische Wehrmacht.

9. Die Verhandlungen sind von dem Geiste getragen, eine Katastrophe für beide Wehrmachtsteile und die zivile Bevölkerung der Umgebung durch Ausbrechen der Häftlinge zu vermeiden.

Beide Teile versichern, alles für die Erfüllung dieser Vereinbarung zu tun, soweit sie nicht durch Kriegshandlungen absolut daran verhindert sind.

Quelle: Kolb, Bergen-Belsen, S. 225 f.

Aufstellung der Sterbefälle in Bergen-Belsen nach dem 15. April 1945

Monat	Tag	Sterbefälle	evakuiert	Lagerstärke (Nr. 1 u. 2)
April	19.	825	–	60 985
	20.	696	–	60 289
	21.	400	–	59 889
	22.	1250	–	58 639
	23.	1700	–	56 939
	24.	1200	–	55 739
	25.	785	–	54 954
	26.	343	–	54 611
	27.	496	–	54 115
	28.	421	–	53 694
	29.	326	–	53 368
	30.	600	–	52 768
Mai	1.	410	–	52 358
	2.	449	4177	47 732
	3.	373	733	46 626
	4.	317	98	46 211
	5.	209	9559	36 443

Quelle: Kolb, Bergen-Belsen, S. 315

ZITIERTE UND VERWENDETE LITERATUR

Bernadotte, Graf Folke: Das Ende. Meine Verhandlungen in Deutschland im Frühjahr 1945 und ihre politischen Folgen. Zürich – New York 1945

Besgen, Achim: Der stille Befehl. Medizinalrat Kersten und das Dritte Reich. München 1960

Biss, Andreas: Der Stopp der Endlösung. Kampf gegen Himmler und Eichmann in Budapest. Stuttgart 1966

Buchheim, Hans u. a.: Anatomie des SS-Staates. 2 Bde. Olten u. Freiburg 1965 (dtv dokumente Nr. 2915–6)

Fleming, Gerald: Hitler und die Endlösung. »Es ist des Führers Wunsch . . .« Wiesbaden 1982

Georg, Enno: Die wirtschaftlichen Unternehmungen der SS. Stuttgart 1963

Gilbert, Martin: Endlösung. Die Vertreibung und Vernichtung der Juden. Ein Atlas. Reinbek 1982 (rororo aktuell Nr. 5031)

Gilbert, Martin: Auschwitz und die Alliierten. München 1982

Heinrich Himmler ohne Uniform. Aus den Tagebüchern des finnischen Medizinalrats. Hamburg 1952

Höhne, Heinz: Der Orden unter dem Totenkopf. Die Geschichte der SS. 2 Bde. Hamburg 1966 (Fischer Bücherei, Bd. 1052–3)

Kogon, Eugen: Der SS-Staat. Das System der deutschen Konzentrationslager. München 1974 (Heyne-Buch Nr. 680)

Kolb, Eberhard: Bergen-Belsen. Vom »Aufenthaltslager« zum Konzentrationslager, 1943–1945. Göttingen 1985 (zuerst Hannover 1962)

Der Mord an den Juden im Zweiten Weltkrieg. Entschlußbildung und Verwirklichung. Hrsg. v. Eberhard Jäckel u. Jürgen Rohwer. Stuttgart 1985

Speer, Albert: Der Sklavenstaat. Meine Auseinandersetzungen mit der SS. Stuttgart 1981

Nationalsozialistische Konzentrationslager im Dienst der totalen Kriegführung. Sieben württembergische Außenkommandos des Konzentrationslagers Natzweiler/Elsaß. Hrsg. v. Herwart Vorländer. Stuttgart 1978

GERD R. UEBERSCHÄR

Das Ende von Hitlers Bundesgenossen und Kollaborateuren

Als Hitler in den Monaten Februar, März und April 1945 im »Führerbunker« unter der Berliner Reichskanzlei angesichts der auf das »Großdeutsche Reich« zukommenden militärischen Niederlage seine politischen Überlegungen und Vorstellungen für die Nachwelt als »politisches Testament« von Reichsleiter Martin Bormann, seinem »letzten Getreuen«, schriftlich festhalten ließ, bot sich auch die Gelegenheit, rückblickend Fehler einzugestehen. Doch über Fehler hatte Bormann, der die Worte seines »Führers« getreu festhielt und dadurch der Nachwelt überlieferte, wenig zu schreiben.

Auf keinen Fall betrachtete Hitler die grausamen Maßnahmen und Verbrechen gegen die europäischen Juden als Fehler. Nein, sein »Mißgeschick« sei es, daß er sich während des Krieges auf »unzuverlässige Verbündete« verlassen habe. Als »Fehler« bezeichnete er seine »unverbrüchliche Freundschaft« und »Bündnistreue« zum Duce Benito Mussolini. Es sei auch falsch gewesen, nach dem Sieg über Frankreich im Sommer 1940 den Gedanken eines Zusammengehens mit Paris zu verfolgen. Der Krieg habe die »unaufhaltbare Dekadenz der romanischen Völker« bewiesen. Frankreich betitelte er gar als »Hure« und »abgetakelte Kurtisane«; der italienische Verbündete sei ihm »rundheraus gesagt überall im Wege« gewesen. »Daß wir mit den Italienern verbündet waren, lähmte uns« – »Wir haben wirklich kein Glück mit den Romanen«, so lamentierte der »Führer« im Februar 1945.

Hitler zögerte auch nicht, den angeblichen Verrat der Bundesgenossen öffentlich anzuprangern und als Ursache für seine Niederlagen hinzustellen. In seinem Neujahrsaufruf zum 1. Januar 1945 verkündete er: »Wir sind uns [. . .] im klaren, daß die Festung Europa im einstigen Umfang von deutschen Kräften allein nicht verteidigt werden kann. Wir waren daher gezwungen, als Opfer des Verrates unserer Verbündeten ganze Fronten einzuziehen und

Benito Mussolini beim Besuch von Verbänden der »Republik von Salò« in Deutschland im April 1944.

Hitler empfängt den rumänischen Staatschef Marschall Ion Antonescu im »Führerbau« in München im Juni 1941.

Hitler trifft am 23. Oktober 1940 den spanischen Staatschef Franco.

andere zu verkürzen.« Obwohl er erkannt habe, daß er sich an
»Schwächlinge« als Bundesgenossen gebunden habe, so erklärte er
nachträglich am 17. Februar 1945 gegenüber Bormann, habe er sich
dennoch immer bemüht, die Verbündeten »von gleich zu gleich zu
behandeln«.

Doch wie so oft belog sich Hitler selbst. Denn die Beziehungen zu
den mit dem Deutschen Reich verbündeten und am Krieg auf
deutscher Seite beteiligten Staaten Italien, Japan, Finnland, Rumänien, Ungarn, Kroatien und Slowakei ergaben sich nicht aus einer
offenen, fest vereinbarten Partnerschaft oder einer aufeinander
abgestimmten politischen Übereinkunft über die gemeinsamen
Ziele. Schon der vor Kriegsbeginn am 22. Mai 1939 abgeschlossene
»Stahlpakt« zwischen Berlin und Rom hatte weniger eine gemeinsame Strategie Deutschlands und Italiens zum Ziel als vielmehr die
Abgrenzung der jeweiligen Interessenzonen. Auch das »weltpoliti-
sche Dreieck« Berlin – Rom – Tokio entsprach nicht der von der NS-
Propaganda behaupteten festen Allianz eines Militärbündnisses.

Gegen den Bolschewismus kämpfte General Andrei Wlassow an der Seite Hitlers mit der »Russischen Befreiungsarmee«.

Der norwegische »Ministerpräsident« Vidkun Quisling bei seinem Besuch in Berlin (1942).

28. Juli 1940: Hitler und der slowakische Staatspräsident Tiso.

Hitler und der ungarische Reichsverweser Nikolaus Horthy.

Weder informierte Hitler seinen »Partner« Mussolini über den von ihm beabsichtigten Beginn des Krieges im Sommer 1939 noch unterrichtete Mussolini den »Führer« über seinen militärischen Angriff auf Griechenland am 28. Oktober 1940, den Hitler dann später in seinen Gesprächen mit Bormann als »idiotisch, unzeitgemäß und dilettantisch« verurteilte. Mussolinis kriegerischer Ehrgeiz zwang ihn aber dazu, dem Verbündeten im Mittelmeerraum bei dessen Parallelkrieg sowohl auf dem Balkan als auch in Nordafrika mit starken militärischen Kräften auszuhelfen.

Hitlers Bemühungen, einen gegen die Anglo-Amerikaner gerichteten Kontinentalblock zu bilden, führte zwar im September 1940 zum Abschluß des Dreimächtepaktes und zu den Sondierungsgesprächen mit den spanischen und französischen Staatschefs Franco und Pétain. Beide verstanden es jedoch, sich der engen Hitlerschen Umarmung zu entziehen. Den spanischen Caudillo (=Führer) charakterisierte Hitler in seinen Tischgesprächen abwertend denn auch als »marokkanischen Teppichhändler«, der mit ihm um den Kriegseintritt Spaniens gefeilscht habe.

Als Hitler am 22. Juni 1941 die Sowjetunion überfiel, kalkulierte er von Beginn an die Teilnahme Finnlands und Rumäniens ein. Noch während der militärischen Anfangserfolge im Osten kam es zu einer Inflation von Neuordnungs-Vorstellungen über den »Großwirtschaftsraum Europa« unter Führung der Nationalsozialisten und Faschisten. Viele Regierungen Europas wollten es nicht versäumen, bei der künftigen Neugestaltung Europas auf der richtigen – d. h. Hitlers – Seite zu stehen. Die propagandistische Aufforderung zur Teilnahme am »heiligen Krieg«, am »Kreuzzug Europas gegen die UdSSR«, fiel in vielen Staaten auf fruchtbaren Boden.

Die »Kollaboration« wurde bald zum Begriff und späteren Schimpfwort für die Zusammenarbeit mit der deutschen Besatzungsmacht in Frankreich, Belgien, Norwegen, Griechenland, Jugoslawien, Dänemark und in den Niederlanden. Pro-nationalsozialistische und pro-faschistische Staats-, Regierungs- oder Parteichefs wie Laval, Déat, Doriot, Degrelle, de Clercq, Quisling, Pavelić und Mussert – umstrittene Politiker ohne ausreichende Legitimation in ihren Staaten – erlagen der Illusion, durch Teilnahme am Krieg auf Hitlers Seite einen herausgehobenen Platz im neuen Europa zu bekommen. Man kam dabei der nationalsozialistischen Vernichtungspolitik gegenüber fremdrassischen Bevölkerungen und Minderheiten in weitem Maße entgegen und beteiligte sich auch an den Verbrechen gegen die Juden.

Im eigentlichen Sinne wollte Hitler jedoch keine Kollaboration, sondern Unterwerfung und Unterordnung. Er wollte sich vielmehr freie Hand für seine Ausbeutungs- und rücksichtslose Beherrschungspolitik für die Zeit nach dem Sieg bewahren, und befürchtete, daß sich andere Staaten an dem im Osten von der Wehrmacht eroberten und zu verteilenden »Kuchen« beteiligen wollten. Hitler war deshalb nicht bereit, mit anderen Verbündeten politische Vereinbarungen über seine Kriegsziele einzugehen. Er vermied es bewußt, den am Ostkrieg mitbeteiligten und verbündeten Staaten Klarheit über die deutschen Zielvorstellungen und operativen Absichten zu geben und lehnte es ab, sein rassenideologisches Kriegszielprogramm einer Diskussion oder Erörterung mit anderen Regierungen zu unterziehen, um womöglich einen Kompromiß eingehen zu müssen.

Ähnlich wie Italien im Mittelmeer führte dann auch Finnland im Norden einen fast eigenständigen Sonderkrieg gegen die Sowjetunion. Zu einer gemeinsamen Koalitionskriegführung unter Mitsprache der Verbündeten konnte es wegen Hitlers Führungsanspruch und seines Willens, den Krieg in eigener Verantwortung zu führen, bis zum Kriegsende 1945 nicht kommen, da er an einem dauerhaften, stabilen Bündnis nicht interessiert war. Die bilateralen Beziehungen und die militärische Zusammenarbeit mit dem Dritten Reich beruhten dadurch weitgehend auf dem unmittelbaren Einvernehmen der führenden politischen Persönlichkeiten und auf einigen wenigen Militärabsprachen lokaler Kommandobehörden im Frontbereich.

Es blieb nicht aus, daß Hitler persönlich betroffen war, als einige Verbündete ihm auf dem weiteren Weg in den »Endkampf« nach den militärischen Niederlagen bei Stalingrad und am Don sowie in Nordafrika – als die Zweifel am deutschen Sieg bei den verbündeten Regierungen und Regimen immer stärker anwuchsen – nicht mehr folgen wollten.

Als die Unterschiede in den politischen Zielvorstellungen zwischen Berlin und den verbündeten Regierungen nach den militärischen Verlusten immer deutlicher wurden, scheute Hitler nicht

Treffen Görings mit Marschall Philippe Pétain in Florentin-Vergigny am
1. Dezember 1941.

davor zurück, persönliche und politische Erpressungsmaßnahmen
einzusetzen, um das Verbleiben und Weiterkämpfen an seiner Seite
zu erzwingen. Nur wenigen Regierungen – wie dem finnischen
Kabinett unter Marschall v. Mannerheim im Herbst 1944 – gelang
es, sich von Berlin rechtzeitig zu lösen und mit den Alliierten
Verhandlungen über einen Waffenstillstand aufzunehmen, ohne daß
Land und Bevölkerung im Chaos des von Hitler verlangten »fanatischen Endkampfes« noch schwere Kriegszerstörungen und Opfer in
Kauf nehmen mußten.

Wo es möglich war, verhinderte das NS-Regime durch militärische
Besetzung des Landes das Ausscheren des Verbündeten aus dem
Kampf. Als Mussolini im Sommer 1943 nach der Landung der

Begegnung Musserts (rechts) mit dem Reichsführer SS, Heinrich Himmler.

Alliierten in Sizilien vom eigenen faschistischen Großrat und vom italienischen König abgesetzt und gefangengenommen wurde, besetzten deutsche Truppenverbände Norditalien, befreiten Mussolini und machten es dem Duce möglich, die von Hitlers Gnaden errichtete soziale »Republik von Salò« zu proklamieren. Die Folge war ein heftiger Partisanenkrieg in Italien. Ihm fiel Mussolini schließlich zum Opfer, als er am 28. April 1945 mit seiner Geliebten, Claretta Petacci, vor der Schweizer Grenze am Comer See von Partisanen gefangengenommen und erschossen wurde.

Um die anderen Verbündeten und Kollaborateure bei der Stange zu halten, betonte die NS-Führung ab 1943/44 in gezielter Diktion den »Abwehrkampf gegen den Bolschewismus« und die »Gefahr der Bolschewisierung Gesamteuropas«, wenn das nationalsozialistische Deutschland den Krieg verlieren sollte. Propagandaminister Goebbels bezeichnete die antibolschewistische Propaganda als sein »bestes Pferd im Stall«. Reichsleiter Bormann betrachtete diese Parole als eine »Walze«, die man »in immer neuer Spiegelung ablaufen lassen könnte«, um so die mitkämpfenden und verbündeten Staaten von der Notwendigkeit des nationalsozialistischen Sieges zu überzeugen.

Die Idee eines im Rahmen vermeintlich gleichberechtigter Zusammenarbeit mit dem Deutschen Reich errichteten »Schutzwalles« verbündeter Staaten Europas gegen die Sowjetunion hat auch dazu geführt, daß zahlreiche Freiwillige in Himmlers Waffen-SS bis zuletzt gegen die Rote Armee kämpften. Sogar die früher als »Untermenschen« abqualifizierten slawischen Völker »durften« ab Herbst 1944 – wie z. B. die russische Befreiungsarmee (Russkaja Osvoboditel'naja Armija = ROA) unter General Wlassow – als »Kämpfer gegen den Bolschewismus« ihr Leben für das NS-Regime einsetzen.

Die meisten der Verbündeten und Kollaborateure hatten sich so sehr der nationalsozialistischen und faschistischen Sache verschrieben, daß ihnen ein ähnliches Schicksal wie das Mussolinis nicht erspart blieb. Nur einigen gelang es – wie dem kroatischen Poglavnik (Führer) Ante Pavelić und dem ungarischen Reichsverweser Admiral Horthy sowie dem belgischen »Führer« der Rexisten-Bewegung und Wallonischen Legion, Léon Degrelle –, sich mit Hilfe anderer autoritärer Regime und Geheimdienste ins neutrale Ausland oder nach Südamerika abzusetzen. Dagegen wurde der rumänische »Staatsführer« (Conducatorul), Marschall Antonescu, noch vor Einmarsch der Roten Armee in das Land, abgesetzt und nach dem Kriege im Juni 1946 als Kriegsverbrecher erschossen; der von Hitler eingesetzte norwegische Ministerpräsident und »fører der Nasjonal Samling«, Vidkun Quisling, wurde im Mai 1945 verhaftet, wegen Hochverrats zum Tode verurteilt und am 24. Oktober 1945 erschossen; die Mitglieder des bulgarischen Regentschaftsrates unter Prinz Kyrill wurden nach Besetzung des Landes durch die Sowjetarmee im Februar 1945 von den Sowjets erschossen. Anton Mussert, der von Berlin anerkannte »Führer des niederländischen Volkes« und der »Nationaal-Socialistischen Beweging der Nederlanden« (NSB), wurde wegen Kollaboration zum Tode verurteilt und am 7. Mai 1946 in Holland hingerichtet. Ebenfalls hingerichtet wurden der von den USA an die Tschechoslowakei ausgelieferte frühere Staatspräsident der Slowakei, Josef Tiso, und der ehemalige ungarische Ministerpräsident und »Führer der Pfeilkreuzler«, Ferenc Szalasi. Auch General Andrei Wlassow wurde von den Westalliierten an die UdSSR übergeben und dort im August 1946 hingerichtet.

Bezeichnend für die Phantastereien und den Irrweg der Kollaboration mit Hitler ist das Ende der mit Berlin verbündeten Führer der französischen Kollaborationsgruppen um Marcel Déat, Jacques Doriot und Fernand de Brinon. Während der Chef d'Etat Français, Marschall Pétain, und sein Ministerpräsident Laval nach der Landung der Alliierten in Südfrankreich und der anschließenden Verschleppung durch die Deutschen nach Belfort und Sigmaringen sich jeder weiteren Zusammenarbeit mit Berlin entzogen, bildeten die zur Fortsetzung der Kollaboration bereiten französischen Faschisten in Sigmaringen eine »Regierungskommission zur Wahrung der französischen Interessen«. Nach der Übersiedlung auf die Insel Mainau im Januar 1945 gründeten sie schließlich ein sogenanntes Befreiungskomitee unter Doriot, dessen publizistisches Sprachrohr »Le Petit Parisien« ab 6. Januar 1945 in Konstanz in hoher Auflage herausgegeben und unter den französischen Zivilarbeitern in Deutschland verbreitet wurde. Doriot rief darin zur Fortsetzung des Kampfes an der Seite Berlins gegen den US-Imperialismus, den Bolschewismus und gegen die Juden auf. Politische Bedeutung erlangte das Komitee nicht mehr. Doriot starb am 22. Februar 1945 bei einem Tieffliegerangriff. Laval und de Brinon wurden von den Franzosen nach der Gefangennahme zum Tode verurteilt und hingerichtet. Pétain wurde noch von deutschen Stellen zur Schweizer Grenze gebracht, kehrte jedoch freiwillig über die Schweiz nach Frankreich zurück, um sich den gegen ihn erhobenen Vorwürfen in einem Prozeß zu stellen. Nach dem Todesurteil wurde er zu lebenslanger Haft begnadigt; 1951 starb er auf der Insel Yeu. Seine Person ist in Frankreich bis heute umstritten.

Als große Illusion der Verbündeten und Kollaborateure Hitlers und Mussolinis erwies sich schließlich auch die Hoffnung auf einen Sieg über den Bolschewismus. So hat es fast symbolischen Charakter, daß in der Endphase des Kampfes um Berlin französische, norwegische und dänische Soldaten und Angehörige der Waffen-SS der Freiwilligenverbände »Charlemagne«, »Norge«, »Danmark«

sowie lettische und flämische Freiwilligen-Einheiten bei der Verteidigung der Reichskanzlei Hitlers kämpften und ihr Leben für die NS-Ideologie riskierten, die im Grunde genommen keine gleichberechtigten Partner anerkannte und die »Freiwilligen Europas« nur für eigene Zwecke ausnutzte.

ZITIERTE UND VERWENDETE LITERATUR

Bourget, Pierre: Der Marschall. Pétain zwischen Kollaboration und Résistance. Berlin 1968

Domarus, Max: Hitler. Reden und Proklamationen 1932–1945. Kommentiert von einem deutschen Zeitgenossen. 2 Bde. Bd. II: Untergang, 2. Halbbd. Wiesbaden 1973

Deakin, Frederick W.: Die brutale Freundschaft. Hitler, Mussolini und der Untergang des italienischen Faschismus. Köln 1964

Degrelle, Léon: Die verlorene Legion. Preußisch-Oldendorf 1972

Gosztony, Peter: Hitlers fremde Heere. Das Schicksal der nichtdeutschen Armeen im Ostfeldzug. Düsseldorf – Wien 1976

Hirschfeld, Gerhard: Fremdherrschaft und Kollaboration. Die Niederlande unter deutscher Besatzung 1940–1945. Stuttgart 1984

Hitlers politisches Testament. Die Bormann Diktate vom Februar und April 1945. Mit einem Essay von Hugh R. Trevor-Roper und einem Nachwort von André François-Poncet. Hamburg 1981

Hory, Ladislaus / Broszat, Martin: Der kroatische Ustascha-Staat 1941–1945. Stuttgart 1964

Kluke, Paul: Nationalsozialistische Europaideologie. In: Vierteljahrshefte für Zeitgeschichte 3 (1955), S. 240–275

Littlejohn, David: The Patriotic Traitors. A History of Collaboration in German-Occupied Europe, 1940–1945. London 1972

Loock, Hans-Dietrich: Quisling, Rosenberg und Terboven. Zur Vorgeschichte und Geschichte der nationalsozialistischen Revolution in Norwegen. Stuttgart 1970

Mabire, Jean: Berlin im Todeskampf 1945. Französische Freiwillige der Waffen-SS als letzte Verteidiger der Reichskanzlei. Preußisch-Oldendorf 1977

Moser, Arnulf: Das französische Befreiungskomitee auf der Insel Mainau und das Ende der deutsch-französischen Collaboration 1944/45. Sigmaringen 1980

Neulen, Hans Werner: Eurofaschismus und der Zweite Weltkrieg. Europas verratene Söhne. München 1980

Neulen, Hans Werner: An deutscher Seite. Internationale Freiwillige von Wehrmacht und Waffen-SS. München 1985

Nolte, Ernst: Die faschistischen Bewegungen. Die Krise des liberalen Systems
und die Entwicklung der Faschismen. München 5. Aufl. 1975

Nolte, Ernst: Der Faschismus in seiner Epoche. Die Action Française. Der
italienische Faschismus. Der Nationalsozialismus. München 5. Aufl. 1979

Picker, Henry: Hitlers Tischgespräche im Führerhauptquartier. Vollständig überarbeitete u. erweiterte Neuausgabe. Stuttgart 1977

Rings, Werner: Leben mit dem Feind. Anpassung und Widerstand in Hitlers
Europa 1939–1945. München 1979

Steiner, Felix: Die Freiwilligen. Idee und Opfergang. Preußisch-Oldendorf 1958

Strik-Strikfeldt, Wilfried: Gegen Stalin und Hitler. General Wlassow und die
russische Befreiungsbewegung. Mainz 1970

Thorwald, Jürgen: Die Illusion. Rotarmisten in Hitlers Heeren. München 1974

Ueberschär, Gerd R.: Koalitionskriegführung im Zweiten Weltkrieg. In: Militärgeschichte. Probleme – Thesen – Wege. Hrsg. v. Militärgeschichtlichen Forschungsamt. Stuttgart 1982, S. 355–382

Wolf, Dieter: Die Doriot-Bewegung. Ein Beitrag zur Geschichte des französischen Faschismus. Stuttgart 1967

Kriegsende in Südwest-
und Süddeutschland

Im März 1945 erreichten die amerikanischen und französischen
Verbände der 6. alliierten Armeegruppe unter US-General Jacob L.
Devers den Rhein zwischen Karlsruhe und Mannheim. Seit der
deutschen Räumung des Brückenkopfes um Colmar am 9. Februar
1945 stand die ganze linksrheinische Seite bis zur pfälzischen Grenze
unter Kontrolle der Westalliierten. Als strategisches Hauptziel war
jedoch vom alliierten Oberkommando das Ruhrgebiet festgesetzt
worden; dort war am 7. März 1945 nach der Einnahme der Brücke
von Remagen ein rechtsrheinischer Brückenkopf gebildet worden,
der als Ausgangsbasis des Hauptvorstoßes nach Mitteldeutschland
dienen konnte. Die Besetzung Südwestdeutschlands war den Kräften der auf alliierter Seite unter General Charles de Gaulle kämpfenden freifranzösischen 1. Armee übertragen worden. In erster Linie
sollten die deutschen Verbände entlang der Oberrheinfront passiv
gebunden werden. Aus machtpolitischen Gründen war General de
Gaulle mit dieser Absicht nicht einverstanden und erteilte General
de Lattre de Tassigny, dem Oberbefehlshaber der 1. französischen
Armee, den Auftrag, wenn möglich alsbald – gegebenenfalls auch
ohne Zustimmung der Amerikaner – über den Rhein vorzustoßen
und Südwestdeutschland mit Karlsruhe, Stuttgart sowie Freiburg
durch eine eigene Offensive zu erobern.
  Die am Oberrhein stehende 19. deutsche Armee (Armeeoberkommando 19) unter General Erich Brandenberger hatte seit ihrem
Rückzug aus dem Elsaß mehrere kampfkräftige Divisionen an die
angeschlagene 1. deutsche Armee, deren Frontabschnitt sich
nördlich anschloß, abgeben müssen. Da die deutsche Führung dennoch damit rechnete, daß die Franzosen »aus Prestigegründen«
einen Vorstoß über den Rhein unternehmen könnten, wurde die
19. Armee durch Volkssturm-Bataillone aus dem Gau Baden aufge-
füllt. Ende Februar 1945 genehmigte Hitler auf Antrag des Oberbe-

fehlshabers West, Generalfeldmarschall Gerd von Rundstedt, die schwache Abwehrfront im Südwesten durch das Einschieben zusätzlicher – noch nicht voll ausgebildeter und ausgerüsteter – badischer Volkssturmverbände »in möglichst großem Umfange« zu verstärken. Die 19. Armee bestand dadurch ab März fast nur noch aus Ersatzeinheiten und Volkssturm-Bataillonen. Bezeichnend für den Mangel an regulären Heeresverbänden war die Zusammensetzung des im südbadischen Raum eingesetzten XVIII. SS-Armeekorps, dessen drei Divisions-Kampfgruppen aus ukrainischen Ostfreiwilligen, Zollgrenzschutzpolizisten, zum Infanteriekampf befohlenen Luftwaffensoldaten und aus den Männern des Volkssturms bestanden. Ende März 1945 wies der Kommandierende General dieses SS-Armeekorps, SS-Obergruppenführer Georg Keppler, gegenüber dem Armeeoberkommando 19 darauf hin, daß der 120 km lange Korps-Abschnitt nur mit 10 Volkssturm-Bataillonen, 3 Zollgrenzschutz-Abteilungen, 2 Sicherungs-Bataillonen, 1 Polizei-Bataillon und lediglich 1 regulären Grenadier-Bataillon verteidigt werden müsse. Der General der Waffen-SS meldete ferner: »Das Durchschnittsalter von 45 bis 50 Jahre setzt die Leistungsfähigkeit stark herab, der Ausbildungsstand ist durchweg noch unzureichend, die Ausstattung mit Waffen und Gerät dürftig und uneinheitlich, der Kampfwert insgesamt mithin gering« (Bundesarchiv-Militärarchiv Freiburg, Akten des Armeeoberkommandos 19).

Auftretenden Haltungsmängeln, die Zweifel an der Kampfbereitschaft der Volkssturmsoldaten erlaubten, versuchte man durch verschärfte Strafandrohungen und zahlreiche Durchhaltebefehle entgegenzuwirken. Mehrere Befehle wiesen im Februar und März 1945 darauf hin, daß Soldaten, »die abseits eines Truppenteils auf Straßen, in Ortschaften, bei Trossen angetroffen werden und angeben, versprengt zu sein, standrechtlich zu erschießen« seien. Aus Berlin schickten Hitler, Himmler und Bormann immer wieder neue Durchhaltebefehle. Der Westwall müsse unbedingt gehalten werden. Auch der badische Reichsstatthalter und Gauleiter Robert Wagner ließ keine Gelegenheit aus, zum »äußersten und härtesten« Widerstand aufzurufen; er verlangte den »Endkampf« bis zum »letzten Atemzug«. Um diesen Durchhalteparolen Nachdruck zu verleihen, wurden auch im Bereich der 19. Armee seit Mitte März sogenannte Standgerichte in den Armeekorps und Divisionen eingerichtet,

Der alliierte Vorstoß in Südwest- und Süddeutschland bis 8. Mai 1945.

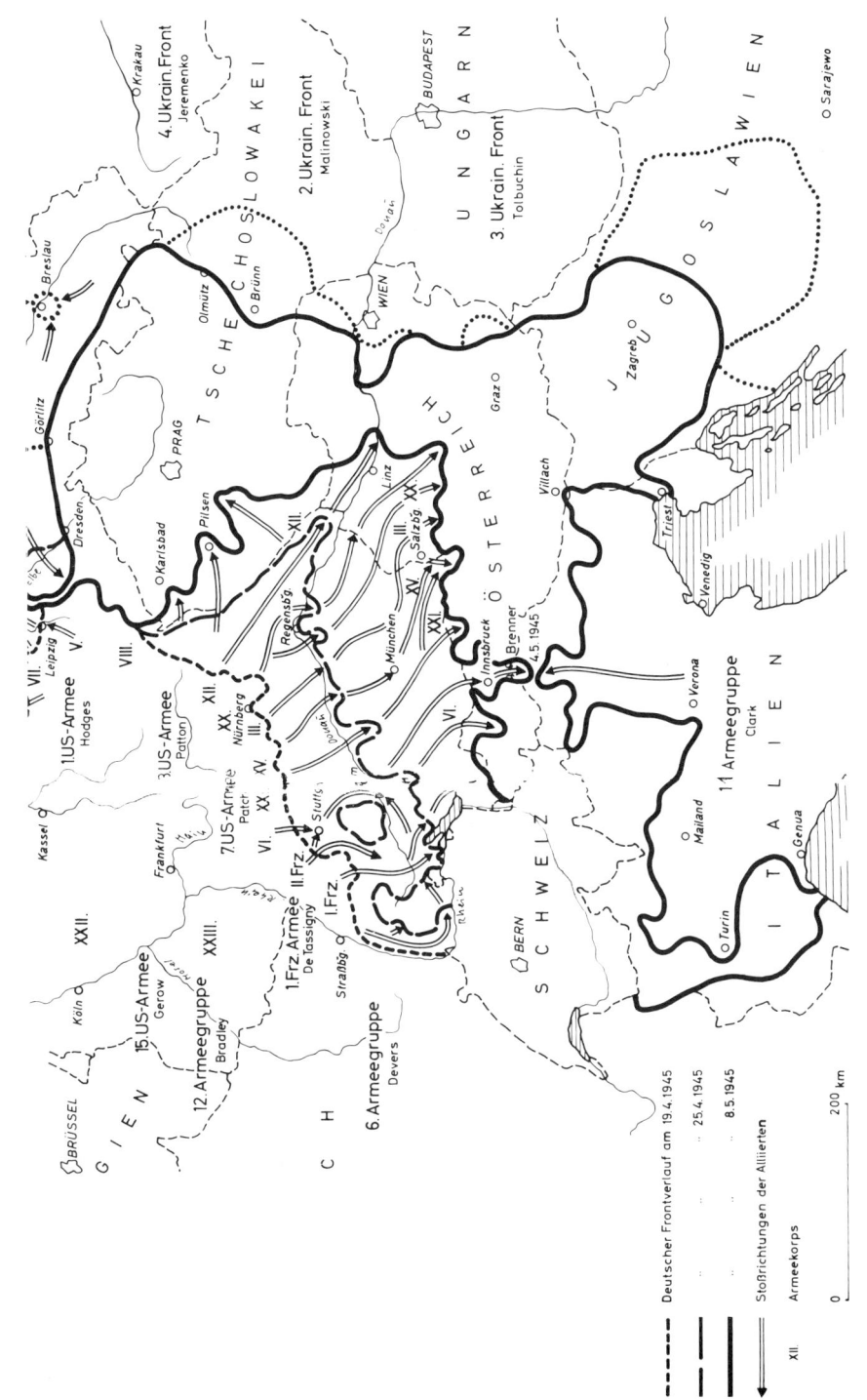

deren Todesurteile zur Abschreckung sofort öffentlich vollstreckt wurden. Doch die wiederholten Durchhalteparolen und »Endsieg«-Aufrufe der Nazi-Führer fielen bei den Volkssturmsoldaten auf keinen fruchtbaren Boden.

General Brandenberger bestätigte rückblickend, daß von dem Volkssturmaufgebot für seine Armee »in diesem Stadium des Krieges nichts mehr zu erhoffen war. Diese Einheiten beseelte nicht mehr vaterländische Begeisterung wie zur Zeit der Befreiungskriege, in der ein gleicher Appell an den letzten Mann erfolgt war; 1945 wollte keiner mehr Leben und Gut verlieren«. Zudem war es von der NS-Führung, aber auch von der militärischen Führung, unverantwortlich, die ausgezehrten Divisionen, völlig unzureichend bewaffnet, den überlegenen Kräften der Alliierten immer wieder entgegenzustellen und sie dabei den feindlichen Jagdbomberangriffen fast völlig ungeschützt auszusetzen.

Da die Führung der 19. Armee im Februar/März 1945 mit einem baldigen Vorstoß der Franzosen über den Rhein rechnete, wurden deshalb besondere »Verteidigungsbereiche« im Raum Kaiserstuhl, Isteiner Klotz, Straßburg–Kehl und gegenüber der Schweiz bei Konstanz eingerichtet, um – ergänzt durch »feste Ortsstützpunkte« wie Offenburg, Freiburg, Lahr, Lörrach, Donaueschingen, Villingen, Schwenningen, Furtwangen, Rottweil und Neustadt – eine möglichst geschlossene, wenn auch nicht voll ausgebaute Festungslinie am Oberrhein als »Schwarzwaldrand-Stellung« und dahinter im Schwarzwald als »Schwarzwaldkamm-Stellung« zu bilden. Die der 19. Armee unterstellten drei Armeekorps (LXXX., LXIV. Armeekorps und XVIII. SS-Armeekorps) konnten jedoch diese Festungslinien personell nicht mehr voll besetzen. Bis April 1945 kam kein durchlaufender Ausbau beider Abwehrlinien zustande. Mit dem Ausbau der Schwarzwaldkamm-Stellung konnte sogar erst im März begonnen werden; er kam schließlich nicht über das Anlegen von Baumsperren hinaus.

Nachdem mehrere Verbände der 1. deutschen Armee (General der Infanterie Hermann Foertsch) im Raum Saargebiet/Pfalz durch Angriffe der 7. US-Armee, der 1. französischen Armee und der 3. US-Armee vernichtet worden waren oder sich ergeben mußten, überschritt die 3. US-Armee (Generalleutnant Patton) am 22./23. März bei Oppenheim/Mainz den Rhein und konnte im Abschnitt der

1. deutschen Armee einen rechtsrheinischen Brückenkopf behaupten, den sie rasch in östlicher Richtung bis nach Darmstadt ausdehnte. Am 29. März fiel Mannheim in die Hand der Amerikaner. Rasch gelang es den US-Verbänden, von dort nach Heidelberg, das am 30. März kampflos besetzt wurde, und zum Neckar vorzustoßen. Der linke Flügel der 6. alliierten Armeegruppe stieß unter Anspannung aller motorisierten Kräfte der 7. US-Armee (Generalleutnant Patch) rasch in östlicher und südostwärtiger Richtung nach Bayern vor. Von dort aus sollten die US-Truppen in die vermutete Alpenfestung vordringen, um einen Rückzug deutscher Führungsstellen in dieses Reduit zu vereiteln. Zwischen der 1. und 7. deutschen Armee ging die Verbindung verloren, als den Amerikanern der Durchbruch zum unteren Main gelang und sie nach Aschaffenburg–Würzburg vordringen konnten.

Da General de Gaulle seine Kommandeure bedrängte, ebenfalls über den Rhein zu setzen, entschloß sich General de Lattre, am 31. März 1945 bei Speyer/Germersheim mit dem II. französischen Korps überzusetzen, um die Oberrhein- und Schwarzwaldrand-Stellung von Nordwesten aus zu umgehen. Als das französische Korps mit der 2. marokkanischen und 3. algerischen Division ebenso wie die 9. Kolonial-Infanteriedivision und 5. Panzerdivision am 2. April 1945 im Abschnitt Germersheim/Leimersheim den Fluß erfolgreich überschreiten konnte, wurde die Lage der 19. Armee am Oberrhein prekär, da die Gefahr bestand, daß die Armee eingekesselt werden konnte.

Aus eigener Kraft stellte die 19. Armee deshalb nach dem 1. April, als die Spitzen des Feindes bereits Bruchsal erreicht hatten, mit dem LXIV. Armeekorps eine neue Nordfront entlang der Enz auf; eine erfolgreiche Abwehr in der Enz-Stellung gelang jedoch nicht. Obwohl der Nordfront wiederholt Kräfte von der südwestlichen Rheinfront zugeführt wurden, war es nicht möglich, den vorrückenden Franzosen und Amerikanern längeren Widerstand in einzelnen Stellungen der Schwarzwaldtäler entgegenzusetzen.

Bereits am 2./3. April wurde Bruchsal und am 4. April Karlsruhe »ohne nennenswerten Widerstand« aufgegeben. Ein von dem Oberbefehlshaber der Heeresgruppe »G«, General der Infanterie Friedrich Schulz, angeordnetes Standgerichtsverfahren gegen den angeblich für den »außerordentlich schnellen Verlust« der Stadt verantwortlichen Kampfkommandanten von Karlsruhe, Oberstleutnant Marbach, brachte den Nachweis, daß die Stadt weder zur Festung oder zum »festen Ortsstützpunkt« erklärt noch entsprechend ausgebaut und verteidigt worden war. Dem Kampfkommandanten konnten wegen der Aufgabe von Karlsruhe und des Rückzuges der ihm unterstellten 250 Mann keine Vorwürfe gemacht werden, da eigentlich eine kampfstarke Division zur Verteidigung der badischen Landeshauptstadt nötig gewesen wäre.

Der Vorstoß der Franzosen von Karlsruhe nach Süden in das Oberrheingebiet machte die nach Westen in Anlehnung an den alten Westwall ausgerichteten Riegelstellungen für die weitere Verteidigung wertlos; sie konnten vielmehr leicht von der Nordflanke aus aufgerollt werden. Am 9./10. April 1945 fiel Herrenalb in die Hand des Feindes, am 11./12. April 1945 Rastatt und am 13. April wurde Baden-Baden kampflos von den Franzosen besetzt. Vom 8. bis 15. April konnten die Franzosen vor Pforzheim aufgehalten werden, schließlich gelang ihnen aber doch der Durchbruch südlich der Stadt in Richtung Freudenstadt. Heilbronn fiel am 13. April 1945. Ein Vorschlag des Armeeoberkommandos 19, die Oberrheinfront bis zum Kaiserstuhl auf die Schwarzwaldrand-Stellung zurückzunehmen, wurde vom neuen Oberbefehlshaber West, Generalfeldmarschall Albert Kesselring, bei dessen Besuch im Armeegefechtsstand in Jungingen am 11. April abgelehnt. Kesselring verlangte vielmehr, auch die Stellungen am Oberrhein »bis zum letzten Mann« zu verteidigen. Da die Armee über keine Reserven mehr verfügte, konnte sie dem ab Mitte April erneut einsetzenden alliierten Angriff aus dem Raum Heilbronn nach Südosten keine nennenswerten Kräfte entgegenstellen und mußte statt dessen ständig hinhaltend kämpfend nach Süden ausweichen.

Mitte April setzte auch das I. französische Armeekorps bei Straßburg/Kehl über den Rhein und ging in Richtung Offenburg und Freudenstadt vor, das am 18. April 1945 nach schwerer Artillerie-Beschießung erobert wurde. Von Norden kommend erreichte die 9. französische Kolonial-Infanteriedivision am 15. April 1945 Offenburg und Lahr, das am 18. April 1945 eingenommen werden konnte.

Der Mangel an personellen Reserven, Verbindungsmitteln, Panzerabwehrwaffen, Munition und Kraftfahrzeugen machte der 19. Armee eine erfolgreiche Abwehr der Feindangriffe unmöglich.

Generalfeldmarschall Albert Kesselring. US-General Jacob L. Devers.

Einmarsch der Franzosen in Stuttgart.

Ab 19. April begann dann auch eine rückläufige Bewegung der gesamten Nordfront der Armee. Die französischen und amerikanischen Panzerverbände drückten mit Übermacht nach Süden; am 19. April 1945 konnten sie Tübingen, am 20. April 1945 Reutlingen erobern. Trotz der offensichtlichen Einkesselungsgefahr widersetzte sich Kesselring auch in den nächsten Tagen dem Wunsch der 19. Armee, das XVIII. SS-Armeekorps, das immer noch entlang der Oberrheinfront bis Basel stand, rechtzeitig nach Osten auf die Schwäbische-Alb-Linie zurückzunehmen. Kesselring wartete vielmehr auf die Genehmigung Hitlers.

Als die Franzosen am 20. April bis nach Grötzingen südlich der Autobahn Esslingen–Stuttgart vordrangen und US-Panzerkräfte nach Göppingen vorstießen, wurde die Front der 19. Armee völlig aufgerissen. Rasch gelangten die Alliierten nach Haigerloch und Villingen. Die Armee wies dann »aus eigenem Entschluß« das XVIII. SS-Armeekorps am 20. April an, den Durchbruch zum Bodensee in Richtung Stockach vorzubereiten, zumal auch die »Alb-Stellung« nicht gehalten werden konnte.

Noch während das SS-Armeekorps sich allmählich von der Rheinfront zurückzog, wurden Emmendingen und Freiburg von der 9. Kolonial-Infanteriedivision eingenommen. Die Franzosen marschierten am 21. April von Norden kommend in die Breisgaumetropole ein; am nächsten Tag drang aus Westen eine weitere Kampfgruppe von Breisach aus über den Tuniberg in die Stadt vor. Der Freiburger Kampfkommandant, Generalmajor Bader, hatte eine Verteidigung der Stadt unterlassen und den Franzosen durch Abzug der deutschen Truppen den Einmarsch ohne größere Kampfhandlungen ermöglicht.

Als die Franzosen am 21./22. April 1945 Stockach erreichten, war das XVIII. SS-Armeekorps im Südschwarzwald abgeschnitten. Jetzt endlich erklärte Generalfeldmarschall Kesselring sein Einverständnis, das Korps vom Oberrhein zurückzunehmen. Gleichzeitig untersagte er aber ein Ausweichen der gesamten Armee hinter die Donau, obwohl Feindtruppen bereits bei Sigmaringen und bei Saulgau/Buchau südlich der Donau standen sowie Stuttgart am 22. April und Ulm am 24. April 1945 von den Alliierten besetzt wurden. Stuttgart mußte später von den Franzosen wieder geräumt und der US-Armee als Besatzungsmacht überlassen werden.

Dem raschen Vorstoß der Franzosen nach Lörrach, das am 24. April 1945 kampflos in französische Hand fiel, und zum Hochrheingebiet zwischen Basel und Bodensee konnte das unter dem Kommando der 19. Armee stehende sogenannte Armeeoberkommando 24 unter General Hans Schmidt keine vollwertigen Kampftruppen entgegensetzen. Das Armeeoberkommando 24 war im Oktober 1944 als »Erkundungsstab Donaueschingen« in Engen/Hegau aufgestellt worden und sollte den Ausbau einer Abwehrstellung entlang der Schweizer Grenze erkunden, um einen möglichen Angriff der Alliierten in Zusammenarbeit mit der Schweiz von Süden über den Rhein abfangen zu können. Im April 1945 verfügte das Armeeoberkommando 24 nur über knapp 6 Zollgrenzschutz-Bataillone zu je 300 bis 400 Mann; diese Verbände entsprachen in keiner Weise der regulären Kampfstärke einer Armee.

Nach der Einnahme Lörrachs versammelten sich die Einheiten des Armeeoberkommandos 24 im Raum Bodman−Radolfzell−Konstanz, um sowohl das XVIII. SS-Armeekorps bei dessen Durchbruchsversuch nach Osten zu unterstützen als auch den eigenen Abtransport über den Bodensee vorzubereiten. Das SS-Armeekorps war inzwischen völlig abgeschnitten worden und befand sich – wie es das Armeeoberkommando 19 vorausgesehen hatte – aufgrund seiner Unbeweglichkeit gegenüber den motorisierten und gepanzerten Feindverbänden in aussichtsloser Lage. Der nach Osten unternommene Ausbruchsversuch konnte von dem Korps nicht mehr geschlossen durchgeführt werden und scheiterte; das SS-Armeekorps stellte daraufhin den Kampf ein und löste sich am 26. April 1945 im Südschwarzwald auf. Viele Einheiten wurden von den Franzosen gefangengenommen; nur wenigen Kampftrupps gelang es, sich in Richtung Allgäu durchzuschlagen. Das Armeeoberkommando 24 setzte sich danach mit etwa noch zwei verbliebenen Bataillonen von Konstanz-Staad über den Bodensee nach Bregenz ab. Es konnte dort wieder den Anschluß an die übrigen Verbände der 19. Armee finden, die bis zum 27. April nach ihrem an der Nordfront erlittenen Desaster auf den Alpennordrand zurückgeworfen wurden.

Für die Stadt Konstanz hatte sich Oberbürgermeister Leopold Mager im September 1944 und erneut im Februar 1945 sowohl an deutsche als auch internationale und Rotkreuz-Stellen gewandt, um die Stadt offiziell als Austausch- und Lazarettstadt für den gegenseitigen Austausch von Verwundeten, Kriegsgefangenen und Zivilinternierten anerkennen zu lassen. Sowohl General Schmidt als auch Gauleiter Wagner, der sich mit seinem Befehlsstand nach Dettingen zurückgezogen hatte, lehnten es nunmehr jedoch ab, Konstanz zur »offenen Stadt« zu erklären. Sie wollten die Stadt vielmehr in die Kampflinie einbeziehen. Nach dem Abzug des Armeeoberkommandos 24 gelang es dann doch durch Verhandlungen mit Schweizer Stellen, die verbliebenen Soldaten unter dem Kommando des Konstanzer Kampfkommandanten über die Grenze zu führen und in der Schweiz zu internieren, so daß die Stadt am 26. April 1945 kampflos an die vorrückenden Franzosen übergeben werden konnte. Tags darauf wurde die Insel Mainau und am 29. April Meersburg und Friedrichshafen besetzt. Lindau wurde am 30. April 1945 kampflos übergeben.

Nach der Eroberung Stuttgarts und Ulms verlegte General Eisenhower den Schwerpunkt seiner Offensive in Süddeutschland auf den linken Flügel und griff mit der 3. und 7. US-Armee entlang der Donau in Richtung Linz an. Nach erbittertem Kampf drangen die Amerikaner am 20. April in Nürnberg, der »Stadt der Reichsparteitage der NSDAP«, ein. Mit raschem und breitgefächertem Stoß setzten sie die Offensive nach Süden in Richtung München, Regensburg und Passau fort. Freising wurde am 29. April kampflos den US-Truppen übergeben; München, die »Hauptstadt der nationalsozialistischen Bewegung«, fiel am 30. April in die Hand der Alliierten.

Auch die Reste der 19. deutschen Armee waren ab Ende April weiter in Richtung Inntal und Tirol bis zum Reschenpaß zurückgegangen. Der Gefechtsstand des Oberbefehlshabers der 19. Armee befand sich zuletzt in Pfunds, von wo aus am 5. Mai 1945 die Kapitulationsverhandlungen mit dem Oberbefehlshaber der 6. alliierten Armeegruppe, General Devers, aufgenommen und für alle Einheiten der beiden Armeeoberkommandos 19 und 24 abgeschlossen wurden. Die US-Verbände hatten am 3. Mai Innsbruck erreicht. Bereits tags zuvor hatte der Oberbefehlshaber der Heeresgruppe »G«, General Schulz, den Oberbefehlshaber Süd, Generalfeldmarschall Kesselring, dringend gebeten, nunmehr den sinnlosen Kampf einstellen zu lassen, da Kesselring wiederholt zum weiteren Kampf aufgerufen hatte. Am 6. Mai 1945 stellte schließlich auch die Heeresgruppe »G« mit Zustimmung Kesselrings für die noch verbliebenen restlichen Truppen den Kampf in Süddeutschland ein.

Bis zum Kapitulationstag hatten sich der 6. alliierten Armeegruppe insgesamt ca. 264 000 deutsche Soldaten als Kriegsgefangene ergeben. Badens Gauleiter, Robert Wagner, wollte nicht den Weg in die Gefangenschaft gehen. Er, der bis in die letzten Tage Durchhaltebefehle herausgegeben und dabei proklamiert hatte, er erwarte von »jedem Einzelnen, daß er den heiligen deutschen Boden bis zum letzten Mann, bis zur letzten Frau und bis zum letzten Kind verteidigt«, versuchte Ende April, sich mit einem Ruderboot über den Bodensee in die Schweiz abzusetzen. Er wurde jedoch von den Schweizer Grenzstellen den Alliierten übergeben und später in Frankreich zum Tode verurteilt.

ZITIERTE UND VERWENDETE LITERATUR

Blumenstock, Friedrich: Der Einmarsch der Amerikaner und Franzosen im nördlichen Württemberg im April 1945. Stuttgart 1957

Böddeker, Günter: Der Untergang des Dritten Reiches. Mit den Berichten des Oberkommandos der Wehrmacht vom 6. Januar – 9. Mai 1945 und einer Bilddokumentation. München 1985

Cordes, Günter: Die militärische Besetzung von Baden-Württemberg 1945. In: Historischer Atlas von Baden-Württemberg. Erläuterungen: Beiwort zur Karte VII, 10. o. O., o. J.

Eisenhower, Dwight D.: Von der Invasion zum Sieg. General Eisenhowers eigener Kriegsbericht. Bern 1947

Haupt, Werner: Das Ende im Westen 1945. Bildchronik vom Kampf in Westdeutschland. Dorheim 1972

Kesselring, Albert: Soldat bis zum letzten Tag. Bonn 1953

Krautkrämer, Elmar: Das Kriegsende in Südwestdeutschland. In: Der Oberrhein in Geschichte und Gegenwart. Hrsg. v. d. Pädagogischen Hochschule Freiburg. Freiburg 1986

Kriegstagebuch des Oberkommandos der Wehrmacht (Wehrmachtführungsstab) 1940–1945. Band IV: 1. Januar 1944 – 22. Mai 1945. Eingeleitet u. erläutert von Percy Ernst Schramm. 2. Halbbd. IV/8 mit Nachträgen. München-Herrsching 1982

Landesgeschichte und Zeitgeschichte: Kriegsende 1945 und demokratischer Neubeginn am Oberrhein. Hrsg. v. Hansmartin Schwarzmaier (= Oberrheinische Studien, Bd. 5). Karlsruhe 1980

Lattre de Tassigny, Jean de: Histoire de la Première Armée Française »Rhin et Danube«. Paris 1949

Moser, Arnulf: Die Grenze im Krieg. Austauschaktionen für Kriegsgefangene und Internierte am Bodensee 1944/45. Konstanz 1985

Müller, Rolf-Dieter / Ueberschär, Gerd R. / Wette, Wolfram: Wer zurückweicht wird erschossen! Kriegsalltag und Kriegsende in Südwestdeutschland 1944/45. Freiburg 1985

Patton, George S.: Krieg, wie ich ihn erlebte. Bern 1950

Riedel, Hermann: Halt! Schweizer Grenze! Das Ende des Zweiten Weltkrieges im Südschwarzwald und am Hochrhein in dokumentarischen Berichten deutscher, französischer und Schweizer Beteiligter und Betroffener. Konstanz 1983, 2. Aufl. 1984

Schnabel, Thomas / Ueberschär, Gerd R.: Endlich Frieden! Das Kriegsende in Freiburg 1945. Freiburg 1985

Der deutsche Südwesten zur Stunde Null. Zusammenbruch und Neuanfang im Jahr 1945 in Dokumenten und Bildern. Hrsg. v. Generallandesarchiv Karlsruhe. Bearbeitet von Hansmartin Schwarzmaier u. a. Karlsruhe 1975

Die letzten hundert Tage. Das Ende des Zweiten Weltkrieges in Europa und Asien. Hrsg. v. Hans Dollinger. Wissenschaftl. Beratung: Hans-A. Jacobsen. München 1965

Thies, Jochen / Daak, Kurt von: Südwestdeutschland Stunde Null. Die Geschichte der französischen Besatzungszone 1945–1948. Ein Bild/Text-Band. Düsseldorf 1979

Tippelskirch, Kurt von: Geschichte des Zweiten Weltkrieges. Bonn 1951, 3. Aufl. 1959

GERD R. UEBERSCHÄR

Hitlers Tod in Berlin

Nach dem Durchbruch der Roten Armee bis zur Oder erwartete das Oberkommando der Wehrmacht für Mitte April 1945 den Angriff der sowjetischen Streitkräfte auf Berlin. Für den 16. April gab Hitler seinen letzten »Tagesbefehl an die Kämpfer der Ostfront« heraus. Er appellierte an ihre Standhaftigkeit, ihren Fanatismus und ihr Gemeinschaftsgefühl. Das »ganze deutsche Volk« blicke auf die »Ostkämpfer« und hoffe darauf, »daß der bolschewistische Ansturm in einem Blutbad ersticke«. Der »jüdisch-bolschewistische Todfeind« sei »zum letzten Male« zum Angriff angetreten, um das deutsche Volk »auszurotten«. Er habe diesen »Ansturm Asiens« vorausgesehen, und seit dem Januar dieses Jahres sei »alles geschehen, um eine starke Front aufzubauen. Eine gewaltige Artillerie empfängt den Feind. Die Ausfälle unserer Infanterie sind durch zahllose neue Einheiten ergänzt. Alarm-Einheiten, Neuaufstellungen und Volkssturm verstärken unsere Front«, verkündete Hitler den Soldaten und der Berliner Bevölkerung, da der Aufruf auch in allen noch erscheinenden Zeitungen des Reiches publiziert wurde.

Diese Proklamation war jedoch das Resultat einer Scheinwelt im »Führerhauptquartier«, die mit der Wirklichkeit der letzten militärischen Kämpfe nichts mehr zu tun hatte. Andere wiederum machten sich nichts mehr vor; in Adjutantenkreisen des »Führers« ging der Spruch um: »Berlin ist als Hauptquartier sehr praktisch: Man kann dort bald mit der S-Bahn von der Ostfront zur Westfront fahren.« Hitler redete sich dagegen ein, die neu aufgestellten und eilig zusammengerafften Verbände könnten die Masse der modern ausgerüsteten und bewaffneten sowjetischen Truppen aufhalten.

Während der »Endkampf« um Berlin begann, standen noch immer kampferprobte deutsche Divisionen an entlegenen Frontabschnitten in Kurland, Jugoslawien, Norwegen, Italien und Holland, deren rechtzeitiger Rückzug von Hitler nicht genehmigt worden war.

Hitlers letzter Tagesbefehl an die Soldaten der Ostfront zum 16. April 1945

Soldaten der deutschen Ostfront!

Zum letzten Male ist der jüdisch-bolschewistische Todfeind mit seinen Massen zum Angriff angetreten. Er versucht, Deutschland zu zertrümmern und unser Volk auszurotten. Ihr Soldaten aus dem Osten wißt zu einem hohen Teil heute bereits selbst, welches Schicksal vor allem den deutschen Frauen und Kindern droht. Während die Alten, Männer und Kinder ermordet werden, werden Frauen und Mädchen zu Kasernenhuren erniedrigt. Der Rest marschiert nach Sibirien.

Wir haben diesen Stoß vorhergesehen, und es ist seit dem Januar dieses Jahres alles geschehen, um eine starke Front aufzubauen. Eine gewaltige Artillerie empfängt den Feind. Die Ausfälle unserer Infanterie sind durch zahllose neue Einheiten ergänzt. Alarmeinheiten, Neuaufstellungen und Volkssturm verstärken unsere Front. Der Bolschewist wird dieses Mal das alte Schicksal Asiens erleben, das heißt, er muß und wird vor der Hauptstadt des Deutschen Reiches verbluten.

Wer in diesem Augenblick seine Pflicht nicht erfüllt, handelt als Verräter an unserem Volk. Das Regiment oder die Division, die ihren Platz verlassen, benehmen sich so schimpflich, daß sie sich vor den Frauen und Kindern, die in unseren Städten dem Bombenterror standhalten, werden schämen müssen.

Achtet vor allem auf die verräterischen wenigen Offiziere und Soldaten, die – um ihr eigenes erbärmliches Leben zu sichern – im russischem Solde, vielleicht sogar in deutscher Uniform, gegen uns kämpfen werden. Wer Euch Befehle zum Rückzug gibt, ohne daß Ihr ihn genau kennt, ist sofort festzunehmen und nötigenfalls augenblicklich umzulegen – ganz gleich, welchen Rang er besitzt.

Wenn in diesen kommenden Tagen und Wochen jeder Soldat an der Ostfront seine Pflicht erfüllt, wird der letzte Ansturm Asiens zerbrechen, genauso wie am Ende auch der Einbruch unserer Gegner im Westen trotz allem scheitern wird.

Berlin bleibt deutsch, Wien wird wieder deutsch, und Europa wird niemals russisch.

Bildet eine verschworene Gemeinschaft zur Verteidigung nicht des leeren Begriffes eines Vaterlandes, sondern zur Verteidigung Eurer Heimat, Eurer Frauen, Eurer Kinder und damit unserer Zukunft!

154

In diesen Stunden blickt das ganze deutsche Volk auf Euch, meine Ostkämpfer, und hofft nur darauf, daß durch Eure Standhaftigkeit, Euren Fanatismus, durch Eure Waffen und unter Eurer Führung der bolschewistische Ansturm in einem Blutbade erstickt.

In dem Augenblick, in dem das Schicksal den größten Kriegsverbrecher aller Zeiten von dieser Erde weggenommen hat, wird sich die Wende dieses Krieges entscheiden. gez. Adolf Hitler

Quelle: Kriegstagebuch des Oberkommandos der Wehrmacht, Bd. IV/8, S. 1589 f.

In den Morgenstunden des 16. April 1945 begann nach schwerer Artilleriebeschießung und mit umfangreicher Luftunterstützung der Großangriff der Roten Armee aus den Oder-Brückenköpfen bei Küstrin in Richtung Berlin. Den Hauptstoß führte die 1. Belorussische Front unter Marschall Schukow; im Süden überschritten die 1. Ukrainische Front unter Marschall Konjew und im Norden die 2. Belorussische Front unter Marschall Rokossowski ebenfalls die Oder. Nach zwei Tagen brach die deutsche Abwehrfront der Heeresgruppe »Weichsel« unter Generaloberst Gotthard Heinrici unter den wuchtigen Schlägen der Sowjetarmee auseinander. Zur Schließung der Feindeinbrüche verfügte das Oberkommando der Heeresgruppe über keine Reserven mehr, so daß Schukow mit starken Panzerverbänden nach Westen vordringen und sehr rasch die deutschen Verteidigungsstellungen im östlichen Vorfeld Berlins durchbrechen konnte.

Als Hitler am 20. April seinen 56. Geburtstag feierte, dabei erneut vom »Endsieg« sprach und im Garten der Reichskanzlei Angehörige der Hitlerjugend mit dem Eisernen Kreuz auszeichnete, traf die Bewohner Berlins ein schweres Luftbombardement der Anglo-Amerikaner. Zur gleichen Zeit standen die Panzerspitzen der 1. Ukrainischen Front bereits 20 km südlich der Stadt vor Zossen, wo bislang das Oberkommando des Heeres untergebracht war. Von den Bombardierungen aus der Luft und durch die sowjetische Artillerie spürte Hitler wenig. Er befand sich etwa 16 Meter unter der Erde hinter meterdicken Betondecken und -wänden im sogenannten »Führerbunker«.

155

Eine der letzten Aufnahmen Hitlers: Beim Abschreiten einer Formation von Angehörigen der Hitler-Jugend.

Wie die Jahre zuvor wandte sich Reichspropagandaminister Goebbels am Vorabend von Hitlers Geburtstag über den Rundfunk an die »Volksgenossen«. Er sprach von der »letzten Prüfung« und »schwersten Probe«, die bevorständen und »voller Hoffnung und in einer tiefen unerschütterlichen Gläubigkeit« nun mit Hitler bestanden würden. Den »Führer« bezeichnete er als den »größten Staatsmann« seiner Zeit. Zugleich gab er zu, daß sich der Krieg seinem Ende zuneigte; »der Wahnsinn«, den »die Feindmächte über die Menschheit gebracht« hätten, habe »seinen Höhepunkt bereits überschritten«. Unverfroren behauptete er jedoch, nicht Deutschland, sondern der Gegner würde letztlich »zerschmettert« werden. Es gelte deshalb nach wie vor die Parole: »Führer befiehl, wir folgen!«

Ähnliche Beschwörungsformeln richtete Goebbels, der sich nunmehr als Gauleiter von Berlin verstärkt um die Verteidigung der

Stadt kümmern wollte, in den nächsten Tagen auch an die Berliner Bevölkerung. Er rief sie zum Kampf »mit letzter Verbissenheit« auf. Die Stadt werde »bis zum letzten verteidigt«. »An allen Punkten« sei »härtester und fanatischster Widerstand« zu leisten, so proklamierte er in einem Extrablatt als Reichsverteidigungskommissar von Berlin. An den Mauern Berlins werde und müsse »der Mongolensturm gebrochen werden«. Nach seiner Ansicht sollte die Schlacht um Berlin zum »Fanal« für den »entschlossensten Kampf der ganzen deutschen Nation« werden.

Goebbels war es dann auch, der Hitler in seinem Entschluß bestärkte, in Berlin zu bleiben. Nach Abschluß der makabren Geburtstagsfeierlichkeiten im Bunker bekundete der »Führer«, die Leitung der Verteidigung Berlins selbst zu übernehmen. Gleichzeitig gestattete er den anderen Nazi-Größen und Getreuen, sich nach Nord- und Süddeutschland abzusetzen. Großadmiral Karl Dönitz, der Oberbefehlshaber der Kriegsmarine, ging nach Plön, Reichsführer SS Heinrich Himmler fuhr nach Hohenlychen in Norddeutschland, und »Reichsmarschall« Hermann Göring setzte sich nach Berchtesgaden ab. Auch Reichsminister Speer flog aus Berlin aus. Das Oberkommando der Luftwaffe löste sich auf; Luftstreitkräfte, die zu kommandieren waren, gab es sowieso fast keine mehr. Das Oberkommando des Heeres wurde kurz darauf mit dem Oberkommando der Wehrmacht zusammengelegt. General Krebs, der letzte Generalstabschef des Heeres, blieb gleichsam als Adjutant und Verbindungsoffizier bis zum Ende bei Hitler.

Als am 22. April die letzte größere Lagebesprechung tief unter der Erde im »Führerbunker« stattfand, mußte Hitler zur Kenntnis nehmen, daß seine Angriffsbefehle zur Verteidigung Berlins keine Erfolge mehr bringen konnten. Ihre Durchführung wurde von den Befehlshabern zum Teil nicht einmal mehr begonnen, weil sie mit den vorhandenen Restkräften nicht ausführbar und völlig irreal waren. Hitler, mittlerweile durch Drogen und Krankheit in schlechter körperlicher Verfassung, erlitt bei dieser Besprechung einen Zusammenbruch; mit zittrigen Gliedern, schleppendem Gang und nach vorn zusammengesunkener Körperhaltung gab er nun endlich den Krieg für verloren. Er teilte mit, er werde sich erschießen, schob jedoch die Schuld an der Niederlage »Verrätern« zu, die ihn stets umgeben hätten. Kapitulieren wollte er aber nicht. Berlin sollte

Die sowjetischen Operationen zur Einschließung Berlins

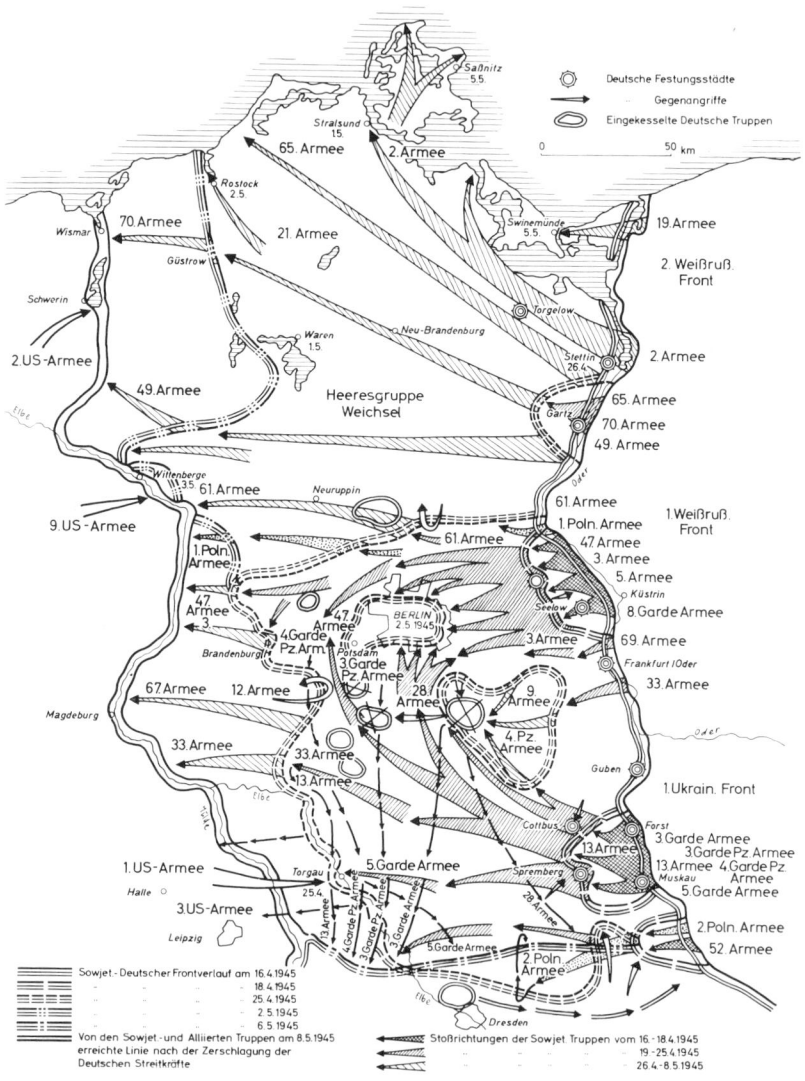

158

Ein Rotarmist
hißt die Flagge
der UdSSR auf
dem Reichstags-
gebäude.

Generaloberst
Bersarin, er-
ster sowjeti-
scher Stadt-
kommandant
von Berlin.

weiter verteidigt werden, die Millionenbevölkerung der Stadt sollte mit ihm untergehen.

Seine Umgebung redete ihm schließlich ein, es bestünde noch Hoffnung durch einen Entsatzangriff der im März neu aufgestellten 12. Armee unter General Walther Wenck aus westlicher Richtung und durch die »Armeegruppe Steiner« (III. SS-Panzerkorps unter SS-Obergruppenführer Felix Steiner) im Norden der Stadt. Beide Armeen bestanden jedoch in voller Kampfstärke nur auf dem Papier. Sie konnten weder die Einschließung der Reichshauptstadt verhindern noch besaßen sie die Kraft, einen Angriff auf die Einschließungstruppen Marschall Schukows und Marschall Konjews durchzuführen. Am 23. April ernannte Hitler den Kommandierenden General des LVI. Panzerkorps, General der Artillerie Helmuth Weidling, der sich mit seinen Resttruppen eigentlich nach Westen zurückziehen wollte, überraschend zum Kampfkommandanten und »Befehlshaber des Verteidigungsbereichs von Berlin«. Die danach in die Stadt zurückgenommenen Kampftruppen des Panzerkorps konnten die bereits an den Stadtrandsiedlungen verlaufende Frontlinie nochmals verstärken.

Am gleichen Tag geschah Ungeheuerliches – aber für den Zerfall der nationalsozialistischen Ordnung zugleich Symptomatisches: Göring sandte aus Berchtesgaden einen Funkspruch, in dem er mitteilte, er wolle sich gemäß der alten Stellvertreter-Regelung vom 29. Juni 1941 zum Nachfolger Hitlers proklamieren, da der »Führer« in Berlin nicht mehr frei handeln könne. Kurz darauf erfuhr Hitler aus einer in Berlin mitgehörten Meldung der Agentur Reuter, daß Himmler aus eigener Machtvollkommenheit über den schwedischen Grafen Bernadotte den Westmächten die Kapitulation der Westfront angeboten hatte. Hitler und die im Bunker gebliebenen Nazi-Führer tobten. Göring und Himmler wurden ihrer Ämter enthoben. Bormann sandte an Großadmiral Dönitz und die SS-Stelle am Obersalzberg Funksprüche, wonach beide festzunehmen waren und gegen sie mit den schärfsten Mitteln vorgegangen werden sollte. Himmlers Verbindungsmann bei Hitler, SS-Gruppenführer Fegelein, wurde im Hof der Reichskanzlei erschossen, weil er bereits in Zivil aufgegriffen worden war. In einer waghalsigen Aktion ließ Hitler Generaloberst Ritter von Greim nach Berlin kommen, um ihn noch zum Generalfeldmarschall und Oberbefehlshaber der Luftwaffe zu ernennen. Nachdem der Flugplatz Gatow am Wannsee von den Russen erobert worden war, gelang der bekannten Pilotin Hanna Reitsch am 29. April nur mit Mühe von der zur behelfsmäßigen Start- und Landebahn hergerichteten Ost-West-Achse der Rückflug mit Greim aus Berlin.

Nachdem sich die Verbände der 1. Belorussischen und 1. Ukrainischen Front am 25. April bei Ketzin nordwestlich von Potsdam vereinigt hatten, begann der eigentliche »Endkampf« um das eingeschlossene Berlin mit einem mehrstündigen Trommelfeuer durch die Artillerie der Roten Armee und durch ununterbrochene Jagdbomberangriffe auf die inneren Stadtviertel. In Berlin waren Alarm- und Volkssturmeinheiten sowie Reste des LVI. Panzerkorps und der Flakverbände zusammengezogen worden. Etwa 45 000 Soldaten aller Waffengattungen – darunter auch viele Freiwillige der Waffen-SS aus Frankreich, Holland, Norwegen, Belgien und Lettland – sowie 40 000 Angehörige des Volkssturms und 4000 Hitlerjungen versuchten, die an Zahl weit überlegenen sowjetischen Streitkräfte (ca. 2,5 Millionen Mann) aufzuhalten. In der Stadt waren noch ca. 40 bis 50 deutsche Panzer vorhanden; für eine regelrechte Verteidigung als »Festung« war Berlin jedoch nicht vorbereitet worden.

Durch schweres Artilleriefeuer, Einschläge der Panzerkanonen und Einsätze mit Mehrfachraketen- (»Stalinorgeln«) und Flammenwerfern der Roten Armee kam es zu großen Verlusten unter der Zivilbevölkerung. Die Berliner lebten seit Tagen in den Kellern und Ruinen unter erschwerten Bedingungen, da die Lebensmittel-, Strom-, Gas- und Wasserversorgung ausgefallen war. Am 27. April gab Hitler den folgenschweren Befehl, die Schleusen der Spree zu öffnen und die S-Bahn-Tunneldecke und Schottenkammern des Landwehrkanals zwischen Schöneberger und Möckern-Brücke zu sprengen, um die S- und U-Bahn-Schächte, in die die sowjetischen Soldaten immer wieder eindringen konnten, zu überfluten. Viele verwundete Soldaten und Zivilisten, die unter dem Anhalter und Potsdamer Bahnhof Schutz gesucht hatten, kamen dabei um.

Trotz hartnäckiger Straßenkämpfe – zum Teil kam es zu einem Kampf »von Dachstuhl zu Dachstuhl« – mußten die Verteidiger sich allmählich auf das Stadtzentrum zurückziehen, wo um den »Führerbunker« der engere Verteidigungsbereich »Zitadelle« unter dem Kommando des SS-Brigadeführers Mohnke gebildet worden war.

Ihm unterstanden im Bereich »Unter den Linden« sowohl die auf deutscher Seite kämpfenden Franzosen der 33. Waffen-Grenadier-Division der SS »Charlemagne« als auch die lettischen Freiwilligen der 15. Waffen-Grenadier-Division der SS, die bis zuletzt den Kampf um Berlin gemäß den NS-Parolen als »Krieg Europas gegen den Bolschewismus« ansahen.

Als letzte Zeitung des eingeschlossenen Berlin erschien »Der Panzerbär«, das »Kampfblatt für die Verteidiger von Groß-Berlin«. Darin veröffentlichten Goebbels und sein Staatssekretär und Stabsleiter Naumann ihre letzten verlogenen Durchhalte-Aufrufe. Sie spekulierten noch immer mit dem Entsatzversuch der »Armee Wenck« und ermahnten die Berliner, die Hoffnung auf den »Endsieg« nicht aufzugeben. In der letzten Ausgabe vom 28. April proklamierte Goebbels: »Unsere Aufgabe ist klar: Wir stehen und halten! Bei uns ist der Führer! Wo aber der Führer ist, ist der Sieg!« Doch an Sieg dürfte kaum noch jemand in Berlin gedacht haben, zumal am Tage zuvor vom Oberkommando der Roten Armee bereits der erste sowjetische Stadtkommandant, Generaloberst Bersarin, öffentlich bekannt gemacht worden war und zudem Potsdam und Spandau verlorengingen.

Fanatische Parteifunktionäre und junge SS-Führer zwangen jedoch die Bevölkerung und Soldaten durch fliegende Standgerichte und Exekutionskommandos weiterzukämpfen. Der furchtbare »Endkampf« um die Millionenstadt wurde dadurch unnötig verlängert. Hitler und Goebbels lehnten einen von General Weidling entworfenen Ausbruchplan ab. Hitler erklärte: »Wenn schon das Ende kommt, dann in der Reichskanzlei. Es gibt für mich keinen Kompromiß.« Diese Haltung entsprach seinen früheren Äußerungen, daß es für ihn im Falle einer Niederlage keine Überlebenschance gebe, wie etwa für die Politiker und den Kaiser nach dem Ersten Weltkrieg. Hitler hatte von Kriegsbeginn an die Möglichkeit des Überlebens nach einem verlorenen Krieg konsequent ausgeschlossen. Doch nun, tief unter der Erde im »Führerbunker«, blieb nichts mehr übrig von der von Goebbels immer wieder beschworenen »Götterdämmerung« oder vom »Heldentod des Führers«. »Nibelungentreue« und »Weltuntergangsstimmung« blieben beim erbärmlichen Ende der NS-Führer aus.

Angesichts des bevorstehenden Endes war Hitler schließlich auch

BEFEHL

des Chefs der Besatzung der Stadt Berlin

28. April 1945   Nr. 1.   Stadt BERLIN

Heute bin ich zum Chef der Besatzung und zum Stadtkommandanten von Berlin ernannt worden.

Die gesamte administrative und politische Macht geht laut Bevollmächtigung des Kommandos der Roten Armee in meine Hände über.

In jedem Stadtbezirk werden gemäß der früher existierenden administrativen Einteilung militärische Bezirks- und Revierkommandanturen eingesetzt.

Ich befehle:

1. Die Bevölkerung der Stadt hat volle Ordnung zu bewahren und an ihren Wohnsitzen zu verbleiben.

2. Die Nationalsozialistische Deutsche Arbeiterpartei und alle ihr unterstellten Organisationen (Hitlerjugend, N. S. Frauenschaft, N. S. Studentenbund usw.) sind aufzulösen. Ihre Tätigkeit wird hiermit verboten.

Das gesamte führende Personal aller Dienststellen der N. S. D. A. P., Gestapo, Gendarmerie, des Sicherheitsdienstes, der Gefängnisse und aller übrigen staatlichen Dienststellen hat sich binnen 48 Stunden nach Veröffentlichung dieses Befehls in den militärischen Bezirks- und Revierkommandanturen zwecks Registrierung zu melden.

Binnen 72 Stunden haben sich ebenfalls alle in der Stadt Berlin verbliebenen Angehörigen der deutschen Wehrmacht, der SS und der SA zwecks Registrierung zu melden.

Wer sich zu der festgesetzten Frist nicht meldet oder wer sich der Verbergung solcher Personen schuldig macht, wird gemäß den Gesetzen der Kriegszeit zu strenger Verantwortung gezogen.

3. Die Beamten und Angestellten der Bezirksdienststellen haben sich zu mir zwecks Bericht über den Zustand ihrer Dienststellen und Entgegennahme von Anweisungen über die weitere Tätigkeit dieser Dienststellen zu melden.

4. Alle kommunalen Betriebe wie Kraft- und Wasserwerke, Kanalisation, städtische Verkehrsmittel (Untergrund- und Hochbahn, Straßenbahn und Trolleybus);
alle Heilanstalten;
alle Lebensmittelgeschäfte und Bäckereien haben ihre Arbeit zur Versorgung der Bevölkerung wieder aufzunehmen.

Arbeiter und Angestellte der obengenannten Betriebe haben an ihren Arbeitsstätten zu bleiben und ihre Pflichten weiterzuerfüllen.

5. Angestellte der staatlichen Verpflegungslager sowie Privateigentümer von Lebensmittellagern haben binnen 24 Stunden nach Veröffentlichung dieses Befehls alle vorhandenen Lebensmittelvorräte bei den militärischen Bezirkskommandanten zwecks Registrierung zu melden. Es ist nur mit Erlaubnis der militärischen Bezirkskommandanten herauszugeben.

Bis Sonderanweisungen ergehen, erfolgt die Verabfolgung von Lebensmitteln in den Lebensmittelgeschäften gemäß den früher existierenden Normen und Lebensmittelkarten. Lebensmittel sind nicht mehr als für 5—7 Tage auszugeben. Für Ausgabe von Lebensmitteln auf Karten von Personen, die in der Stadt nicht mehr anwesend sind, werden die daran schuldigen dienstlichen Personen zu strenger Verantwortung herangezogen.

6. Inhaber von Bankhäusern und Bankdirektoren haben alle Finanzgeschäfte zeitweilig einzustellen. Alle Safes sind sofort zu versiegeln. Man hat sich bei den militärischen Kommandanturen sofort mit einem Bericht über den Zustand des Bankwesens zu melden.

Allen Bankbeamten ist kategorisch verboten, jegliche Werte zu entnehmen. Wer sich der Übertretung dieses Gebotes schuldig macht, wird nach den Gesetzen der Kriegszeit strengstens bestraft.

Neben den in Umlauf befindlichen Reichszahlungsmitteln werden obligatorisch die Okkupationsmarken der Alliierten Militärbehörde in Umlauf gesetzt.

7. Alle Personen, die Feuerwaffen und blanke Waffen, Munition, Sprengstoff, Radioempfänger oder Radiosender, Fotoapparate, Kraftfahrzeuge, Krafträder, Treib- und Schmierstoff besitzen, haben unten Erwähntes

binnen 72 Stunden nach Veröffentlichung dieses Befehls bei den militärischen Bezirkskommandanturen abzuliefern.

Für Nichtablieferung aller oben erwähnten Gegenstände in der festgesetzten Zeit werden die Schuldigen gemäß den Gesetzen der Kriegszeit streng bestraft.

Die Inhaber von Druckereien, von Schreibmaschinen und anderen Vervielfältigungsapparaten sind verpflichtet, sich bei den militärischen Bezirks- und Revierkommandanten zwecks Registrierung zu melden. Es ist kategorisch verboten, jegliche Dokumente ohne Erlaubnis der militärischen Kommandanten zu drucken, zu vervielfältigen, auszuhängen oder in der Stadt in Umlauf zu setzen.

Alle Druckereien werden versiegelt. Einlaß erfolgt nur auf Erlaubnis des militärischen Kommandanten.

8. Der Bevölkerung der Stadt ist verboten:

a) zwischen 22.00 und 08.00 morgens Berliner Zeit die Häuser zu verlassen, auf den Straßen und Plätzen zu erscheinen, sich in unbewohnten Räumen aufzuhalten oder dort irgendwelche Arbeit zu verrichten.

b) nichtverdunkelte Räumlichkeiten zu erleuchten.

c) ohne Erlaubnis der militärischen Kommandanten irgendwelche Personen, darunter auch Angehörige der Roten Armee und der Alliierten Truppen, in den Bestand der Familie zu Wohnungs- und Übernachtungszwecken aufzunehmen.

d) Eigenmächtiges Wegnehmen der von Dienststellen und Privatpersonen zurückgelassenen Habe und Lebensmittel.

Einwohner, die, die erwähnten Verbote verletzen, werden gemäß den Gesetzen der Kriegszeit zu strenger Verantwortung herangezogen.

9. a) Der Betrieb von Vergnügungsstätten (Kino, Theater, Zirkus, Stadion),

b) Gottesdienste in den Kirchen,

c) der Betrieb von Restaurants und Gaststätten ist bis 21.00 Uhr Berliner Zeit erlaubt.

Für die Ausnutzung öffentlicher Betriebe zu der Roten Armee feindseligen Zwecken, für die Störung der Ordnung und Ruhe in der Stadt, wird die Verwaltung dieser Betriebe zu strenger Verantwortung gemäß den Gesetzen der Kriegszeit herangezogen.

10. Die Bevölkerung der Stadt wird gewarnt, daß sie für feindseliges Verhalten gegenüber Angehörigen der Roten Armee und Alliierter Truppen die Verantwortung gemäß den Gesetzen der Kriegszeit trägt.

Im Falle von Attentaten auf Angehörige der Roten Armee oder der Alliierten Truppen und jeder Übung anderer Diversionsakte gegenüber dem Personalbestand, dem Kriegsmaterial oder Kriegsgut von Verbänden der Roten Armee und der Alliierten Truppen werden die Schuldigen dem militärischen Standgericht überliefert.

11. Verbände der Roten Armee und einzelne Militärangehörige, die in Berlin eintreffen, sind verpflichtet, nur in denen von den militärischen Bezirks- und Revierkommandanten angewiesenen Unterkünften Quartier zu nehmen.

Angehörigen der Roten Armee ist ohne Erlaubnis der militärischen Kommandanten die eigenmächtige Aussiedlung oder Umsiedlung der Einwohner, Entnahme von Gütern und Werten und Haussuchungen bei den Stadteinwohnern verboten.

CHEF DER BESATZUNG UND STADTKOMMANDANT VON BERLIN
OBERBEFEHLSHABER DER N-ten ARMEE
GENERALOBERST N. BERSARIN

STABSCHEF DER BESATZUNG
GENERALMAJOR KUSCHTSCHOW

Erster Befehl des sowjetischen Stadtkommandanten an die Berliner Bevölkerung vom 28. April 1945.

163

bereit, seine langjährige heimliche Geliebte Eva Braun, die seit 15. April in der Reichskanzlei war und eine Flucht aus Berlin abgelehnt hatte, zu heiraten. Am späten Abend des 28. April fand die Trauung im Bunker statt; ein Mitarbeiter des Propagandaministeriums fungierte als Standesbeamter.

Am nächsten Tag beschoß die sowjetische Artillerie bereits die Reichskanzlei. General Weidling erklärte Hitler, daß er den Kampf nur noch 24 Stunden fortsetzen könne. Daraufhin verfaßte Hitler sein persönliches und politisches Testament, in dem er Großadmiral Dönitz zu seinem Nachfolger als Reichspräsident und Goebbels zum Reichskanzler ernannte. Am Morgen des 30. April bestätigte ihm das Oberkommando der Wehrmacht per Funk, daß ein Entsatz Berlins nicht mehr möglich sei. Gegen Mittag stürmten sowjetische Soldaten der Schützenregimenter Nr. 380, 674 und 756 zum Reichstagsgebäude. Um 14.25 Uhr konnten sie auf der Kuppel des zerstörten Gebäudes die sowjetische Fahne hissen. Um 15.30 Uhr zerbiß Hitler, bis zuletzt selbstgerecht und voller Vorwürfe gegen andere, die ihn angeblich verraten hatten, eine Zyankalikapsel und erschoß sich; seine Frau starb durch die Giftkapsel. Wie es Hitler befohlen hatte, verbrannten SS-Adjutanten die beiden Leichen im Garten der Reichskanzlei, um zu verhindern, daß sie sowjetischen Soldaten in die Hände fielen und möglicherweise wie die Leiche Mussolinis öffentlich zur Schau ausgestellt wurden.

Nach Absprache mit dem neuen »Reichskanzler« Goebbels fuhr General Krebs am 1. Mai zu dem sowjetischen Armeegeneral Tschuikow, um ihm den Waffenstillstand anzubieten. Da die sowjetische Seite die bedingungslose Kapitulation verlangte, wurden die Gespräche vorerst ergebnislos abgebrochen. Bormann funkte am gleichen Tage an Dönitz, daß Hitler ihn zum Nachfolger ernannt habe, ohne dem Admiral jedoch mitzuteilen, daß Hitler bereits tot war. Erst am Abend des Tages kam aus dem »Führerhauptquartier« die Meldung über den Tod Hitlers. Auch diese letzte Meldung war eine Lüge. Sie gab an, Hitler sei in der Reichskanzlei »bis zum letzten Atemzug gegen den Bolschewismus kämpfend für Deutschland gefallen«.

Kurz darauf vergiftete sich Goebbels mit seiner Familie; die Generale Krebs und Burgdorf erschossen sich. Noch in der Nacht zum 2. Mai versuchten mehrere Kampfgruppen unter SS-Brigadeführer Mohnke mit Reichsleiter Bormann, Reichsjugendführer Axmann und Staatssekretär Naumann, aus Berlin auszubrechen. Dabei ist Bormann nach Augenzeugenberichten gefallen. Anderen gelang es tatsächlich, bis nach Schleswig-Holstein ins Hauptquartier von Dönitz zu kommen. In den ersten Stunden des 2. Mai akzeptierte endlich der Kampfkommandant, General Weidling, die Forderung General Tschuikows nach bedingungsloser Kapitulation Berlins. Um 15 Uhr trat die Kapitulation in Kraft.

Am Abend des 2. Mai 1945 schoß man in der sowjetischen Hauptstadt Freudensalut. Gerade die Moskauer Bevölkerung jubelte verständlicherweise besonders über die Einnahme Berlins, da die sowjetische Hauptstadt im Winter 1941, als deutsche Truppen den Stadtrand Moskaus erreichten, nur knapp ihrer eigenen Vernichtung entgangen war.

Das Oberkommando der Wehrmacht berichtete am 4. Mai in einer Meldung aus dem Hauptquartier von Großadmiral Dönitz noch in der typischen nationalsozialistischen Art über die Kapitulation Berlins: »Der Kampf um die Reichshauptstadt ist beendet. In einem einmaligen heroischen Ringen haben Truppen aller Wehrmachtsteile und Volkssturmeinheiten, ihrem Fahneneid getreu, bis zum letzten Atemzug Widerstand geleistet und ein Beispiel besten deutschen Soldatentums gegeben.« Kein Wort war darüber zu hören, daß dieses Soldatentum von Hitler bis zuletzt für sein persönliches Machtstreben mißbraucht worden war und seine Repräsentanten sich tief in Hitlers verbrecherische Kriegführung verstrickt hatten.

ADOLF HITLER

Mein politisches Testament.

Seit ich 1914 als Freiwilliger meine bescheidene Kraft im ersten, dem Reich aufgezwungenen Weltkrieg einsetzte, sind nunmehr über dreissig Jahre vergangen.

In diesen drei Jahrzehnten haben mich bei all meinem Denken, Handeln und Leben nur die Liebe und Treue zu meinem Volk bewegt. Sie gaben mir die Kraft, schwerste Entschlüsse zu fassen, wie sie bisher noch keinem Sterblichen gestellt worden sind. Ich habe meine Zeit, meine Arbeitskraft und meine Gesundheit in diesen drei Jahrzehnten verbraucht.

Es ist unwahr, dass ich oder irgendjemand anderer) in Deutschland den Krieg im Jahre

1939 gewollt haben. Er wurde gewollt und ange-
stiftet ausschliesslich von jenen internationalen
Staatsmännern, die entweder jüdischer Herkunft
waren oder für jüdische Interessen arbeiteten.
Ich habe zuviele Angebote zur Rüstungsbeschrän-
kung und Rüstungsbegrenzung gemacht, die die
Nachwelt nicht auf alle Ewigkeiten wegzuleugnen
vermag, als dass die Verantwortung für den Ausbruch dieses Krieges auf mir lasten könnte. Ich
habe weiter nie gewollt, dass nach dem ersten
unseligen Weltkrieg ein zweiter gegen England
oder gar gegen Amerika entsteht. Es werden Jahrhunderte vergehen, aber aus den Ruinen unserer
Städte und Kunstdenkmäler wird sich der Hass gegen das, letzten Endes verantwortliche Volk immer wieder erneuern, dem wir das alles zu verdan-
ken haben: Dem internationalen Judentum und seinen
Helfern!

Ich habe noch drei Tage vor Ausbruch des
deutsch-polnischen Krieges dem britischen Botschafter in Berlin eine Lösung der deutsch-polnischen Probleme vorgeschlagen - ähnlich der im
Falle des Saargebietes unter internationaler
Kontrolle. Auch dieses Angebot kann nicht weg-
geleugnet werden. Es wurde nur

verworfen, weil die massgebenden Kreise der englischen Politik den Krieg wünschten, teils der
erhofften Geschäfte wegen, teils getrieben durch
eine, vom internationalen Judentum veranstaltete
Propaganda.

Ich habe aber auch keinen Zweifel darüber
gelassen, dass, wenn die Völker Europas wieder
nur als Aktienpakete dieser internationalen Geld-
und Finanzverschwörer angesehen werden, dann auch
jenes Volk mit zur Verantwortung gezogen werden
wird, das der eigentlich Schuldige an diesem mörderischen Ringen ist: Das Judentum! Ich habe weiter keinen darüber im Unklaren gelassen, dass dieses Mal nicht nur Millionen Kinder von Europäern
der arischen Völker verhungern werden, nicht nur
Millionen erwachsener Männer den Tod erleiden und
nicht nur Hunderttausende an Frauen und Kindern
in den Städten verbrannt und zu Tode bombardiert
werden dürften, ohne dass der eigentlich Schuldige, wenn auch durch humanere Mittel, seine Schuld
zu büssen hat.

Nach einem sechsjährigen Kampf, der einst
in die Geschichte trotz aller Rückschläge als ruhm-

vollste und tapferste Bekundung des Lebenswillens
eines Volkes eingehen wird, kann ich mich nicht von
der Stadt trennen, die die Hauptstadt dieses Reiches
ist. Da die Kräfte zu gering sind, um dem feindlichen Ansturm gerade an dieser Stelle noch länger
standzuhalten, der eigene Widerstand aber durch
ebenso verblendete wie charakterlose Subjekte
allmählich entwertet wird, möchte ich mein Schicksal mit jenem teilen, das Millionen anderer auch
auf sich genommen haben, indem ich in dieser Stadt
bleibe. Ausserdem will ich nicht Feinden in die
Hände fallen, die zur Erlustigung ihrer verhetz-
ten Massen ein neues, von Juden arrangiertes Schau-
spiel benötigen.

Ich hatte mich daher entschlossen, in
Berlin zu bleiben und dort aus freien Stücken in
dem Augenblick den Tod zu wählen, in dem ich glaube,
dass der Sitz des Führers und Kanzlers selbst
nicht mehr gehalten werden kann. Ich sterbe mit
freudigem Herzen angesichts der mir bewussten un-
ermesslichen Taten und Leistungen unserer Soldaten
an der Front, unserer Frauen zuhause, den Leistungen unserer Bauern und Arbeiter und dem in der Geschichte einmaligen Einsatz unserer Jugend, die
meinen Namen trägt.

Dass ich ihnen allen meinen aus tiefstem
Herzen kommenden Dank ausspreche, ist ebenso
selbstverständlich wie mein Wunsch, dass sie
deshalb den Kampf unter keinen Umständen aufgeben
mögen, sondern, ganz gleich wo immer, ihn gegen
die Feinde des Vaterlandes weiterführen, getreu
den Bekenntnissen eines grossen Clausewitz. Aus
dem Opfer unserer Soldaten und aus meiner eigenen
Verbundenheit mit ihnen bis in den Tod, wird in
der deutschen Geschichte so oder so einmal wieder
der Samen aufgehen zur strahlenden Wiedergeburt
der nationalsozialistischen Bewegung und damit
zur Verwirklichung einer wahren Volksgemeinschaft.

Viele tapferste Männer und Frauen haben
sich entschlossen, ihr Leben bis zuletzt an das
meine zu binden. Ich habe sie gebeten und ihnen
endlich befohlen, dies nicht zu tun, sondern am
weiteren Kampf der Nation teilzunehmen. Die Führer
der Armeen, der Marine und der Luftwaffe bitte ich,
mit äussersten Mitteln den Widerstandsgeist unserer Soldaten im nationalsozialistischen Sinne zu
verstärken unter dem besonderen Hinweis darauf,
dass auch ich selbst, als der Gründer und Schöpfer
dieser Bewegung, den Tod dem feigen Absetzen oder
gar einer Kapitulation vorgezogen habe.

Möge es dereinst zum **Ehrbegriff des**
deutschen Offiziers gehören - so wie **dies in**
unserer Marine schon der Fall ist - **dass die**
Übergabe einer Landschaft oder einer **Stadt**
unmöglich ist und dass vor allem die **Führer**
hier mit leuchtendem Beispiel **voranzugehen**
haben in treuester Pflichterfüllung **bis in den**
Tod.

Zweiter Teil des politischen Testaments.

Ich stosse vor meinem Tode den früheren
Reichsmarschall Hermann G ö r i n g aus der
Partei aus und entziehe ihm alle Rechte, die sich
aus dem Erlass von 29. Juni 1941 sowie aus meiner Reichstagserklärung vom 1. September 1939
ergeben könnten. Ich ernenne an Stelle dessen
den Großadmiral D ö n i t z zum Reichspräsidenten und Obersten Befehlshaber der Wehrmacht.

Ich stosse vor meinem Tode den früheren
Reichsführer-SS und Reichsminister des Innern,
Heinrich H i m m l e r aus der Partei sowie
aus allen Staatsämtern aus. Ich ernenne an seiner Stelle den Gauleiter Karl H a n k e zum
Reichsführer-SS und Chef der deutschen Polizei
und den Gauleiter Paul G i e s l e r zum Reichsminister des Innern.

Göring und Himmler haben durch geheime Verhandlungen mit dem Feinde, die sie ohne mein Wissen und gegen meinen Willen abhielten, sowie durch
den Versuch, entgegen dem Gesetz, die Macht im

Staate an sich zu reissen, dem Lande und den
gesamten Volk unabsehbaren Schaden zugefügt,
gänzlich abgesehen von der Treulosigkeit gegenüber
meiner Person.

Um dem deutschen Volk eine aus ehrenhaften
Männern zusammengesetzte Regierung zu geben, die
die Verpflichtung erfüllt, den Krieg mit allen
Mitteln weiter fortzusetzen, ernenne ich als
Führer der Nation folgende Mitglieder des neuen
Kabinetts:

Reichspräsident: D ö n i t z
Reichskanzler: Dr. G o e b b e l s
Parteiminister: B o r m a n n
Aussenminister: S e y ß - I n q u a r t
Innenminister: Gauleiter G i e s l e r
Kriegsminister: D ö n i t z
Oberbefehlshaber des Heeres: S c h ö r n e r
Oberbefehlshaber der Kriegsmarine: D ö n i t z
Oberbefehlshaber der Luftwaffe: G r e i m
Reichsführer-SS und Chef der Deutschen Polizei:
                      Gauleiter H a n k e
Wirtschaft: F u n k
Landwirtschaft: B a c k e
Justiz: T h i e r a c k
Kultus: Dr. S c h e e l

Propaganda: Dr. N a u m a n n

Finanzen: S c h w e r i n - C r o s s i g k

Arbeit: Dr. H u p f a u e r

Rüstung: S a u r

Leiter der Deutschen Arbeitsfront und Mitglied
des Reichskabinetts: Reichsminister Dr. L e y .

Obwohl sich eine Anzahl dieser Männer, wie
Martin Bormann, Dr. Goebbels usw. einschliesslich
ihrer Frauen, aus freiem Willen zu mir gefunden
haben und unter keinen Umständen die Hauptstadt
des Reiches verlassen wollten, sondern bereit
waren, mit mir hier unterzugehen, muss ich sie
doch bitten, meiner Aufforderung zu gehorchen und
in diesem Falle das Interesse der Nation über ihr
eigenes Gefühl zu stellen. Sie werden mir durch
ihre Arbeit und ihre Treue als Gefährten nach dem
Tode ebenso nahestehen, wie ich hoffe, dass mein
Geist unter ihnen weilen und sie stets begleiten
wird. Mögen sie hart sein, aber niemals ungerecht,
mögen sie vor allem nie die Furcht zum Ratgeber
ihres Handelns erheben und die Ehre der Nation über
alles stellen, was es auf Erden gibt. Mögen sie sich
endlich dessen bewusst sein, dass unsere Aufgabe,
des Ausbaus eines nationalsozialistischen Staates, die
die Arbeit kommender Jahrhunderte darstellt, die

jeden einzelnen verpflichtet, immer dem gemeinsamen
Interesse zu dienen und seine eigenen Vorteile dem-
gegenüber zurückzustellen. Von allen Deutschen,
allen Nationalsozialisten, Männern und Frauen
und allen Soldaten der Wehrmacht verlange ich, daß
sie der neuen Regierung und ihren Präsidenten treu
und gehorsam sein werden bis in den Tod.

Vor allem verpflichte ich die Führung der
Nation und die Gefolgschaft zur peinlichen Ein-
haltung der Rassegesetze und zum unbarmherzigen
Widerstand gegen den Weltvergifter aller Völker,
das internationale Judentum.

Gegeben zu Berlin, den 29. April 1945, 4.00 Uhr.

ADOLF HITLER

Mein privates Testament.

Da ich in den Jahren des Kampfes
glaubte, es nicht verantworten zu können, eine
Ehe zu gründen, habe ich mich nunmehr vor Beendigung dieser irdischen Laufbahn entschlossen, jenes Mädchen zur Frau zu nehmen, das
nach langen Jahren treuer Freundschaft aus
freiem Willen in die schon fast belagerte Stadt
hereinkam, um ihr Schicksal mit dem meinen zu
teilen. Sie geht auf ihren Wunsch als meine
Gattin mit mir in den Tod. Er wird uns das ersetzen, was meine Arbeit im Dienst meines Volkes
uns beiden raubte.

Was ich besitze,gehört - soweit es
überhaupt von Wert ist - der Partei. Sollte
diese nicht mehr existieren, dem Staat, sollte

176

auch der Staat vernichtet werden, ist eine weitere
Entscheidung von mir nicht mehr notwendig.

Ich habe meine Gemälde in den von mir im
Laufe der Jahre angekauften Sammlungen niemals
für private Zwecke, sondern stets nur für den
Ausbau einer Galerie in meiner Heimatstadt Linz
a.d.Donau gesammelt.

Dass dieses Vermächtnis vollzogen wird,
wäre mein herzlichster Wunsch.

Zum Testamentsvollstrecker ernenne ich
meinen treuesten Parteigenossen
Martin B o r m a n n .
Er ist berechtigt, alle Entscheidungen endgültig
und rechtsgültig zu treffen. Es ist ihm gestattet,
alles das, was persönlichen Erinnerungswert besitzt,
oder zur Erhaltung eines kleinen bürgerlichen Lebens
notwendig ist, meinen Geschwistern abzutrennen,
ebenso vor allem der Mutter meiner Frau und meinen,
ihm genau bekannten treuen Mitarbeitern und Mit-

arbeiterinnen, an der Spitze meinen alten Sekre-
tären, Sekretärinnen, Frau Winter, usw., die mich
jahrelang durch ihre Arbeit unterstützten.

Ich selbst und meine Gattin wählen, um
der Schande des Absetzens oder der Kapitulation
zu entgehen, den Tod. Es ist unser Wille, sofort
an der Stelle verbrannt zu werden, an der ich
den grössten Teil meiner täglichen Arbeit im
Laufe eines zwölfjährigen Dienstes an meinem
Volke geleistet habe.

Gegeben zu Berlin, den 29. April 1945, 4.00 Uhr

ZITIERTE UND VERWENDETE LITERATUR:

Die Befreiung Berlins 1945. Eine Dokumentation. Hrsg. v. Klaus Scheel. Berlin-Ost 2. überarbeitete Aufl. 1985

Besymenski, Lew: Der Tod des Adolf Hitler. Unbekannte Dokumente aus Moskauer Archiven. Hamburg 1968

Besymenski, Lew: Die letzten Notizen von Martin Bormann. Stuttgart 1974

Böddeker, Günter: Der Untergang des Dritten Reiches. Mit den Berichten des Oberkommandos der Wehrmacht vom 6. Januar – 9. Mai 1945 und einer Bilddokumentation. München 1985

Boldt, Gerhard: Die letzten Tage der Reichskanzlei. Wien 1947, 4. Aufl. Hamburg 1948

Cartier, Raymond: Der Zweite Weltkrieg. Bd. 3: 1944–1945. München 6. Aufl. 1982

Dahms, Hellmuth G.: Die Geschichte des Zweiten Weltkriegs. München 1983

Diem, Liselott: Fliehen oder bleiben? Dramatisches Kriegsende in Berlin. Freiburg 1982

Domarus, Max: Hitler. Reden und Proklamationen 1932–1945. Kommentiert von einem deutschen Zeitgenossen. 2 Bde. Bd. II: Untergang, 2. Halbbd. Wiesbaden 1973

Das Ende des Schreckens. Dokumente des Untergangs. Januar bis Mai 1945. Hrsg. v. Erich Kuby. München 1956, 2. Aufl. 1961

Gellermann, Günther W.: Die Armee Wenck – Hitlers letzte Hoffnung. Aufstellung, Einsatz und Ende der 12. deutschen Armee im Frühjahr 1945. Koblenz 1984

Goebbels, Joseph: Tagebücher 1945. Die letzten Aufzeichnungen. Einführung Rolf Hochhuth. Hamburg 1977

Groehler, Olaf: Das Ende der Reichskanzlei (= Illustrierte historische Hefte, Bd. 1). Berlin-Ost 3. ergänzte Aufl. 1976

Gruchmann, Lothar: Der Zweite Weltkrieg, Kriegführung und Politik. München 1967, 7. erweiterte Aufl. 1982

Haupt, Werner: 1945. Das Ende im Osten. Chronik vom Kampf in Ost- und Mitteldeutschland. Dorheim 1970

Hitlers politisches Testament. Die Bormann Diktate vom Februar und April 1945. Mit einem Essay von Hugh R. Trevor-Roper und einem Nachwort von André François-Poncet. Hamburg 1981

Italiaander, Rolf / Bauer, Arnold / Krafft, Herbert: Berlins Stunde Null 1945. Ein Bild/Text-Band. Düsseldorf 1979

Der Kampf um Berlin 1945 in Augenzeugenberichten. Hrsg. v. Peter Gosztony. Düsseldorf 1970 (Neuausgabe 1985)

Kempka, Erich: Die letzten Tage mit Adolf Hitler. Erweitert und erläutert von Erich Kern. Preußisch-Oldendorf 1975, 2. Aufl. 1976

Koller, Karl: Der letzte Monat. 14. April bis 27. Mai 1945. Tagebuchaufzeichnungen des ehemaligen Chefs des Generalstabes der deutschen Luftwaffe. Mannheim 1949, Neuaufl. Esslingen 1985

Kriegstagebuch des Oberkommandos der Wehrmacht (Wehrmachtführungsstab) 1940–1945. Band IV: 1. Januar 1944–22. Mai 1945. Eingeleitet und erläutert von Percy Ernst Schramm. 2. Halbbd. IV/8 mit Nachträgen. München-Herrsching 1982

Kuby, Erich: Die Russen in Berlin 1945. München 1965, Gütersloh 1980

Kurowski, Franz: Bedingungslose Kapitulation. Inferno in Deutschland 1945. Leoni am Starnberger See 1983

Linge, Heinz: Bis zum Untergang. Als Chef des Persönlichen Dienstes bei Hitler. München 2. durchgesehene Aufl. 1980

Mabire, Jean: Berlin im Todeskampf 1945. Französische Freiwillige der Waffen-SS als letzte Verteidiger der Reichskanzlei. Preußisch-Oldendorf 1977

Neulen, Hans Werner: An deutscher Seite. Internationale Freiwillige von Wehrmacht und Waffen-SS. München 1985

Paul, Wolfgang: Der Endkampf um Deutschland 1945. Esslingen 1976

Rein, Heinz: Finale Berlin. Frankfurt 1980

Schäfer, Hans Dieter: Berlin im Zweiten Weltkrieg. Der Untergang der Reichshauptstadt in Augenzeugenberichten. München 1985

Scheel, Klaus: Hauptstoßrichtung Berlin (= Illustrierte historische Hefte, Bd. 30. Hrsg. v. Zentralinstitut für Geschichte der Akademie der Wissenschaften der DDR). Berlin-Ost 2. durchgesehene Aufl. 1983

Schukow, Georgi K.: Erinnerungen und Gedanken. Stuttgart 1969

Schultz-Naumann, Joachim: Die letzten dreißig Tage. Das Kriegstagebuch des OKW April bis Mai 1945 – Die Schlacht um Berlin. Dokumente: Bilder und Urkunden. München 1980

Die letzten hundert Tage. Das Ende des Zweiten Weltkrieges in Europa und Asien. Hrsg. v. Hans Dollinger. Wissenschaftl. Beratung: Hans-A. Jacobsen. München 1965

Thorwald, Jürgen: Die große Flucht. Es begann an der Weichsel. Das Ende an der Elbe. Stuttgart 1962

Tieke, Wilhelm: Das Ende zwischen Oder und Elbe – Der Kampf um Berlin. Stuttgart 1981

Toland, John: Das Finale. Die letzten hundert Tage. München 1968

Trevor-Roper, Hugh R.: Hitlers letzte Tage. Frankfurt 1965

Tschuikow, Wassilij: Das Ende des Dritten Reiches. München 1966

Zerstört, besiegt, befreit. Der Kampf um Berlin bis zur Kapitulation 1945. Bearbeiter: Hans-N. Burkert, Klaus Matußek, Doris Obschernitzki (= Stätten der Geschichte Berlins, Bd. 7. Hrsg. v. Mitarbeitern des Pädagogischen Zentrum Berlin). Berlin 2. Aufl. 1985

Ziemke, Earl F.: Die Schlacht um Berlin. Rastatt 1982

ROLF-DIETER MÜLLER

Die Illusion der Kontinuität

Großadmiral Dönitz, der Oberbefehlshaber der Kriegsmarine und »Held« des U-Boot-Krieges, von Hitler als Nachfolger eingesetzt! Eine wirkliche Überraschung war diese Entscheidung nicht. Es mag wohl auf den ersten Blick absonderlich erscheinen, daß der politische Fanatiker und Demagoge ausgerechnet einen militärischen Führer auserkor. Immerhin hatte Hitler in den vergangenen Kriegsjahren in zunehmender Distanz zur militärischen Führungsspitze gestanden. Mißtrauen und Verachtung hatten seine Einstellung zur Generalität geprägt. Allerdings war es nicht seine Art, überraschende Personalentscheidungen zu treffen. Stets bewegte er sich dabei im Kreis seiner Vertrauten. Und Dönitz gehörte zweifellos zu den wenigen Spitzenmilitärs, die Hitler in unbedingter Loyalität und Gesinnungstreue ergeben waren.

Als Befehlshaber der U-Boot-Waffe hatte er seine Männer immer wieder in einen aussichtslosen, mörderischen Kampf geschickt. Als Oberbefehlshaber der Kriegsmarine erklärte er nach dem Attentat am 20. Juli 1944 Hitler sofort die besondere Treue der Marine und brandmarkte die Offiziere um Stauffenberg als »treulose Verräter«. Dönitz, ein skrupelloser Durchhaltefanatiker und Englandhasser, ein eiskalter Technokrat des Krieges, so sehen ihn nicht zu Unrecht seine Kritiker. Von ihm konnte Hitler erwarten, daß er den Kampf in seinem Sinne fortsetzte und sich bemühen würde, das Regime und seine nationalsozialistische Ordnung zu bewahren. Vorsichtshalber hatte Hitler seinen Propagandaminister Goebbels zum Reichskanzler und Martin Bormann, seinen politischen Sekretär, zum Parteiminister ernannt. Mehr als eine symbolische Geste konnte das aber nicht sein, standen doch die Russen bereits vor der Tür der Reichskanzlei, in deren Tiefbunker beide mit dem »Führer« eingeschlossen waren. Nur Dönitz in Schleswig-Holstein hatte noch Handlungsfreiheit.

181

Goebbels und Bormann sandten erst am 1. Mai einen Funkspruch nach Flensburg, daß der »Führer« am 30. April, 15.30 Uhr verschieden sei. Das Testament vom 29. übertrage Dönitz das Amt des Reichspräsidenten. Aus der Ankündigung Bormanns, selbst nach Flensburg zu kommen, wurde nichts. Er kam in den Straßen Berlins ums Leben; Goebbels vergiftete sich im Bunker. Dönitz ergriff nach dem Funkspruch sofort die Initiative. In einem Tagesbefehl an die Wehrmacht erklärte er, daß Hitler, der »größte Held deutscher Geschichte«, kämpfend gegen den Bolschewismus gefallen sei. Er wußte zwar zu diesem Zeitpunkt nicht, daß der »Führer« Selbstmord begangen hatte, aber diese Wahrheit über Hitler hätte auch nicht in seine Parole hineingepaßt. Dönitz befahl den Soldaten, den Kampf unter allen Umständen fortzusetzen, jetzt unter der Zielsetzung, »deutsche Menschen vor der Vernichtung durch den vordringenden bolschewistischen Feind zu retten«. Im Westen sollte nur solange gekämpft werden, wie die Alliierten diese Absicht behinderten. In einer Rundfunksendung am 2. Mai um 22.36 Uhr richtet Großadmiral Dönitz als Oberster Befehlshaber der Wehrmacht folgenden Tagesbefehl an die Deutsche Wehrmacht:

»Deutsche Wehrmacht, meine Kameraden, Der Führer ist gefallen, Getreu seiner großen Idee, die Völker Europas vor dem Bolschewismus zu bewahren, hat er sein Leben eingesetzt und den Heldentod gefunden. Mit ihm ist einer der größten Helden deutscher Geschichte dahingegangen. In stolzer Ehrfurcht und Trauer senken wir vor ihm die Fahnen.

Der Führer hat mich zu seinem Nachfolger als Staatsoberhaupt und als Oberster Befehlshaber der Wehrmacht bestimmt. Ich übernehme den Oberbefehl über alle Teile der Deutschen Wehrmacht mit dem Willen, den Kampf gegen die Bolschewisten fortzusetzen, bis die kämpfende Truppe und bis Hunderttausende von Familien des deutschen Ostraumes vor der Versklavung und der Vernichtung gerettet sind.

Gegen Engländer und Amerikaner muß ich den Kampf so weit und so lange fortsetzen, wie sie mich an der Durchführung des Kampfes hindern.

Die Lage erfordert von Euch, die Ihr schon so große geschichtliche Taten vollbracht habt, und die Ihr jetzt das Ende des Krieges herbeisehnt, weiteren, bedingungslosen Einsatz. Ich verlange Disziplin und Gehorsam. Nur durch vorbehaltlose Ausführung meiner Befehle werden Chaos und Untergang vermieden. Ein Feigling und Verräter ist, wer sich gerade jetzt seiner Pflicht entzieht, und damit deutschen Frauen und Kindern Tod oder Versklavung bringt.

Der dem Führer von Euch geleistete Treueid gilt nunmehr für jeden Einzelnen von Euch ohne weiteres mir, als dem vom Führer eingesetzten Nachfolger.

Deutsche Soldaten tut Eure Pflicht! Es gilt das Leben unseres Volkes.« (Quelle: Der Prozeß gegen die Hauptkriegsverbrecher vor dem Internationalen Militärgerichtshof [International Military Tribunal], Nürnberg 14. Nov. 1945 – 1. Okt. 1946. Bd. 35, Nürnberg 1949, S. 118 ff.)

Hitlers Auftrag war an sich klar: »Weiterkämpfen bis zum Endsieg.« Eine Hoffnung hatte ihn und andere Nazis in den letzten Wochen belebt: Der mögliche Zerfall des Feindbündnisses. Der überraschende Tod des amerikanischen Präsidenten Roosevelt am 12. April hatte noch einmal Spekulationen in diese Richtung belebt. Durch eine gemeinsame Front mit den Westmächten gegen die Sowjetunion hoffte man, der bedingungslosen Kapitulation entgehen zu können. So absurd diese Vorstellung angesichts der alliierten Erklärungen, mit Deutschland unter keinen Umständen einen Separatfrieden abzuschließen, auch klang. Das neue Oberhaupt des Deutschen Reiches und sein Generalstab übernahmen sie und versuchten sie zu realisieren. Aus ihrer Sicht mußte die Lage an die Situation am Ende des Ersten Weltkrieges erinnern. Auch damals hatte die Oberste Heeresleitung trotz eines Waffenstillstandes im Westen versucht, ihre Truppen im Osten als Faustpfand und Verhandlungsobjekt zu benutzen, mit dem Ziel, eine gemeinsame Front gegen den Bolschewismus zu bilden und sich so aus den Konsequenzen der Niederlage herauszumogeln. Die Revolution in Deutschland und der schließlich 1920 abgeschlossene Friedensvertrag von Versailles waren zwar schmerzhaft gewesen. Der Fortbestand von Reich und Armee war aber erreicht worden.

Dönitz verfolgte eine ähnliche Linie. Im Innern Auflösungserscheinungen und Umsturzgefahren zu bekämpfen und die vorgeschobenen Stützpunkte im Osten (Kurland, Breslau, Danziger Bucht) mit allen Mitteln zu halten. Dort wurde weitergekämpft und gestorben. Nach dem britischen Vorstoß auf Lübeck kontrollierte die neue Führung in Flensburg noch die Küste der Deutschen Bucht, Teile Nordhollands, Schleswig-Holstein, Dänemark, Norwegen, dazu die geschlagenen Heeresgruppen in Süddeutschland, im Alpenraum, in Böhmen und im nördlichen Jugoslawien. Die von der Wehrmacht noch immer verteidigten Atlantikfestungen und einige griechische Inseln waren ohne Bedeutung.

Rettung von Menschenleben vor dem Bolschewismus als Sinn des weiteren Kampfes und als Rechtfertigung für die geforderten Opfer. Das war zumindest für diejenigen überzeugend, die in diesen Tagen nach Westen zu gelangen suchten. Aber die Evakuierung von einigen Zehntausend Zivilisten und Soldaten kostete in dieser letzten Kriegswoche unzähligen anderen das Leben. Militärisch lief die Aktion durchaus auf eine Stärkung der östlichen Vorposten hinaus, da man sich der Flüchtlinge entledigte und von den Soldaten nur Verwundete und Familienväter abtransportierte.

Was immer auch Dönitz und seine ihn beeinflussende Umgebung an tatsächlichen oder nur vorgeschobenen Motiven und Absichten bewegten, fest stand: Sie wollten den Krieg nicht sofort beenden, sondern Zeit gewinnen, vor allem aber die bedingungslose Kapitulation an allen Fronten verhindern. Durch das Angebot von Teilkapitulationen gegenüber den Westmächten sollte die Wehrmacht zumindest in ihren kampfkräftigen Teilen erhalten und Zeit gewonnen werden. Die Dönitz-Regierung hoffte darauf, als Verhandlungspartner vom Westen anerkannt zu werden, um die Kontinuität der staatlichen Autorität in Deutschland zu erhalten und eine politische Neuordnung zu verhindern oder zumindest zu kanalisieren.

Überall in den von den Alliierten besetzten Gebieten regten sich bereits Wurzeln eines demokratischen Neubeginns. Antifaschistische Ausschüsse, Parteigruppen und Gewerkschaften verhandelten mit den Besatzungsmächten um Gestaltungsmöglichkeiten. Wenn die Repräsentanten des bankrotten NS-Regimes diesen Bestrebungen zuvorkommen wollten, dann mußte es ihnen gelingen, die Westmächte auf ihre außenpolitische Linie festzulegen, also über die Niederlage der Wehrmacht und das begangene Unrecht still hinwegzugehen und im Bolschewismus die gemeinsame Bedrohung zu erkennen. Hitlers Gefolgsleute und Erben als Partner anzunehmen, das war schon eine arge Zumutung für die Sieger.

Ein gewisses Mißtrauen gegenüber dem sowjetischen Bundesge-

Generaladmiral von Friedeburg erscheint am 3. Mai 1945 als Unterhändler von Dönitz im Hauptquartier des britischen Feldmarschalls Montgomery (zweiter von links).

Hitlers Nachfolger: Großadmiral Karl Dönitz.

Kapitulation der deutschen Truppen in Holland: auf der linken Seite Prinz Bernhard und General Foulkes (Mitte); rechts General Reichelt und General Blaskowitz (in der Mitte).

185

nossen war bei den Westalliierten durchaus vorhanden. Vor allem in London machte man sich große Sorgen über die politische Gestaltung Europas nach dem bevorstehenden Kriegsende und die Ausbreitung des sowjetischen Einflusses. Die Amerikaner hingegen beharrten auf der gemeinsam beschlossenen Forderung nach einer bedingungslosen Kapitulation Deutschlands, da sie auf Stalins Hilfe bei der Niederwerfung Japans rechneten. Allerdings gab es auch auf amerikanischer Seite einflußreiche Kräfte, die sich auf den Zerfall der Anti-Hitler-Koalition einstellten und die Auseinandersetzung mit der kommunistischen Weltmacht vorbereiteten. Ein solcher Mann im Hintergrund war Alan F. Dulles, in den fünfziger Jahren Chef des CIA. Im Frühjahr 1945 hatte er von der Schweiz aus Kontakte mit Vertretern der deutschen Heeresgruppe »Norditalien« geknüpft. Am 29. April, einen Tag vor Hitlers Selbstmord, konnte in Caserta die militärische Kapitulation dieser Verbände gegenüber den Engländern abgeschlossen werden. Am 2. Mai schwiegen in Italien die Waffen. Dönitz billigte diesen Schritt und wollte diesen Weg fortsetzen. Glück hatte auch die »Armee Wenck«, jener neu aufgestellte Verband von rund 100 000 Soldaten, der Hitler aus Berlin heraushauen sollte und sich nun in harten Kämpfen nach Westen auf die Elbe zurückzog. Verhandlungen mit der 9. US-Armee führten ebenfalls zu einer geordneten Kapitulation – nicht gegenüber den nachdrängenden Truppen der Roten Armee, sondern hinhaltend kämpfend über die Elbe hinweg in amerikanischen Gewahrsam. Solche örtlichen Übergabeverhandlungen blieben aber letztlich ohne politischen Nutzen, und daher zog Dönitz die Sache an sich. Er leitete die Übergabe des norddeutschen Raumes als weiteren Teilschritt ein. Der britische Feldmarschall Montgomery zeigte sich nicht abgeneigt, wollte auch den Übertritt einzelner Soldaten der Ostfront über die Demarkationslinie zulassen, verlangte aber die Ausdehnung auf Holland und Dänemark sowie die Übergabe aller Schiffe in diesem Bereich. Am 4. Mai willigte Dönitz widerstrebend ein.

Seit zwei Tagen verhandelte im Süden auch Generalfeldmarschall Kesselring mit den Amerikanern. Dönitz überließ ihm aber nur die Kapitulation der Heeresgruppe »G« (Nordalpen), die am 5. Mai in München vereinbart wurde. Das Schicksal der Heeresgruppe »E« (Jugoslawien) blieb ungewiß. Dönitz wollte wegen der Truppen, die noch gegen die Russen kämpften, mit dem amerikanischen Oberbefehlshaber Eisenhower direkt verhandeln.

Daß es Dönitz nicht darum ging, in erster Linie das NS-Regime und den verbrecherischen Krieg zu liquidieren und einen Neuanfang für Deutschland zu versuchen, zeigt am deutlichsten seine »Regierungstätigkeit«. Himmler, der ihn tagelang in seinem Vorzimmer belagerte, wollte er natürlich nicht weiter verwenden. Auch andere exponierte Nazis, wie Außenminister Ribbentrop, verloren ihre Posten. Ansonsten aber bildete er eine Regierung aus bewährten Fachleuten und strammen Parteigenossen. Der neue Reichskanzler, Schwerin von Krosigk, der Prototyp des preußischen Beamten, unter Hitler bis zum letzten Tag Finanzminister, schien noch am wenigsten belastet zu sein. Das Oberkommando der Wehrmacht aber funktionierte ohne Veränderungen weiter. Die Partei wurde weder verboten noch aufgelöst. Hitler-Bilder blieben in den Amtsstuben. Die Wehrmacht entbot nach wie vor den »Hitler-Gruß«. Standgerichte machten wie bisher ihr blutiges Handwerk, und selbst die unsinnige Werwolf-Organisation durfte im Osten mit Hitlerjungen weiterhin den Partisanenkrieg vorbereiten.

Wichtigstes Problem für Dönitz war das Schicksal der zwischen Ost und West eingeklemmten Heeresteile, nicht die weiter im Osten kämpfenden Vorposten. In Mecklenburg, Böhmen und in Nordjugoslawien hofften Hunderttausende von Soldaten darauf, den Weg in sowjetische Gefangenschaft vermeiden zu können. Nach allem, was die Wehrmacht in Osteuropa angerichtet hatte, war dies mehr als verständlich. Also mußte man versuchen, Zeit zu gewinnen, um sich mit der Masse vom russischen Feind zu lösen und geordnet über die Linien zu den Westmächten treten zu können. Eine besonders kritische Lage entwickelte sich in Böhmen. Dort schürten die unterworfenen Tschechen den Aufstand. Hitlers Statthalter in Prag, Frank, eilte zu Dönitz, erhielt aber von diesem keine klaren Anweisungen. Am 5. Mai brach in der »Goldenen Stadt« an der Moldau der Aufstand aus. Es kam zu einer blutigen Rache an den Deutschen. Einige Tausend abtrünnige Sowjetsoldaten in deutscher Uniform in der sogenannten Wlassow-Armee wechselten die Front und hofften bei den Tschechischen Nationalisten eine Zukunft finden zu können. So wie Wlassow vertraute auch Dönitz darauf, mit dem Westen ins Geschäft kommen und den Konsequenzen der Niederlage gegenüber dem Hauptgegner, der UdSSR, entfliehen zu können.

Generaladmiral von Friedeburg, inzwischen neuer Oberbefehlshaber der Kriegsmarine, der zuvor mit Montgomery die Gespräche geführt hatte, fuhr im Auftrag von Dönitz nach Reims in Eisenhowers Hauptquartier. Dieser hatte aber, von der bevorstehenden Ankunft eines deutschen Unterhändlers unterrichtet, bereits die Russen verständigt. Die Alliierten hatten im Herbst 1944 eine Urkunde zur staatlich-politischen Kapitulation Deutschlands entworfen. Eisenhowers Vorschlag, den deutschen Generalen jetzt eine rein militärische bedingungslose Gesamtkapitulation vorzulegen, wurde vom sowjetischen Generalstab gebilligt. Ein Vertreter Moskaus in Reims wurde bestellt.

Als von Friedeburg eintraf, konfrontierte man ihn mit der Forderung nach gleichzeitiger bedingungsloser Kapitulation an allen Fronten. Das wollte Dönitz eigentlich verhindern. Zur Unterstützung von Friedeburgs entsandte er daher den Chef des Wehrmachtführungsstabes, Generaloberst Jodl, nach Reims. Seine Instruktion lautete: Eisenhower für die Teilkapitulationen zu gewinnen und auf die antibolschewistische Linie zu bringen. Sollte dieser Versuch mißlingen, wollte Jodl wenigstens eine größere Zeitspanne zwischen der Einstellung der Kampfhandlungen und der Beendigung aller Truppenbewegungen herausschlagen. Auf diese Weise könnten sich möglichst viele deutsche Soldaten über die Linien der Amerikaner retten. Ein letzter verzweifelter Versuch der abgewirtschafteten NS-Führung, den Kopf aus der Schlinge zu ziehen. Würden die Amerikaner dabei mitmachen?

ZITIERTE UND VERWENDETE LITERATUR

Dönitz, Karl: Zehn Jahre und zwanzig Tage. München 6. Aufl. 1977
Dullen, Allen / Gaevernitz, Gero v. S.: Unternehmen »Sunrise«. Die geheime Geschichte des Kriegsendes in Italien. Düsseldorf – Wien 1967
Hansen, Reimer: Das Ende des Dritten Reiches. Die deutsche Kapitulation 1945. Stuttgart 1966
Hnilicka, Karl: Das Ende auf dem Balkan 1944/45. Göttingen 1970

Lang, Jochen v.: Der Adjutant. Karl Wolff: Der Mann zwischen Hitler und Himmler. München – Berlin 1985

Loth, Wilfried: Die Teilung der Welt. Geschichte des Kalten Krieges 1941–1955. München 1980

Lüdde-Neurath, Walter: Regierung Dönitz. Die letzten Tage des Dritten Reiches. Göttingen 3. Aufl. 1964

Padfield, Peter: Dönitz. Des Teufels Admiral. Berlin 1984

Riedel, Hermann: Ausweglos...! Letzter Akt des Krieges im Schwarzwald, in der Ostbaar und an der oberen Donau Ende April 1945. Villingen-Schwenningen 1975, 3. Aufl. 1976

Schultz-Naumann, Joachim: Die letzten dreißig Tage. Das Kriegstagebuch des OKW April bis Mai 1945. München 1980

Smith, Bradley F. / Agarossi, Elena: Unternehmen »Sonnenaufgang«. Köln 1981

Steinert, Marlis Gertrud: Die 23 Tage der Regierung Dönitz. Düsseldorf 1967

Thorwald, Jürgen: Das Ende an der Elbe. München – Zürich 1965

Wegmann, Günter: Das Kriegsende zwischen Ems und Weser 1945. Osnabrück 1982

Whiting, Charles: Norddeutschland Stunde Null, April–September 1945. Düsseldorf 1980

ROLF-DIETER MÜLLER / GERD R. UEBERSCHÄR

Die bedingungslose Kapitulation

Hitlers Nachfolger, Großadmiral Karl Dönitz, wollte es nicht begreifen. Seine zunächst erfolgreich angelaufene Politik der Teilkapitulationen, mit der er das »Großdeutsche Reich« und das NS-Regime vor dem Untergang retten wollte, war schon nach knapp einer Woche gescheitert. Sein Unterhändler bei der entscheidenden Runde im amerikanischen Hauptquartier in Reims, Generaloberst Alfred Jodl, hatte einen letzten Versuch unternommen, mit den Westmächten zu einem Arrangement zu kommen. General Eisenhower erkannte darin das Bemühen, die alliierte Kriegskoalition zu spalten. Er verlangte deshalb ultimativ die Gesamtkapitulation an allen Fronten und eine endgültige Waffenruhe zum 9. Mai, Null Uhr. Ansonsten, so drohte er, würden die Westalliierten alle deutschen Soldaten, die über ihre Linien zu kommen versuchten, als Kriegsgefangene an die Rote Armee zurückweisen und den Bombenkrieg wieder aufnehmen.

Jodl blieb kein Spielraum, weitere Zeit zu gewinnen. Er funkte deshalb am 7. Mai, 1 Uhr an Dönitz: »Ich sehe keinen Ausweg mehr als Chaos oder Unterzeichnung.« Vor diese Alternative gestellt, erklärte sich Dönitz schließlich doch mit der Gesamtkapitulation einverstanden. Um 2.41 Uhr setzte dann Jodl, der in Begleitung von Generaladmiral Hans-Georg von Friedeburg, dem letzten Oberbefehlshaber der Kriegsmarine, erschien, seine Unterschrift unter die von Eisenhower vorbereitete Kapitulationsurkunde. Anwesend waren Offiziere aller vier Siegermächte. Diese »Urkunde militärischer Übergabe« enthielt eine Kapitulationserklärung sowohl gegenüber dem Obersten Befehlshaber der Alliierten Expeditionsstreitkräfte als auch gleichzeitig gegenüber dem Oberkommando der Sowjettruppen. Sie sah vor, daß die deutschen Streitkräfte bis zum Ende des nächsten Tages alle Kampfhandlungen einstellten und in ihren Stellungen verblieben, die sie zu diesem Zeitpunkt einnahmen.

Generaloberst Jodl, Chef des Wehrmachtsführungsstabes unterzeichnet am 7. Mai 1945 die Kapitulationsurkunde in Reims (rechts Generaladmiral von Friedeburg, links Oberstleutnant Oxenius).

Generaladmiral Keitel, Chef des Oberkommandos der Wehrmacht, unterzeichnet am 9. Mai 1945 die Kapitulationsurkunde in Berlin-Karlshorst.

KAPITULATIONSERKLAERUNG.

1. Wir, die hier Unterzeichneten, handelnd in Vollmacht
fuer und im Namen des Oberkommandos der Deutschen Wehrmacht,
erklaeren hiermit die bedingungslose Kapitulation aller am
gegenwaertigen Zeitpunkt unter deutschem Befehl stehenden
oder von Deutschland beherrschten Streitkraefte auf dem Lande,
auf der See und in der Luft gleichzeitig gegenueber dem
Obersten Befehlshaber der Alliierten Expeditions Streitkraefte
und dem Oberkommando der Roten Armee.

2. Das Oberkommando der Deutschen Wehrmacht wird
unverzueglich allen Behoerden der deutschen Land-,See- und
Luftstreitkraefte und allen von Deutschland beherrschten
Streitkraeften den Befehl geben, die Kampfhandlungen um 2301
Uhr Mitteleuropaeischer Zeit am 8 Mai einzustellen und in den
Stellungen zu verbleiben, die sie an diesem Zeitpunkt inne-
haben und sich vollstaendig zu entwaffnen, indem sie Waffen
und Geraete an die oertlichen Alliierten Befehlshaber
beziehungsweise an die von den Alliierten Vertretern zu
bestimmenden Offiziere abliefern. Kein Schiff, Boot oder
Flugzeug irgendeiner Art darf versenkt werden, noch duerfen
Schiffsruempfe, maschinelle Einrichtungen, Ausruestungsgegen-
staende, Maschinen irgendwelcher Art, Waffen, Apparaturen,
technische Gegenstaende, die Kriegszwecken im Allgemeinen
dienlich sein koennen, beschaedigt werden.

3. Das Oberkommando der Deutschen Wehrmacht wird
unverzueglich den zustaendigen Befehlshabern alle von dem
Obersten Befehlshaber der Alliierten Expeditions Streitkraefte
und dem Oberkommando der Roten Armee erlassenen zusaetzlichen
Befehle weitergeben und deren Durchfuehrung sicherstellen.

4. Diese Kapitulationserklaerung ist ohne Praejudiz fuer
irgendwelche an ihre Stelle tretenden allgemeinen Kapitulations-
bestimmungen, die durch die Vereinten Nationen und in deren
Namen Deutschland und der Deutschen Wehrmacht auferlegt werden
moegen.

5. Falls das Oberkommando der Deutschen Wehrmacht oder
irgendwelche ihm unterstehende oder von ihm beherrschte
Streitkraefte es versaeumen sollten, sich gemaess den
Bestimmungen dieser Kapitulations-Erklaerung zu verhalten,

werden das Oberkommando der Roten Armee und der Oberste
Befehlshaber der Alliierten Expeditions Streitkraefte
alle diejenigen Straf- und anderen Massnahmen ergreifen,
die sie als zweckmaessig erachten.

6. Diese Erklaerung ist in englischer, russischer und
deutscher Sprache abgefasst. Allein massgebend sind die
englische und die russische Fassung.

Unterzeichnet zu *Berlin* am 8. 5. Mai 1945.

Für das Oberkommando der Deutschen Wehrmacht.

In Gegenwart von:

Fuer das Oberkommando
der Roten Armee

Fuer den Obersten Befehlshaber
der Alliierten Expeditions
Streitkraefte

Bei der Unterzeichnung waren als Zeugen
auch zugegen:

General, Oberstkommandierender
der Ersten Franzoesischen Armee

Kommandierender General
der Strategischen
Luftstreitkraefte der
Vereinigten Staaten

193

Als Leitender Minister der geschäftsführenden Dönitz-Regierung gab Graf Schwerin von Krosigk am 7. Mai, 12.45 Uhr die Kapitulation über den »Reichssender Flensburg« bekannt. Eine Fortsetzung des Krieges, so erklärte er, würde nur »unnütze Zerstörung und sinnloses Blutvergießen« bedeuten, eine Erkenntnis, die wohl den meisten Deutschen schon sehr viel früher gekommen war.

Während die verschiedenen Kommandostellen der Wehrmacht fieberhaft bemüht waren, die noch verbleibende äußerst knappe Zeit zu nutzen, um die an der sowjetischen Front gebundenen Truppen nach Westen zu evakuieren, war der Streit unter den Siegern schon da. Stalin traute seinerseits den Westmächten nicht über den Weg. Die Europäische Beratungskommission (EAC) hatte schon im Juli 1944 einen offiziellen Kapitulationstext entworfen. Eine veränderte, gekürzte Fassung war nun in Reims von den Amerikanern verwendet worden. Für Stalin bot dies Anlaß, eine Wiederholung der Zeremonie mit dem alten Text zu fordern. Von deutscher Seite sollten außerdem das Oberkommando der Wehrmacht und die höchsten Repräsentanten der drei Wehrmachtteile daran teilnehmen.

Also versammelte man sich noch einmal am 9. Mai um 0.16 Uhr, nun im Hauptquartier Marschall Schukows in Berlin-Karlshorst. Das Dokument war auf den 8. Mai 1945 datiert, da die Bestimmungen entsprechend der Urkunde von Reims nach Ablauf dieses Tages bereits in Kraft getreten waren. Generalfeldmarschall Wilhelm Keitel unterzeichnete als Chef des Oberkommandos der Wehrmacht, Generaladmiral von Friedeburg als Oberbefehlshaber der Kriegsmarine und Generaloberst Stumpff, Oberbefehlshaber der Luftflotte Reich, in Vertretung für den Oberbefehlshaber der Luftwaffe, Generalfeldmarschall Ritter von Greim. Auf alliierter Seite unterschrieben Marschall Schukow, der britische Luftmarschall Tedder als Vertreter Eisenhowers, der französische General de Lattre de Tassigny und der US-General Spaatz.

Bis zum Inkrafttreten der Kapitulation waren deutsche Schiffe im Pendelverkehr auf der Ostsee unterwegs gewesen, um eine möglichst große Zahl von Flüchtlingen und Soldaten aus den noch gehaltenen Stützpunkten in der Danziger Bucht und in Kurland nach Westen zu bringen. Andere Massenfluchten vollzogen sich über die Elbe und aus Böhmen in Richtung Bayern. Etwa 1,8 Millionen

Die von deutschen Truppen noch am Tage der Kapitulation gehaltenen
Positionen außerhalb Deutschlands (9. Mai 1945)

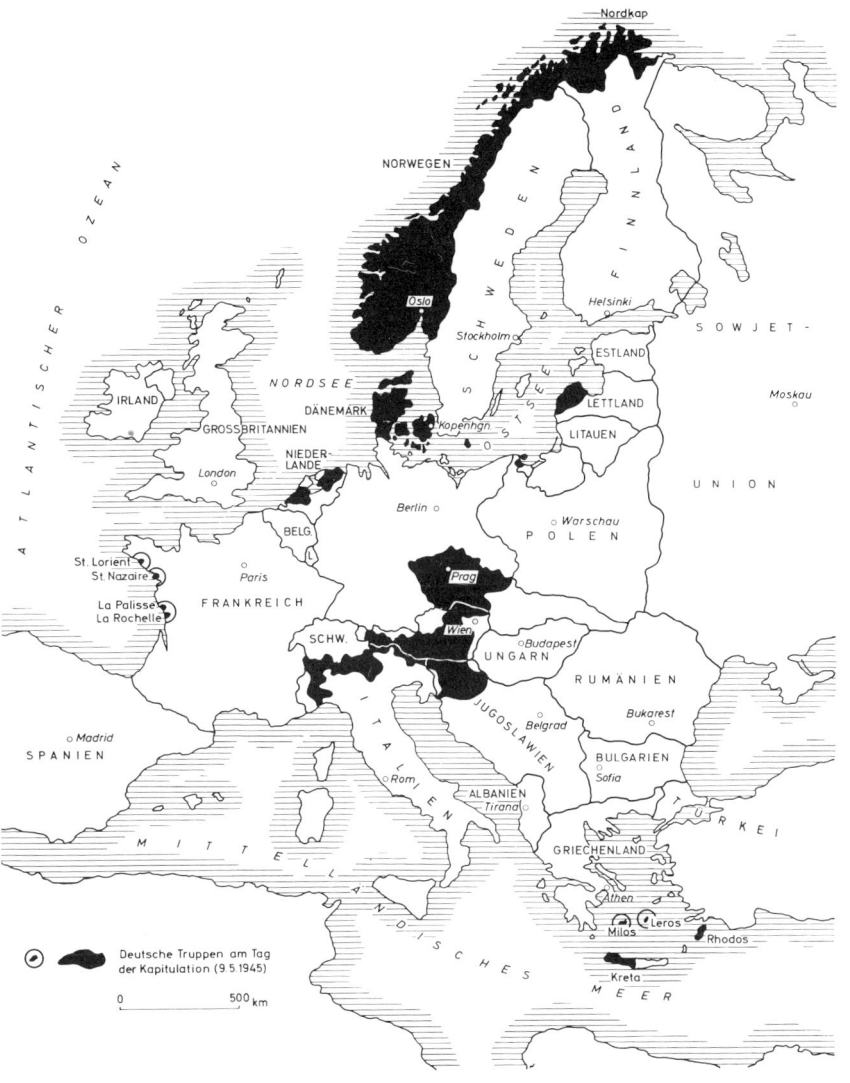

deutsche Soldaten entzogen sich auf diese Weise der sowjetischen Gefangenschaft. Obwohl während des ganzen Krieges die Masse der Wehrmacht an der Ostfront gekämpft hatte, befanden sich am Ende von den rund zehn Millionen deutscher Kriegsgefangener nur 30 Prozent in sowjetischem Gewahrsam.

Der letzte deutsche Widerstand gegenüber der Roten Armee wurde am 9. Mai in der Tschechoslowakei, in Österreich und im Baltikum eingestellt. Die ehemalige Heeresgruppe »Kurland« unter Generaloberst Hilpert trat mit 180 000 Mann den Weg in die sowjetische Gefangenschaft an. Etwa 35 000 deutsche Soldaten ergaben sich in Brückenköpfen der Danziger Bucht. Einen Tag später, am 10. Mai, kapitulierten die deutschen Garnisonen in den Atlantikfestungen St. Lorient, St. Nazaire, La Palisse und La Rochelle vor Engländern und Franzosen. Erst am 11. Mai ergaben sich die Garnisonen in der Ägäis, auf Rhodos, Milos und Leros mit ca. 20 000 Mann und schließlich am 12. Mai die deutschen Truppen auf Kreta. Der Krieg in Europa war damit zu Ende, aber noch nicht das Dritte Reich. Sein militärisches Oberkommando entließ das Millionenheer der Geschlagenen, Verführten und Mißbrauchten mit stolzen Worten. Der letzte Wehrmachtbericht vom 9. Mai 1945 bescheinigte ihnen »einmalige« Leistungen und treue Pflichterfüllung.

Fast 50 Millionen Tote und unendliches Leid hatte dieser Krieg, den Hitler am 1. September 1939 vom Zaune gebrochen hatte, gekostet. Die Mitverantwortlichen aber glaubten, zur »Geschäftsordnung« übergehen zu können. Der Reichsführer SS, Heinrich Himmler, meinte sogar, in den ersten Tagen nach Hitlers Tod als dessen Nachfolger auftreten zu können. Dönitz, seine Regierung und sein militärischer Stab nahmen an, nun in Zusammenarbeit mit den Westmächten den Wiederaufbau Deutschlands beginnen zu können. Es sah fast so aus, als ob sie die Chance dazu bekommen sollten. Angesichts des drohenden Chaos im Lande schienen die Westalliierten bereit zu sein, die Dönitz-Regierung als »Notverwaltung« vorerst zu dulden. Die deutschen Heeresverbände in britischem Gewahrsam waren zwar entwaffnet, aber in militärischer Ordnung unter Führung deutscher Offiziere belassen worden. Für Churchill war dies eine Art von Versicherung für den Fall, daß die sowjetischen Truppen überraschend weiter nach Westen vorstoßen sollten.

Die Anfang Juli 1945 wieder geräumte Demarkationslinie
zwischen den Alliierten vom 9. Mai 1945

Nach diesem blutigen Erschöpfungskrieg stand aber für die Sowjetführung nicht die »Weltrevolution« auf dem Programm, sondern die Sicherung und Festigung der erreichten Positionen. Eine heimliche Allianz der geschlagenen Wehrmacht mit den anderen »kapitalistischen« Mächten erschien ihr allem Anschein nach als Bedrohung. Daher drängte Moskau immer wieder auf die Beseitigung der Dönitz-Regierung sowie auf die Auflösung und vollständige Entwaffnung aller Wehrmachtverbände. Als Verhandlungspartner kam aber Dönitz für die Westmächte keineswegs ernsthaft in Betracht. Das verhinderte schon seine Entschlossenheit, am Nationalsozialismus als »Grundlage für die weitere Existenz des deutschen Volkes« festzuhalten. Für den demokratischen Neubeginn im Lande hatte er kein Verständnis. Der »Wahnsinn der Parteien wie vor 1933 dürfe nicht wieder Platz greifen« war seine Einstellung. Mit seinem militanten antisowjetischen Kurs fand Dönitz nicht immer Zustimmung. Vermeintlich schlechte Behandlung durch die Briten weckte bei einigen Offizieren sogar die Überlegung, daß man daran denken könne, notfalls mit den Russen zusammenzugehen.

Die Westmächte unterstellten schließlich die Dönitz-Regierung einer alliierten Kontrollkommission, und zumindest Churchill blieb geneigt, eine zentrale »Verwaltung Dönitz« fortbestehen zu lassen. Auf sowjetischen Druck erteilte Eisenhower dann jedoch den Befehl, Dönitz und seine Leute in Flensburg am 23. Mai 1945 zu verhaften. Generaladmiral von Friedeburg beging dabei Selbstmord. Reichsführer SS Himmler, der nach dem 9. Mai unter falschem Namen in der Uniform eines Feldwebels unterzutauchen versuchte, hatte sich am 21. Mai nach seiner Festnahme durch die britische Armee mit Zyankali vergiftet.

Mit der Einsetzung des Alliierten Kontrollrates für Deutschland, bestehend aus den vier Oberbefehlshabern der Besatzungsmächte, mit Sitz in Berlin und mit der Verkündung der »Berliner Deklarationen« vom 5. Juni 1945 übernahmen die Siegermächte offiziell die Regierungsgewalt in Deutschland. Sie betonten dabei, daß dies keine Annexion oder Auflösung Deutschlands bedeutete. Insofern blieb der Fortbestand eines deutschen Gesamtstaates auf dem Papier gewährleistet. Zugleich kündigten die Alliierten die vollständige Abrüstung und Demilitarisierung Deutschlands an und legten die Aufteilung der Besatzungszonen fest.

Die Berliner Deklarationen waren Ausdruck der totalen Niederlage des Deutschen Reiches und des deutschen Nationalstaates Bismarckscher Prägung – und zwar nicht nur einer militärischen, sondern auch einer politisch-moralischen. Mit »Blut und Eisen« war das »Reich« in mehreren Kriegen 75 Jahre zuvor gegründet worden. Im Herzen Europas hatte diese Machtzusammenballung immer wieder Konflikte und Kriege hervorgerufen. Die führenden Kreise der preußisch-deutschen Großmacht hatten oft genug danach getrachtet, die bestehenden Grenzen zu verändern und ihren »Griff nach der Weltmacht« zu verwirklichen. Für die Nachbarn war Deutschland deshalb in erster Linie kaum noch das Land der »Dichter und Denker« gewesen; es schien vielmehr durch die Pickelhaube und schließlich durch das Hakenkreuz symbolisiert zu werden. Die beherrschende Strömung eines aggressiven Nationalismus hatte demokratische Gegenkräfte im Lande wiederholt niedergeworfen oder zurückgedrängt. Die bedingungslose Kapitulation des Dritten Reiches vom 8. Mai 1945 machte folglich auch den Weg frei für die Gründung eines lebensfähigen demokratischen Staatswesens im Kreise der europäischen Völker – auch wenn erst einmal eine Besatzungszeit durch die Siegermächte bevorstand. Der Verlust der staatlichen Einheit durch die neue Grenze zwischen Ost und West in der Mitte Europas und Deutschlands bleibt ein schmerzhafter, aber möglicherweise nicht endgültiger Preis dafür.

Die Kapitulations-Urkunde vom 7. Mai 1945

1. Der Unterzeichnete, handelnd im Namen des deutschen Oberkommandos, erklärt hiermit die bedingungslose Kapitulation aller Streitkräfte zu Lande, zu Wasser und in der Luft, welche sich in diesem Augenblick unter deutscher Kontrolle befinden, gegenüber dem Obersten Befehlshaber der alliierten Expeditionsstreitkräfte und gleichzeitig gegenüber dem Oberkommando der Sowjettruppen.

2. Das deutsche Oberkommando wird sofort an alle deutschen Kommandostellen der Land-, See- und Luftstreitkräfte und an alle unter

deutscher Kontrolle stehenden Streitkräfte Befehle erteilen, Kampfhandlungen um 23 Uhr 1 mitteleuropäischer Zeit am 8. Mai einzustellen und in den zu dieser Zeit besetzten Stellungen zu verbleiben. Kein Schiff, kein Fahrzeug oder Luftschiff darf unbrauchbar gemacht, noch darf dem Schiff- oder Flugkörper, dem maschinellen Teil oder der Ausrüstung irgend eine Beschädigung zugefügt werden.

3. Das deutsche Oberkommando wird sich sofort mit den in Betracht kommenden Befehlshabern in Verbindung setzen und die Ausführung irgendwelcher weiterer Anordnungen sicherstellen, die von dem Obersten Befehlshaber der alliierten Expeditionskräfte und von dem Oberkommando der Sowjettruppen erlassen werden.

4. Die Urkunde militärischer Übergabe präjudiziert nicht ihre Ersetzung durch ein allgemeines Kapitulationsinstrument, das von und im Namen der Vereinigten Nationen Deutschland und den deutschen Streitkräften in ihrer Gesamtheit auferlegt wird.

5. Falls das deutsche Oberkommando oder irgendwelche unter seiner Kontrolle stehenden Streitkräfte nicht entsprechend dieser Kapitulationsurkunde handeln, werden der Oberste Befehlshaber der alliierten Expeditionsstreitkräfte und das Oberkommando der Sowjettruppen die ihnen geeignet erscheinenden Strafmaßnahmen ergreifen oder in anderer Weise vorgehen.

Gezeichnet zu Reims um 2 Uhr 41 am 7. Tage des Mai 1945. Frankreich.

Im Namen des deutschen Oberkommandos.

Jodl.

In Gegenwart von:

Im Namen des Obersten Befehlshabers
der alliierten Expeditionsstreitkräfte

W. B. Smith

Im Namen des Oberkommandos der Sowjettruppen

Sousloparov

F. Sevez
Generalmajor der französischen Armee.

(Zeuge).

Quelle: Jahrbuch für internationales und ausländisches öffentliches Recht 1948, S. 185 f.

Der letzte Bericht des Oberkommandos der Wehrmacht vom 9. Mai 1945

Seit Mitternacht schweigen nun an allen Fronten die Waffen. Auf Befehl des Großadmirals hat die Wehrmacht den aussichtslos gewordenen Kampf eingestellt. Damit ist das fast sechsjährige Ringen zu Ende. Es hat uns große Siege, aber auch schwere Niederlagen gebracht. Die deutsche Wehrmacht ist am Ende einer gewaltigen Übermacht ehrenvoll unterlegen.

Der deutsche Soldat hat getreu seinem Eid, im höchsten Einsatz für sein Volk für immer Unvergeßliches geleistet. Die Heimat hat ihn bis zuletzt mit allen Kräften unter schwersten Opfern unterstützt.

Die einmalige Leistung von Front und Heimat wird in einem späteren gerechten Urteil der Geschichte ihre endgültige Würdigung finden.

Den Leistungen und Opfern der deutschen Soldaten zu Lande, zu Wasser und in der Luft wird auch der Gegner die Achtung nicht versagen. Jeder Soldat kann deshalb die Waffe aufrecht und stolz aus der Hand legen und in den schwersten Stunden unserer Geschichte tapfer und zuversichtlich an die Arbeit gehen für das ewige Leben unseres Volkes.

Die Wehrmacht gedenkt in dieser Stunde ihrer vor dem Feind gebliebenen Kameraden.

Die Toten verpflichten zu bedingungsloser Treue, zu Gehorsam und Disziplin gegenüber dem aus zahllosen Wunden blutenden Vaterland.

Quelle: »Das Oberkommando der Wehrmacht gibt bekannt . . .« Der deutsche Wehrmachtsbericht. Vollst. Ausgabe. Hrsg. von Günter Wegmann. Bd. 3. Osnabrück 1982, S. 569.

Berliner Deklaration vom 5. Juni 1945

Deklaration betreffend die Niederlage Deutschlands und die Übernahme der obersten Gewalt hinsichtlich Deutschlands durch die Regierungen Großbritanniens, der UdSSR und der Vereinigten Staaten sowie die provisorische Regierung der Französischen Republik.
(Auszüge)

Die deutschen Streitkräfte zu Lande, zu Wasser und in der Luft sind vollständig geschlagen und haben bedingungslos kapituliert, und Deutschland, das für den Krieg Verantwortung trägt, ist nicht mehr in der Lage, sich dem Willen der Siegermächte zu widersetzen. Dies hat zur bedingungslosen Kapitulation Deutschlands geführt, und Deutschland unterliegt den Forderungen, die ihm jetzt oder später auferlegt werden.

Es gibt keine zentrale Regierung oder Behörde in Deutschland, die in der Lage wäre, Verantwortung für die Aufrechterhaltung der Ordnung, für die Verwaltung des Landes und für die Erfüllung der Forderungen der Siegermächte zu übernehmen.

Unter diesen Umständen ist es erforderlich, unbeschadet späterer Beschlüsse, die gegebenenfalls hinsichtlich Deutschlands gefaßt werden, Vorkehrungen für die Einstellung weiterer Feindseligkeiten seitens der deutschen Streitkräfte, für die Aufrechterhaltung der Ordnung in Deutschland und für die Verwaltung des Landes zu treffen und die sofortigen Forderungen zu verkünden, die Deutschland erfüllen muß.

Die Vertreter der Oberkommandos des Vereinigten Königreichs, der Vereinigten Staaten von Amerika, der Union der Sozialistischen Sowjetrepubliken und der Französischen Republik, nachstehend als die »alliierten Vertreter« bezeichnet, die im Auftrag ihrer jeweiligen Regierungen und im Interesse der Vereinten Nationen handeln, geben dementsprechend die folgende Deklaration ab:

Die Regierungen des Vereinigten Königreichs, der Vereinigten Staaten von Amerika und der Union der Sozialistischen Sowjetrepubliken sowie die provisorische Regierung der Französischen Republik übernehmen hiermit die oberste Gewalt hinsichtlich Deutschlands, einschließlich aller Befugnisse der deutschen Regierung, des Oberkommandos und der Regierungen, Verwaltungen oder Behörden der Länder, Städte und Gemeinden. Die Übernahme der genannten Gewalt und Befugnisse zu den vorstehend bezeichneten Zwecken bewirkt nicht die Annexion Deutschlands.

Die Regierungen des Vereinigten Königreichs, der Vereinigten Staaten von Amerika und der Union der Sozialistischen Sowjetrepubliken sowie die provisorische Regierung der Französischen Republik legen zu einem späteren Zeitpunkt die Grenzen Deutschlands oder eines Teils von Deutschland sowie den Status Deutschlands oder eines gegenwärtig zum deutschen Hoheitsgebiet gehörenden Gebiets fest.

Aufgrund der von den vier Regierungen auf diese Weise übernommenen obersten Gewalt und Befugnisse verkünden die alliierten Vertreter die nachstehenden Forderungen, die sich aus der vollständigen Niederlage und der bedingungslosen Kapitulation Deutschlands ergeben und die Deutschland erfüllen muß:

ARTIKEL 1

Deutschland und alle Dienst- und Befehlsstellen des Heeres, der Marine und der Luftwaffe sowie alle Streitkräfte unter deutschem Befehl stellen sofort auf allen Kriegsschauplätzen die Feindseligkeiten gegen die Streitkräfte der Vereinten Nationen zu Lande, zu Wasser und in der Luft ein.

ARTIKEL 2

a) Alle deutschen oder unter deutschem Befehl stehenden Streitkräfte, wo immer sie sich befinden, einschließlich der Land-, Luft-, Flugabwehr- und Seestreitkräfte, der SS, SA und GESTAPO, sowie alle sonstigen mit Waffen ausgerüsteten Streitkräfte oder Hilfsorganisationen werden vollständig entwaffnet und übergeben ihre Waffen und ihre Ausrüstung den örtlichen alliierten Befehlshabern oder von den alliierten Vertretern benannten Offizieren.

b) Das Personal der Verbände und Einheiten aller im vorstehenden Absatz a) genannten Streitkräfte wird vorbehaltlich weiterer Entscheidungen nach dem Ermessen des Oberbefehlshabers der Streitkräfte des betreffenden alliierten Staates zu Kriegsgefangenen erklärt und unterliegt den von den jeweiligen alliierten Vertretern festgelegten Bestimmungen und erlassenen Weisungen.

c) Alle im vorstehenden Absatz a) genannten Streitkräfte bleiben in ihren jeweiligen Stellungen, bis Weisungen der alliierten Vertreter ergehen.

d) Gemäß den von den alliierten Vertretern zu erteilenden Weisungen räumen die genannten Streitkräfte alle außerhalb der deutschen Grenzen nach dem Stand vom 31. Dezember 1937 liegenden Gebiete.

e) Zivile Polizeieinheiten, die zur Aufrechterhaltung der Ruhe und zum Wachdienst nur mit Handwaffen auszurüsten sind, werden von den alliierten Vertretern benannt.

(Die Artikel 3 bis 8, sowie 10 stellen alle militärischen Materialien und Einrichtungen, sowie die Zivilluftfahrt und die Handelsschiffahrt unter alliierte Kontrolle und regeln die Freilassung der alliierten Kriegsgefangenen und anderer inhaftierter Ausländer.)

ARTIKEL 9

Bis die alliierten Vertreter alle Einrichtungen des Nachrichtenverkehrs kontrollieren, stellen alle deutscher Kontrolle unterstehenden Rundfunk- und Fernmeldeeinrichtungen sowie sonstige Einrichtungen der drahtgebundenen oder drahtlosen Nachrichtenübermittlung zu Lande oder zu Wasser ihre Sendetätigkeit ein, sofern die alliierten Vertreter nichts anderes anordnen.

ARTIKEL 11

a) Die von den alliierten Vertretern bezeichneten hauptsächlichen Nazi-Führer sowie alle Personen, die die alliierten Vertreter aufgrund des Verdachts, daß sie Kriegsverbrechen oder ähnliche Verbrechen begangen, angeordnet oder begünstigt haben, von Zeit zu Zeit benennen oder unter Angabe ihres Rangs, Amts oder ihrer Tätigkeit bezeichnen, werden festgenommen und den alliierten Vertretern überstellt.

b) Das gleiche gilt im Falle jedes Staatsangehörigen jeder der Vereinten Nationen, der mutmaßlich gegen die Rechtsvorschriften seines Landes verstoßen hat, und der von den alliierten Vertretern jederzeit benannt oder unter Angabe seines Rangs, seines Amts oder seiner Tätigkeit bezeichnet werden kann.

c) Die deutschen Behörden und das deutsche Volk befolgen alle Weisungen, die die alliierten Vertreter zur Festnahme und Überstellung dieser Personen erlassen haben.

ARTIKEL 12

Die alliierten Vertreter stationieren nach eigenem Ermessen Streitkräfte und zivile Dienststellen in ganz Deutschland oder in Teilen von Deutschland.

ARTIKEL 13

a) Bei der Ausübung der obersten Gewalt hinsichtlich Deutschlands, die die Regierungen des Vereinigten Königreichs, der Vereinigten Staaten von Amerika und der Union der Sozialistischen Sowjetrepubliken sowie die provisorische Regierung der Französischen Republik übernommen haben, ergreifen die vier alliierten Regierungen diejenigen Maßnahmen, einschließlich der vollständigen Entwaffnung und Entmilitarisierung Deutschlands, die sie für den künftigen Frieden und die künftige Sicherheit als erforderlich erachten.

b) Die alliierten Vertreter erlegen Deutschland zusätzliche politische, verwaltungsmäßige, wirtschaftliche, finanzielle, militärische und sonstige Forderungen auf, die sich aus der vollständigen Niederlage Deutschlands ergeben. Die alliierten Vertreter bzw. die ordnungsgemäß hierzu ermächtigten Personen oder Dienststellen erlassen Proklamationen, Befehle, Verordnungen und Weisungen, um diese zusätzlichen Forderungen festzulegen und die sonstigen Bestimmungen dieser Deklaration in Kraft zu setzen. Alle deutschen Behörden und das deutsche Volk erfüllen die Forderungen der alliierten Vertreter bedingungslos und befolgen alle diese Proklamationen, Befehle, Verordnungen und Weisungen in vollem Umfang.

ARTIKEL 14

Diese Deklaration tritt zu dem nachstehend genannten Datum und Zeitpunkt in Kraft. Sollten es die deutschen Behörden oder das deutsche Volk unterlassen, die sich aus dieser Deklaration ergebenden oder zu einem späteren Zeitpunkt auferlegten Verpflichtungen rasch und in vollem Umfang zu erfüllen, so ergreifen die alliierten Vertreter alle Maßnahmen, die sie unter den Umständen für zweckmäßig erachten.

ARTIKEL 15

Diese Deklaration ist in englischer, russischer, französischer und deutscher Sprache abgefaßt. Die englische, russische und französische Fassung sind allein verbindlich.

Berlin, den 5. Juni 1945
18.00 Uhr Mitteleuropäischer Zeit

Unterzeichnet von den alliierten Vertretern:

DWIGHT EISENHOWER
General der Armee, USA
ŽUKOV

B. L. MONTGOMERY
J. DE LATTRE-TASSIGNY
General der Armee

Übersetzung aus: Deutschland 1945. Hrsg. v. Gesamtdeutschen Institut. Amtlicher Text im Amtsblatt des Kontrollrats in Deutschland, Ergänzungsblatt Nr. 1

ZITIERTE UND VERWENDETE LITERATUR

Armstrong, Anne: Bedingungslose Kapitulation. Die teuerste Fehlentscheidung der Neuzeit. Wien – München 1965

Böddeker, Günter: Der Untergang des Dritten Reiches. Mit den Berichten des Oberkommandos der Wehrmacht vom 6. Januar – 9. Mai 1945 und einer Bilddokumentation. München 1985

Dönitz, Karl: Zehn Jahre und zwanzig Tage. Bonn 3. Aufl. 1964

Eisenhower, Dwight D.: Kreuzzug in Europa. Amsterdam 1948

Hansen, Reimer: Das Ende des Dritten Reiches. Die deutsche Kapitulation 1945. Stuttgart 1966

Kriegstagebuch des Oberkommandos der Wehrmacht (Wehrmachtführungsstab) 1940–1945. Band IV: 1. Januar 1944 – 22. Mai 1945. Eingeleitet und erläutert von Percy Ernst Schramm. 2. Halbbd. IV/8 mit Nachträgen. München-Herrsching 1982

Lüdde-Neurath, Walter: Regierung Dönitz. Die letzten Tage des Dritten Reiches. Göttingen 3. erweiterte Aufl. 1964

Moltmann, Günter: Die Genesis der Unconditional-Surrender-Forderung. In: Wehrwissenschaftliche Rundschau 6. Jg. (1956), S. 105–118, 177–188

Murawski, Erich: Der deutsche Wehrmachtbericht 1939–1945. Ein Beitrag zur Untersuchung der geistigen Kriegführung. Mit einer Dokumentation der Wehrmachtberichte vom 1. 7. 1944 bis zum 9. 5. 1945. Boppard 1962

Die Niederlage 1945. Aus dem Kriegstagebuch des Oberkommandos der Wehrmacht. Hrsg. v. Percy E. Schramm. München 2. Aufl. 1985

Steinert, Marlis G.: Die 23 Tage der Regierung Dönitz. Düsseldorf 1967

Die letzten hundert Tage. Das Ende des Zweiten Weltkrieges in Europa und Asien. Hrsg. v. Hans Dollinger. Wissenschaftl. Beratung: Hans-A. Jacobsen. München 1965

Thorwald, Jürgen: Die große Flucht. Es begann an der Weichsel. Das Ende an der Elbe. Stuttgart 1962

Vagts, Alfred: Unconditional surrender – Vor und nach 1943. In: Vierteljahreshefte für Zeitgeschichte 7. Jg. (1959), S. 280–309

GERD R. UEBERSCHÄR

Die »Berliner Konferenz der Drei Mächte« in Potsdam

Mehr als zwei Monate, nachdem die Kampfhandlungen in Europa beendet worden waren, und noch während des andauernden Krieges gegen Japan trafen sich die »Großen Drei«, Truman, Stalin und Churchill (bzw. dessen Nachfolger Attlee), zu einer weiteren alliierten Kriegskonferenz. Die Wehrmacht des Dritten Reiches hatte am 8./9. Mai 1945 bedingungslos kapituliert. Die Staats- und Regierungschefs der Anti-Hitler-Koalition konnten eigentlich zufrieden an die Friedensgestaltung Europas herangehen. Doch überschatteten bereits erste politische Spannungen und Verstimmungen zwischen den drei Hauptsiegermächten das Ende des Krieges gegen Hitler-Deutschland.

Seit dem letzten Treffen zwischen Stalin, Roosevelt und Churchill in Jalta vom 4. bis 11. Februar 1945 hatte sich die militärpolitische Lage grundlegend verändert und zugleich neue Probleme geschaffen. Anfang Mai schlug der britische Premierminister Winston Churchill dem neuen US-Präsidenten Harry S. Truman vor, eine Verständigung über die weitere Behandlung Deutschlands und zur politischen Entwicklung Europas nicht durch langwierige Korrespondenzen untereinander und im Briefwechsel mit Stalin, sondern durch eine persönliche Zusammenkunft aller drei herbeizuführen. Churchill bezeichnete dabei das Vorgehen Stalins in Osteuropa als Verstoß gegen die Jalta-Beschlüsse. Ein »eiserner Vorhang« – so schrieb Churchill am 12. Mai an Truman – sei vor der russischen Front in Mitteleuropa niedergegangen, und man wisse nicht, was dahinter vor sich gehe.

Was war geschehen? Was veranlaßte die Verärgerung des britischen Premierministers, so daß er Truman sogar vorschlug, die westalliierten Truppen weiterhin in der für die UdSSR vorgesehenen Besatzungszone in Mitteldeutschland zu belassen, um gegenüber Stalin ein »Faustpfand« und »Tauschobjekt« in der Hand zu behal-

Die »Großen Drei« (von links: Clement Attlee, Harry S. Truman und Josef Stalin) vor Schloß Cecilienhof in Potsdam. Dahinter stehend von links: US-Admiral Leahy, der britische Außenminister Bevin, der US-Außenminister Byrnes und der sowjetische Außenminister Molotow.

ten und um dessen Einlenken zu erreichen? Vor allem beunruhigte Churchill das sowjetische Vorgehen in den von den deutschen Truppen befreiten und eroberten Ländern Osteuropas. Im Hinterland der vormarschierenden Roten Armee in Ost- und Südosteuropa hatte Moskau in Polen, Rumänien, Bulgarien und alsbald in weiteren Staaten der UdSSR freundlich gesinnte, kommunistisch kontrollierte Regierungen eingesetzt, deren Anerkennung als freie Regierungen Stalin dann von den Westmächten wünschte. Churchill sah darin einen Verstoß gegen die in Jalta vereinbarte Erklärung über den gemeinsamen Aufbau eines freien Europas »auf demokratischer Grundlage«.

Dagegen fand Ende April die Gründungstagung der UNO in San Francisco noch im Geiste der Rooseveltschen Vorstellungen einer übergreifenden Weltfriedensordnung nach dem Zweiten Weltkrieg statt. Heftig wurde um das Veto-Recht der Hauptsiegermächte gerungen, das die Sowjetunion verlangte und durchsetzte. Am 26. Juni 1945 unterzeichneten 50 Staaten die UN-Charta. Das Ereignis hatte jedoch keinen unmittelbaren Einfluß auf die Nachkriegsordnung Europas, wie Roosevelt immer gehofft hatte.

Churchill hielt es statt dessen für »lebenswichtig«, mit Moskau zu einer Verständigung über die europäischen Probleme zu kommen, ehe die Westalliierten sich auf ihre Besatzungszonen zurückzogen und mit einer allgemeinen Demobilmachung begannen. Truman, der als bisheriger Vizepräsident Nachfolger des am 12. April 1945 verstorbenen Präsidenten Roosevelt geworden war, verfolgte die Absicht, die bisher mit Moskau getroffenen Vereinbarungen seinerseits strikt einzuhalten, um die Zusammenarbeit mit der Sowjetunion nicht noch weiter zu erschweren. Er hoffte, auf die UdSSR wirtschaftlichen Druck ausüben zu können, und war nicht abgeneigt, aufgrund des bevorstehenden nuklearen Monopols gegenüber der Sowjetunion eine »atomare Diplomatie« zu führen, um Stalin auf diese Weise die Macht der USA zu demonstrieren und ihn zu beeindrucken. Der sowjetische Diktator war jedoch seit Jahren über die Entwicklung der Atombombe in den USA durch die Spionagearbeit seines Geheimdienstes gut unterrichtet und dementsprechend durch Trumans spätere Mitteilung über den gelungenen Atombomben-Test während der Konferenz in Berlin nicht zu überraschen.

Nachdem am 23. Mai die Dönitz-Regierung verhaftet worden war, proklamierten die vier alliierten Zonenbefehlshaber am 5. Juni 1945 durch die »Berliner Erklärungen und Feststellungen« offiziell die bedingungslose Kapitulation Deutschlands sowie die Übernahme der obersten Regierungsgewalt und Souveränitätsrechte für das Deutsche Reich. Gleichzeitig verkündeten sie die Aufnahme der Tätigkeit des Alliierten Kontrollrates und des Kontrollverfahrens für Deutschland. Ferner bestätigten sie die Aufteilung in die vier Besatzungszonen, wie sie in Jalta vereinbart worden war. US-Präsident Truman sah sich daraufhin veranlaßt, Stalin den Rückzug der US-Truppen aus Mecklenburg, Thüringen, Sachsen und der westlichen Tschechoslowakei auf das festgelegte Besatzungsgebiet der Westalliierten für Ende Juni 1945 anzukündigen, um endlich »geregelte Besatzungsregime« einsetzen und im Gegenzug den Einmarsch der Westalliierten als Garnisonstruppen in Berlin vornehmen zu können. Nach Verständigung mit Stalin rückten die Verbände der Westalliierten schließlich Anfang Juli in ihre Besatzungszonen ab und gleichzeitig in die jeweiligen Berliner Sektoren ein, während die Rote Armee bis zur Zonengrenze am Harz und Thüringer Wald vormarschierte. Die von Churchill gewünschten »Faustpfänder« waren damit aus der Hand gegeben. Truman hoffte jedoch, auf der neuen Gipfelkonferenz die anstehenden Konflikte im persönlichen Gespräch mit Stalin bereinigen zu können. Er war sogar bereit, dies durch eine Vorkonferenz allein mit Stalin zu versuchen, mußte diesen Plan jedoch aufgeben, als ihm Churchill zu verstehen gab, daß er dann an der Konferenz – gleichsam als geringwertiger »Juniorpartner« – nicht teilnehmen werde.

Bis die »Berliner Konferenz der Drei Mächte« (offizielle Bezeichnung) schließlich Mitte Juli begann, schuf die Sowjetführung konsequent und kontinuierlich weitere entscheidende Tatsachen für die politische Nachkriegssituation Europas: In Polen, Ungarn, Rumänien, Bulgarien und der Tschechoslowakei erlangten die Kommunisten wichtige Stellungen in den provisorisch eingesetzten Regierungen. Im Vorgriff auf die gewünschte Gebietserweiterung nach Westen begann die polnische Regierung mit Moskaus Zustimmung, die deutsche Bevölkerung aus Ost- und Westpreußen, Pommern, Schlesien und Danzig zu vertreiben. Auch aus dem Sudetenland wurden die Deutschen ausgewiesen. Seit Februar 1945 wurde in den deutschen Gebieten östlich der Oder-Neiße-Linie – mit Ausnahme des von der UdSSR beanspruchten nördlichen Ostpreußen um Königsberg – eine polnische Verwaltung errichtet.

In Warschau wurde Ende Juni die sogenannte Provisorische Regierung der nationalen Einheit unter Edward Osobka-Morawski gebildet. Sie stützte sich weitgehend auf Mitglieder des ehemaligen kommunistischen Lubliner Komitees. Auf Drängen der Westalliierten wurden auch einige wenige Vertreter aus demokratischen Gruppen und der früheren Londoner Exilregierung Polens, wie z. B. Stanislaw Mikolajczyk, hinzugenommen. Deren Einfluß auf die polnische Politik war jedoch gering. Gleichwohl wurde diese Regierung nunmehr von allen Alliierten als alleinige Vertretung Polens anerkannt. Die Frage der weiteren Konsolidierung dieser Regierung wurde zu einem wichtigen Thema der Konferenz der »Großen Drei« in Schloß Cecilienhof in Potsdam, dem früheren Landsitz des deutschen Kronprinzen.

Es war symptomatisch, daß sowohl Churchill als auch Truman nach ihrer Ankunft in Berlin das »Trümmerfeld Deutschland« durch improvisierte Stadtrundfahrten in der Reichshauptstadt in Augenschein nahmen. Churchill erschien aufgrund des noch ausstehenden Ergebnisses der Unterhauswahlen vom 5. Juli in Begleitung von Oppositionsführer Clement Attlee, der ihn dann auch ab 29. Juli als Konferenzteilnehmer und neuer Premierminister ablöste.

Noch vor Beginn der Potsdamer Konferenz erhielt Truman die Nachricht, daß am 16. Juli in Alamogordo in New Mexico/USA der erste Atombombentest erfolgreich gezündet worden war. Die Testergebnisse übertrafen alle Erwartungen. Das Ereignis bestärkte Truman, den moralischen Anspruch der stärksten Macht für das Zustandekommen von allgemein anerkannten Regelungen für Freiheit, Frieden und Demokratie auch gegenüber Stalin einzusetzen. Die neuen Übereinkünfte sollten es schließlich ermöglichen, die US-Truppen alsbald in die USA zurückzuführen. Gerade dies befürchtete Churchill, der deshalb auf Heranziehung Frankreichs als vierte Besatzungsmacht nach Potsdam drängte, um mit Paris ein Gegengewicht gegen die mächtige Rote Armee in der Mitte Europas zu bilden.

Am 17. Juli 1945 begann die Konferenz, deren Codebezeichnung »Terminal« (= Endstation) symbolhaft die Bedeutung für das Ende des Zweiten Weltkrieges offenbart, obwohl in Ostasien der Krieg gegen Japan noch nicht siegreich beendet war. Bei den anschließenden 13 Plenarsitzungen zwischen der sowjetischen (Stalin, Molotow, Wyschinski, Gromyko) sowie der britischen (Churchill, Eden, Attlee und Bevin) und der amerikanischen Delegation (Truman, Byrnes, Leahy und Davies) standen nicht nur die Regelungen für das besiegte Deutschland auf dem Programm, sondern auch die Frage der weiteren politischen Entwicklung Europas am Beispiel der Wiedererrichtung freier Staaten in Osteuropa, insbesondere Polens, für dessen Unabhängigkeit und Existenz England im September 1939 in den Krieg gezogen war.

Die »deutsche« und die »polnische Frage« wurden auch bei den

Treffen der drei Außenminister und in den Unterausschüssen kontrovers diskutiert. Eine längere Diskussion löste Churchills Frage aus, »Was bedeutet Deutschland heute?«. Schließlich gelang es Truman, den Begriff Deutschland »innerhalb der Grenzen von 1937« als formalen Ausgangspunkt für die weiteren Regelungen festzulegen, obwohl Stalin klarmachte, daß er beispielsweise eine deutsche Verwaltung in Königsberg sofort »von dort verjagen« würde. Faktisch wurde die Festlegung, was denn nun unter Deutschland zu verstehen sei, vertagt. Um so mehr Bedeutung erlangten die neuen Demarkationslinien der vier Zonengebiete. Dabei stand sehr rasch die Frage der polnischen Westgrenze auf der Tagesordnung. Einerseits hatte man in Jalta eine Vergrößerung Polens im Westen und Norden auf Kosten Deutschlands in Aussicht gestellt, andererseits wurde man mit den von der sowjetischen Seite geschaffenen Tatsachen östlich der Oder-Neiße-Linie konfrontiert.

Stalin begründete die Überlassung der Gebiete östlich der Linie »westlich von Swinemünde die Oder aufwärts zur Einmündung des Flusses westliche Neiße bis zur tschechoslowakischen Grenze« an Polen mit dem Hinweis, alle neun Millionen Deutsche seien aus diesen Gebieten geflohen; angeblich seien nur die Polen dort geblieben. Truman und Churchill mußten Stalins Vorgehen als »fait accompli« hinnehmen. Sie stellten jedoch zugleich fest, daß damit gleichsam eine neue Besatzungszone für Polen ohne ihr Mitwirken geschaffen worden war, die dem Kontrollrat nicht unterstellt war und die auch nicht für die Erfüllung der wirtschaftlichen Forderungen und Reparationen zur Verfügung stand. Dagegen stimmten Churchill und Truman der Einverleibung des nördlichen Ostpreußen mit Königsberg durch die UdSSR in Form einer sowjetischen Verwaltung zu; diese Abtretung an die Sowjetunion wollten sie auch auf der späteren Friedenskonferenz mit Deutschland unterstützen.

Die US-Delegation ergriff schließlich die Gelegenheit, die polnische Grenzfrage mit der noch offenen und durch die alliierte Reparationskommission nicht geregelten Reparationsfrage zu verbinden. Ohne Beteiligung der Briten wurde der entscheidende Kompromiß zwischen der amerikanischen und sowjetischen Delegation erzielt. Molotow und Byrnes handelten folgende Übereinkunft aus, der dann auch die Briten zustimmten: Die Westalliierten waren bereit, den sowjetischen Vorschlag in bezug auf die neue polnische West-

CONTROL COUNCIL

Proclamation No. 1

To the People of Germany:

The Commanders - in - Chief of the Armed Forces in Germany of the United States of America, the Union of Soviet Socialist Republics, the United Kingdom of Great Britain and Northern Ireland, and the Provisional Government of the French Republic, acting jointly as members of the Control Council do hereby proclaim as follows:

I

As announced on 5 June 1945, supreme authority with respect to Germany has been assumed by the Governments of the United States of America, the Union of Soviet Socialist Republics, the United Kingdom, and the Provisional Government of the French Republic.

II

In virtue of the supreme authority and powers thus assumed by the four Governments the Control Council has been established and supreme authority in matters affecting Germany as a whole has been conferred upon the Control Council.

III

Any military laws, proclamations, orders, ordinances, notices, regulations, and directives issued by or under the authority of the respective Commanders - in - Chief for their respective Zones of Occupation are continued in force in their respective Zones of Occupation.

Done at Berlin, 30 August 1945

Dwight D. Eisenhower
General of the Army

Gregory Zhukov
Marshal of the Soviet Union

Bernard L. Montgomery
Field Marshall

Pierre Koenig
General, Army Corps Commander

OMG W

KONTROLLRAT

Proklamation Nr. 1

An das deutsche Volk:

Die Oberbefehlshaber der Streitkräfte in Deutschland, der Vereinigten Staaten von Amerika, der Union der Sozialistischen Sowjetrepubliken, des Vereinigten Königreiches von Großbritannien und Nordirland und der Provisorischen Regierung der Französischen Republik, verkünden hiermit gemeinsam als Mitglieder des Kontrollrates folgendes:

I

Laut Bekanntmachung vom 5. Juni 1945 ist die oberste Regierungsgewalt in Bezug auf Deutschland von den Regierungen der Vereinigten Staaten von Amerika, der Union der Sozialistischen Sowjetrepubliken, des Vereinigten Königreiches von Großbritannien und Nordirland und der Provisorischen Regierung der Französischen Republik übernommen worden.

II

Kraft der obersten Regierungsgewalt und der Machtbefugnisse, die damit von den vier Regierungen übernommen wurden, ist der Kontrollrat eingesetzt und die oberste Machtgewalt in Angelegenheiten, die Deutschland als Ganzes angehen, dem Kontrollrat übertragen worden.

III

Alle Militärgesetze, Proklamationen, Befehle, Verordnungen, Bekanntmachungen, Vorschriften und Anweisungen, die von den betreffenden Oberbefehlshabern oder in ihrem Namen für ihre Besatzungszonen herausgegeben worden sind, verbleiben auch weiterhin in diesen ihren Besatzungszonen in Kraft.

Ausgefertigt in Berlin, 30. August 1945

Dwight D. Eisenhower
General der Armee

Gregory Zhukov
Marschall der Sowjetunion

Bernard L. Montgomery
Feldmarschall

Pierre Koenig
General, Armee-Korps-Kommandeur

1. Proklamation des Alliierten Kontrollrates »An das deutsche Volk«.

grenze bereits vor endgültiger Festlegung durch einen Friedensvertrag faktisch zu akzeptieren, indem die Gebiete östlich der Oder und Görlitzer Neiße polnischer Verwaltung unterstellt und »nicht als Teil der sowjetischen Besatzungszone in Deutschland« betrachtet wurden. Moskau erklärte sich als Gegenleistung bereit, in der Reparationsfrage nachzugeben; es fand sich damit ab, sowohl die noch in Jalta auf 10 Milliarden Dollar festgelegten sowjetischen als auch die polnischen Reparationsforderungen aus dem eigenen Besatzungsgebiet zu befriedigen. Zusätzlich erhielt die UdSSR jedoch 15 Prozent der Reparationen aus den westlichen Besatzungszonen gegen Nahrungsmittel-, Holz- und Kohlelieferungen aus ihrer Zone sowie 10 Prozent der Industrieausrüstungen ohne Gegenlieferungen.

Die Siegermächte waren sich ferner einig, daß Deutschland mit seinem ökonomischen und industriellen Potential keine erneute Gefahr für Europa werden dürfe. Dieses Sicherheitsproblem für die Nachbarn Deutschlands sollte vordringlich durch Reparationen, Demontagen, industrielle Beschränkungen und Kontrollen gelöst werden. Die deutsche Industrie sollte auf etwa 45 Prozent ihres Vorkriegsstandes verringert werden. Von den noch in London und Moskau bis Frühjahr 1945 bestehenden Teilungs- und Zerstückelungsplänen war man wieder abgekommen. Langfristiges Ziel war der politische Wiederaufbau Deutschlands auf demokratischer Grundlage. Man einigte sich deshalb auch sehr rasch auf die politischen Grundsätze zur Behandlung Deutschlands. Der Wiederaufbau des politischen Lebens sollte geprägt sein von Entmilitarisierung, Entwaffnung, Entnazifizierung und der konsequenten Umgestaltung des Erziehungs- und Gerichtswesens.

Nur sehr unvollkommen machte man sich auf der Konferenz klar, daß hinter den neuen Grenzfestlegungen im Osten umfangreiche »Bevölkerungsverschiebungen und -vertreibungen« standen. Letztlich sanktionierten die Alliierten diese »Umsiedlung der deutschen Bevölkerung, die in Polen, der Tschechoslowakei und Ungarn zurückgeblieben« war, nach Deutschland – mit der Forderung, sie »organisiert und human« durchzuführen. Sie nahmen es auch hin, daß die Zwangsausweisung auf die nunmehr der polnischen Verwaltung unterstellten deutschen Ostgebiete ausgedehnt wurde.

Obwohl die US-Regierung angesichts der erfolgreich einsetzbaren Atombombe davon ausgehen konnte, daß auch der Krieg gegen

Japan alsbald siegreich beendet werden könnte, hielt Truman an dem in Jalta abgeschlossenen Geheimprotokoll fest, nach dem die UdSSR innerhalb von zwei oder drei Monaten nach der deutschen Kapitulation in den Krieg gegen Japan eintreten werde. Dies sagte Stalin für den 8. August zu. Wenige Tage später kapitulierte das ostasiatische Kaiserreich.

Am 2. August 1945 wurde das Schlußprotokoll der Potsdamer Konferenz unterzeichnet. Es war ein Regierungsabkommen ohne Ratifizierungsverfahren – im völkerrechtlichen Sinne kein offizieller Vertrag. Sein vollständiger Text wurde erst am 24. März 1947 veröffentlicht. Die Ergebnisse der Beratungen wurden ferner als Kommuniqué in Form einer »Mitteilung über die Berliner Konferenz der drei Mächte« festgehalten. Es wurde vom Kontrollrat publiziert und als sogenanntes »Abkommen von Potsdam« verstanden.

Welche Bedeutung hatten die im Potsdamer Abkommen festgehaltenen Ergebnisse der Berliner Konferenz für die Nachkriegsordnung Deutschlands und Europas? Obwohl Großbritannien noch an der Konferenz teilnahm, zeigte sich, daß es letzten Endes nur noch eine Konferenz der »Großen Zwei«, Truman und Stalin, war, daß der Zweite Weltkrieg ein Machtvakuum in Europa geschaffen hatte, in das die beiden Hauptsieger- und Flügelmächte USA und UdSSR hineinstießen. Schon die Beschlüsse von Jalta konnten die Differenzen über die politische Gestaltung Europas nicht ausräumen. Die Potsdamer Vereinbarungen vermochten die von Moskau geschaffenen Tatsachen in Osteuropa nicht zu revidieren, sie waren vielmehr »Folge und Ausdruck der tatsächlichen Machtverhältnisse« im Zuge des Vormarsches der Roten Armee nach Mitteleuropa.

Das Echo über die Konferenz war in den alliierten Hauptstädten unterschiedlich. Im Westen war man skeptisch, ob eine weitere Zusammenarbeit mit Stalin möglich war. Moskau äußerte sich zufrieden, da ihm seine Einflußsphäre bestätigt worden war. In Deutschland konnten das Treffen und die Beschlüsse nur vage verfolgt werden.

Viele Fragen blieben trotz Zusammenkunft der »Großen Drei« offen und ungeklärt; sie wurden an den neu eingesetzten Rat der Außenminister verwiesen, der vom 11. September bis 2. Oktober 1945 erstmals in London zusammentrat. Dort zeigte sich, daß die

Die Besatzungszonen in Deutschland (1945)

Zonen- und Demarkationslinien mitten durch Deutschland und Europa die Grenzen der beiderseitigen Einflußgebiete zementierten und zu einer bipolaren Entwicklung Europas in Ost und West führten sowie die neuen Frontlinien der Auseinandersetzung im kalten Krieg bildeten. Die Potsdamer Beschlüsse sind insofern die Grundlage der von beiden Seiten in Ost und West respektierten territorialen Neuordnung Europas nach dem Zweiten Weltkrieg. Trotz aller schmerzlichen Erinnerungen an 1945 ist es als positives und den Frieden erhaltendes Ergebnis der politischen Nachkriegsentwicklung in Deutschland zu bewerten, daß – nach einem Umfrageergebnis vom Februar 1985 – mehr als drei Viertel aller Bundesbürger es für richtig halten, daß die Bundesrepublik Deutschland die in Potsdam vereinbarte Demarkationslinie entlang der Oder und Neiße als deutsch-polnische Grenze anerkennt.

Die Vereinbarungen der Berliner Konferenz bilden nicht nur eine wichtige Vorentscheidung für den Verlust der deutschen Gebiete östlich der Oder-Neiße-Linie, sondern auch für die Auflösung des deutschen Nationalstaates und die staatliche Teilung Deutschlands in zwei neue Staaten. Moskau und Ost-Berlin betonen denn auch besonders die rechtsverbindliche und völkerrechtliche Gültigkeit des Potsdamer Abkommens. Gleichwohl kann diese Übereinkunft die noch immer ausstehende Regelung durch einen endgültigen Friedensvertrag für Gesamt-Deutschland nur sehr unvollständig ersetzen.

Auszüge aus der »Mitteilung über die Berliner Konferenz der Drei Mächte« von Potsdam vom 2. August 1945

I.

Am 17. Juli 1945 traten der Präsident der Vereinigten Staaten von Amerika, Harry S. Truman, der Vorsitzende des Rates der Volkskommissare der Union der Sozialistischen Sowjetrepubliken, Generalissimus I. V. Stalin, und der Premierminister Großbritanniens, Winston S. Churchill, begleitet von Herrn Clement R. Attlee, zur Drei-Mächte-Konferenz von Potsdam zusammen. Sie waren von den Außenministern der drei Regierungen, Herrn James F. Byrnes, Herrn V. M. Molotov und Herrn Anthony Eden, den Stabschefs und weiteren Beratern begleitet.

Vom 17. bis 25. Juli fanden neun Sitzungen statt. Die Konferenz wurde sodann zwei Tage lang zur Bekanntgabe der Ergebnisse der britischen allgemeinen Wahlen unterbrochen.

Am 28. Juli kehrte Herr Attlee als Premierminister in Begleitung des neuen Außenministers, Herrn Ernest Bevin, zu der Konferenz zurück. Es fanden anschließend vier Tage lang weitere Beratungen statt. Im Verlauf der Konferenz wurden regelmäßige Sitzungen der drei Regierungschefs in Begleitung der Außenminister sowie der Außenminister allein abgehalten. Von den Außenministern eingesetzte Ausschüsse für die vorbereitende Prüfung der Fragen, die der Konferenz vorlagen, traten gleichfalls täglich zusammen.

Die Sitzungen der Konferenz fanden im Cecilienhof bei Potsdam statt. Die Konferenz endete am 2. August 1945.

Es wurden wichtige Entscheidungen und Vereinbarungen getroffen. Es fand ein Meinungsaustausch über eine Reihe sonstiger Fragen statt, deren Prüfung durch den von der Konferenz eingesetzten Rat der Außenminister fortgesetzt werden wird.

Präsident Truman, Generalissimus Stalin und Premierminister Attlee verlassen diese Konferenz, die die Bande zwischen den drei Regierungen gestärkt und den Rahmen ihrer Zusammenarbeit und Verständigung erweitert hat, mit neuer Zuversicht, daß ihre Regierungen und Völker zusammen mit den übrigen Vereinten Nationen die Schaffung eines gerechten und dauerhaften Friedens gewährleisten werden.

II.   BILDUNG EINES RATES DER AUSSENMINISTER

Die Konferenz erzielte eine Vereinbarung über die Bildung eines Rates der Außenminister, die die fünf Hauptmächte vertreten, um die erforderlichen vorbereitenden Arbeiten für die Friedensregelungen fortzusetzen und um sich mit sonstigen Fragen zu befassen, die jeweils nach Übereinkunft der im Rat vertretenen Regierungen an den Rat verwiesen werden können.

Es folgt der Wortlaut der Vereinbarung über die Bildung des Rates der Außenminister:

(1) Es wird ein Rat gebildet, der sich aus den Außenministern des Vereinigten Königreichs, der Union der Sozialistischen Sowjetrepubliken, Chinas, Frankreichs und der Vereinigten Staaten zusammensetzt.

(2) I. Der Rat tritt in der Regel in London zusammen, wo sich der ständige Sitz des vom Rat einzurichtenden gemeinsamen Sekretariats befindet. Jeder Außenminister wird von einem Stellvertreter von hohem Rang, der ordnungsgemäß bevollmächtigt ist, die Arbeit des Rates in Abwesenheit seines Außenministers weiterzuführen, sowie von einem kleinen Fachberaterstab begleitet.

II. Die erste Sitzung des Rates findet spätestens am 1. September 1945 in London statt. Die Sitzungen können einvernehmlich in anderen Hauptstädten stattfinden, wie dies von Fall zu Fall vereinbart wird.

(3) I. Der Rat wird beauftragt, als sofortige wichtige Aufgabe Friedensverträge mit Italien, Rumänien, Bulgarien, Ungarn und Finnland zur Vorlage bei den Vereinten Nationen zu entwerfen und für die bei Kriegsende in Europa ungelösten territorialen Fragen Regelungen vorzuschlagen. Der Rat wird zur Vorbereitung einer Friedensregelung für Deutschland herangezogen, die von der Regierung Deutschlands anzunehmen ist, sobald eine hierfür geeignete Regierung gebildet worden ist.

II. Bei der Erledigung dieser einzelnen Aufgaben wird der Rat jeweils so zusammengesetzt sein, daß die Staaten vertreten sind, die die dem betreffenden Feindstaat auferlegten Kapitulationsbedingungen unterzeichneten. Für die Zwecke der Friedensregelung für Italien gilt Frankreich als Unterzeichner der Kapitulationsbedingungen für Italien. Sonstige Mitglieder werden zur Teilnahme eingeladen, wenn Angelegenheiten erörtert werden, die sie unmittelbar betreffen.

III. Sonstige Angelegenheiten können von Fall zu Fall nach Übereinkunft zwischen den Mitgliedsregierungen an den Rat verwiesen werden.

(4) I. Sobald der-Rat eine Frage behandelt, die für einen in ihm nicht vertretenen Staat von unmittelbarem Interesse ist, sollte dieser Staat ein-

geladen werden, Vertreter zur Teilnahme an der Erörterung und Untersuchung dieser Frage zu entsenden.

II. Der Rat kann sein Verfahren der besonderen zu behandelnden Frage anpassen. Er kann bei Gelegenheit vor Beteiligung sonstiger interessierter Staaten eigene vorbereitende Besprechungen abhalten. Ebenso kann der Rat eine förmliche Konferenz der Staaten einberufen, die hauptsächlich an der Herbeiführung einer Lösung des besonderen Problems interessiert sind.

In Übereinstimmung mit dem Beschluß der Konferenz richtete jede der drei Regierungen eine gleichlautende Einladung an die Regierungen Chinas und Frankreichs, den vorliegenden Text anzunehmen und sich an der Bildung des Rates zu beteiligen.

Die Bildung des Rates der Außenminister für die im Text genannten besonderen Zwecke erfolgt unbeschadet der Vereinbarung der Konferenz von Jalta über die Abhaltung regelmäßiger Konsultationen der Außenminister der Vereinigten Staaten, der Union der Sozialistischen Sowjetrepubliken und des Vereinigten Königreichs.

Die Konferenz überprüfte ferner den Status der Europäischen Beratenden Kommission im Lichte der Vereinbarung über die Bildung des Rates der Außenminister. Mit Befriedigung wurde festgestellt, daß die Kommission mit den Empfehlungen, die sie für die Bestimmungen der bedingungslosen Kapitulation Deutschlands, für die Besatzungszonen in Deutschland und Österreich und für das interalliierte Kontrollsystem in diesen Ländern vorgelegt hat, ihre Hauptaufgaben mit Geschick erfüllt hat. Es wurde davon ausgegangen, daß die weitere, ins einzelne gehende Arbeit zur Koordinierung der alliierten Politik hinsichtlich der Kontrolle Deutschlands und Österreichs künftig in die Zuständigkeit des Alliierten Kontrollrats in Berlin und der Alliierten Kommission in Wien fällt. Demgemäß wurde vereinbart, die Auflösung der Europäischen Beratenden Kommission zu empfehlen.

III.   DEUTSCHLAND

Die alliierten Armeen halten ganz Deutschland besetzt, und das deutsche Volk hat begonnen, für die furchtbaren Verbrechen zu büßen, die unter der Führung derer begangen wurden, denen es in der Stunde ihres Erfolgs offene Zustimmung und blinden Gehorsam entgegenbrachte.

Auf dieser Konferenz wurde eine Vereinbarung über die politischen und wirtschaftlichen Grundsätze einer koordinierten alliierten Politik gegenüber dem besiegten Deutschland während der Zeit der alliierten Kontrolle erzielt.

Ziel dieser Vereinbarung ist es, die Erklärung von Jalta über Deutschland zu verwirklichen. Der deutsche Militarismus und Nazismus werden ausgerottet, und die Alliierten werden einvernehmlich jetzt und in Zukunft gemeinsam die sonstigen erforderlichen Maßnahmen treffen, um sicherzustellen, daß Deutschland nie wieder seine Nachbarn oder den Weltfrieden bedroht.

Es ist nicht die Absicht der Alliierten, das deutsche Volk zu vernichten oder zu versklaven. Es ist die Absicht der Alliierten, dem deutschen Volk Gelegenheit zu geben, sich darauf vorzubereiten, später sein Leben auf demokratischer und friedlicher Grundlage neu aufzubauen. Sind seine eigenen Anstrengungen unablässig auf dieses Ziel gerichtet, so wird es zu gegebener Zeit seinen Platz unter den freien und friedliebenden Völkern der Welt einnehmen können.

Es folgt der Wortlaut der Vereinbarung:

Die politischen und wirtschaftlichen Grundsätze zur Behandlung Deutschlands während der ersten Kontrollperiode

A. Politische Grundsätze

(1) Im Einklang mit dem Abkommen über das Kontrollsystem in Deutschland wird die oberste Gewalt in Deutschland von den Oberbefehlshabern der Streitkräfte der Vereinigten Staaten von Amerika, des Vereinigten Königreichs, der Union der Sozialistischen Sowjetrepubliken und der Französischen Republik nach den Weisungen ihrer jeweiligen Regierungen ausgeübt, und zwar von jedem einzeln in seiner eigenen Besatzungszone sowie auch gemeinsam in ihrer Eigenschaft als Mitglieder des Kontrollrats bezüglich der Deutschland als Ganzes betreffenden Fragen.

(2) Soweit es durchführbar ist, unterliegt die deutsche Bevölkerung in ganz Deutschland einer einheitlichen Behandlung.

(3) Die Ziele der Besatzung Deutschlands, die dem Kontrollrat als Leitlinie dienen, sind:

I. die vollständige Entwaffnung und Entmilitarisierung Deutschlands und die Beseitigung oder Kontrolle der gesamten deutschen Industrie, die für eine Rüstungsproduktion benutzt werden könnte. Zu diesem Zweck:

a) werden alle deutschen Land-, See- und Luftstreitkräfte, die SS, die SA, der SD und die Gestapo mit allen ihren Organisationen, Stäben und Einrichtungen, einschließlich des Generalstabs, des Offizierskorps, des Reservekorps, der Kriegsschulen, der Kriegervereine und aller sonstigen militärischen und militärähnlichen Organisationen zusammen mit allen Vereinen und Verbänden, die der Erhaltung der militärischen Tradition in Deutschland dienen, völlig und endgültig in einer Weise aufgelöst, die das Wiederaufleben oder die Neubildung des deutschen Militarismus und Nazismus für immer verhindert;

b) werden alle Waffen, jegliche Munition und jegliches Kriegsgerät sowie alle Spezialeinrichtungen zu ihrer Herstellung zur Verfügung der Alliierten gehalten oder vernichtet. Die Beibehaltung und Herstellung aller Flugzeuge und aller Waffen, jeglicher Munition und jeglichen Kriegsgeräts wird unterbunden;

II. das deutsche Volk davon zu überzeugen, daß es eine totale militärische Niederlage erlitten hat und sich nicht der Verantwortung für das entziehen kann, was es selbst über sich heraufbeschworen hat, da seine eigene erbarmungslose Kriegführung und der fanatische Widerstand der Nazis die deutsche Wirtschaft zerstört und Chaos und Leid unvermeidlich gemacht haben;

III. die Nationalsozialistische Partei mit ihren angeschlossenen und nachgeordneten Organisationen zu zerschlagen, alle Nazi-Einrichtungen aufzulösen, zu gewährleisten, daß sie in keiner Form wiedererstehen, und jede nazistische und militaristische Betätigung oder Propaganda zu verhindern;

IV. den späteren Wiederaufbau des deutschen politischen Lebens auf demokratischer Grundlage und eine spätere friedliche Mitarbeit Deutschlands im Leben der Völker vorzubereiten.

(4) Alle Nazi-Gesetze, welche die Grundlage für das Hitlerregime geschaffen oder eine Diskriminierung aufgrund der Rasse, des Bekenntnisses oder der politischen Überzeugung eingeführt haben, werden aufgehoben. Rechtliche, administrative oder sonstige Diskriminierungen dieser Art werden nicht geduldet.

(5) Kriegsverbrecher und Personen, die an der Planung oder Ausführung von Nazi-Unternehmungen beteiligt waren, welche Grausamkeiten oder Kriegsverbrechen mit sich brachten oder zur Folge hatten, werden verhaftet und vor Gericht gestellt. Nazi-Führer, einflußreiche Nazi-Anhänger und hohe Amtsträger der Nazi-Organisationen und -Einrichtungen sowie alle anderen für die Besatzung oder ihre Ziele gefährlichen Personen werden festgenommen und interniert.

(6) Alle Mitglieder der Nazi-Partei, die sich mehr als nominell an ihrer Tätigkeit beteiligt haben, sowie alle sonstigen Personen, die den alliierten Zielen feindlich gegenüberstehen, werden aus öffentlichen und halböffentlichen Ämtern und aus verantwortungsvollen Stellungen in wichtigen Privatunternehmen entfernt. Diese Personen werden durch Personen ersetzt, die aufgrund ihrer politischen und moralischen Eigenschaften für fähig erachtet werden, an der Entwicklung wahrhaft demokratischer Einrichtungen in Deutschland mitzuwirken.

(7) Das deutsche Erziehungswesen wird so überwacht, daß nazistische und militaristische Lehren völlig ausgemerzt werden und die erfolgreiche Entwicklung demokratischer Ideen ermöglicht wird.

(8) Das Gerichtswesen wird im Einklang mit den Grundsätzen der Demokratie, einer Justiz auf der Grundlage des Rechts und der Gleichberechtigung aller Bürger ohne Unterschied der Rasse, der Staatsangehörigkeit oder der Religion neu gestaltet.

(9) Die Verwaltung der öffentlichen Angelegenheiten in Deutschland soll auf die Dezentralisierung der politischen Gliederung und die Entwicklung der örtlichen Verantwortlichkeit ausgerichtet werden. Zu diesem Zweck:

I. wird die örtliche Selbstverwaltung in ganz Deutschland nach demokratischen Grundsätzen und insbesondere durch gewählte Körperschaften so rasch wiederhergestellt, wie dies mit der militärischen Sicherheit und den Zielen der militärischen Besatzung vereinbar ist;

II. werden alle demokratischen politischen Parteien mit dem Recht auf Versammlung und öffentliche Diskussion in ganz Deutschland zugelassen und gefördert;

III. werden Grundsätze eines repräsentativen und auf Wahlen beruhenden Systems in die Regional-, Provinzial- und Landesverwaltungen so rasch eingeführt, wie dies durch die erfolgreiche Anwendung dieser Grundsätze in der örtlichen Selbstverwaltung zu rechtfertigen ist;

IV. wird vorerst keine deutsche Zentralregierung errichtet. Dessenungeachtet werden jedoch einige wesentliche deutsche Zentralverwaltungen, an deren Spitze Staatssekretäre stehen, errichtet, besonders auf dem Gebiet des Finanz-, Verkehrs-, Post- und Fernmeldewesens, des Außenhandels und der Industrie. Diese Verwaltungen werden unter der Leitung des Kontrollrats tätig sein.

(10) Vorbehaltlich des Erfordernisses, die militärische Sicherheit aufrechtzuerhalten, werden Rede-, Presse- und Religionsfreiheit gewährt und religiöse Einrichtungen geachtet. Ferner wird ebenfalls vorbehaltlich des Erfordernisses, die militärische Sicherheit aufrechtzuerhalten, die Bildung freier Gewerkschaften zugelassen.

B. Wirtschaftliche Grundsätze

(11) Zur Beseitigung des deutschen Kriegspotentials wird die Herstellung von Waffen, Munition und Kriegsgerät sowie aller Arten von Flugzeugen und Hochseeschiffen verboten und unterbunden. Die Herstellung von Metallen, Chemikalien, Maschinen und sonstigen Gegenständen, die unmittelbar für eine Kriegswirtschaft erforderlich sind, wird streng überwacht und auf die Deutschland zugebilligten friedensmäßigen Nachkriegsbedürfnisse beschränkt, um den in Absatz (15) genannten Zielen zu entsprechen. Die für die erlaubte Produktion nicht erforderliche Produktionskapazität wird nach Maßgabe des von der Alliierten Reparationskommission empfohlenen und von

den beteiligten Regierungen gebilligten Reparationsplans entweder entnommen oder, sofern sie nicht entnommen wird, vernichtet.

(12) Die deutsche Wirtschaft wird zum frühestmöglichen Zeitpunkt dezentralisiert, um die bestehende übermäßige Konzentration wirtschaftlicher Macht zu beseitigen, wie sie beispielsweise insbesondere in Kartellen, Syndikaten, Trusts und anderen monopolistischen Absprachen anzutreffen ist.

(13) Bei der Gestaltung der deutschen Wirtschaft wird das Hauptgewicht auf die Entwicklung der Landwirtschaft und der binnenwirtschaftlichen Friedensindustrie gelegt.

(14) Während der Besatzungszeit wird Deutschland als eine einzige wirtschaftliche Einheit behandelt. Zu diesem Zweck wird eine gemeinsame Politik für die nachstehenden Bereiche festgelegt:

a) Bergbau und industrielle Produktion sowie Bewirtschaftung;

b) Landwirtschaft, Forsten und Fischerei;

c) Löhne, Preise und Rationierung;

d) Ein- und Ausfuhrprogramme für Deutschland als Ganzes;

e) Währung und Bankwesen, zentrale Steuer- und Zollverwaltung;

f) Reparationen und Entnahme von industriellem Kriegspotential;

g) Verkehrs-, Post- und Fernmeldewesen.

Bei der Durchführung dieser Politik wird geeignetenfalls unterschiedlichen örtlichen Bedingungen Rechnung getragen.

(15) Die deutsche Wirtschaft wird alliierten Kontrollen unterworfen, jedoch nur in dem erforderlichen Umfang:

a) um Programme der industriellen Abrüstung und Entmilitarisierung, Reparationsprogramme und Programme genehmigter Aus- und Einfuhren durchzuführen;

b) um die Herstellung von Waren und die Aufrechterhaltung von Dienstleistungen sicherzustellen, die zur Deckung des Bedarfs der Besatzungstruppen und der verschleppten Personen in Deutschland erforderlich und für die Erhaltung eines den durchschnittlichen Lebensstandard der europäischen Länder nicht übersteigenden durchschnittlichen Lebensstandards in Deutschland unbedingt notwendig sind (europäische Länder bedeutet alle europäischen Länder, ausgenommen das Vereinigte Königreich und die Union der Sozialistischen Sowjetrepubliken);

c) um auf die vom Kontrollrat festgesetzte Weise die gerechte Verteilung lebensnotwendiger Güter auf die einzelnen Zonen sicherzustellen, damit in ganz Deutschland eine ausgewogene Wirtschaft geschaffen und der Einfuhrbedarf vermindert wird;

d) um die deutsche Industrie und alle internationalen Wirtschafts- und Finanzgeschäfte, einschließlich der Aus- und Einfuhren, zu überwachen mit dem Ziel, Deutschland an der Entwicklung eines Kriegspotentials zu hindern und die übrigen hier genannten Ziele zu erreichen;

e) um alle deutschen öffentlichen oder privaten wissenschaftlichen Einrichtungen, Forschungs- und Versuchsanstalten, Laboratorien usw., die mit wirtschaftlicher Tätigkeit verbunden sind, zu überwachen.

(16) Im Zuge der Auferlegung und Aufrechterhaltung der vom Kontrollrat festgelegten wirtschaftlichen Kontrollmaßnahmen wird ein deutscher Verwaltungsapparat geschaffen, und die deutschen Behörden haben in größtmöglichem Umfang die Durchführung dieser Kontrollmaßnahmen zu verkünden und zu übernehmen. Auf diese Weise soll dem deutschen Volk klargemacht werden, daß die Verantwortung für die Durchführung dieser Kontrollmaßnahmen und für ihr etwaiges Scheitern bei ihm liegt. Jede deutsche Kontrollmaßnahme, die den Zielen der Besatzung zuwiderläuft, wird verboten.

(17) Es werden alsbald Maßnahmen getroffen zur:

a) Wiederinstandsetzung lebenswichtiger Bereiche des Verkehrswesens;

b) Steigerung der Kohleförderung;

c) Steigerung der landwirtschaftlichen Produktion auf ein Höchstmaß und

d) Durchführung von Soforthilfemaßnahmen bei der Instandsetzung von Wohnraum und lebenswichtigen Versorgungsbetrieben.

(18) Der Kontrollrat unternimmt geeignete Schritte zur Ausübung der Kontrolle und der Verfügungsgewalt über deutsches Auslandsvermögen, das sich noch nicht unter der Kontrolle der am Krieg gegen Deutschland beteiligten Vereinten Nationen befindet.

(19) Die Reparationszahlungen sollen dem deutschen Volk genügend Mittel belassen, um ohne Hilfe von außen existieren zu können. Bei der Herstellung der wirtschaftlichen Ausgewogenheit in Deutschland müssen die Mittel vorgesehen werden, die zur Bezahlung der vom Kontrollrat in Deutschland genehmigten Einfuhren erforderlich sind. Der Ausfuhrerlös aus laufender Produktion und Warenbeständen steht in erster Linie zur Bezahlung dieser Einfuhren zur Verfügung.

Die vorstehende Bestimmung wird keine Anwendung auf Anlagen und Erzeugnisse finden, die in Absatz (4) a) und (4) b) der Vereinbarung über die Reparationen bezeichnet sind.

IV.　REPARATIONEN AUS DEUTSCHLAND

Im Einklang mit dem Beschluß von Jalta, wonach Deutschland gezwungen werden soll, in größtmöglichem Umfang für die den Vereinten Nationen zugefügten Verluste und Leiden, hinsichtlich derer sich das deutsche Volk der Verantwortung nicht entziehen kann, Wiedergutmachung zu leisten, wurde folgende Vereinbarung über Reparationen erzielt:

(1) Reparationsforderungen der UdSSR werden durch Entnahmen aus der von der UdSSR besetzten Zone Deutschlands und aus entsprechendem deutschen Auslandsvermögen befriedigt.

(2) Die UdSSR verpflichtet sich, die Reparationsforderungen Polens aus ihrem eigenen Reparationsanteil zu regeln.

(3) Die Reparationsforderungen der Vereinigten Staaten, des Vereinigten Königreichs und sonstiger Länder, die Anspruch auf Reparationen haben, werden aus den westlichen Zonen und aus entsprechendem deutschen Auslandsvermögen befriedigt.

(4) Zusätzlich zu den von der UdSSR aus ihrer eigenen Besatzungszone zu entnehmenden Reparationen erhält die UdSSR außerdem aus den westlichen Zonen:

a) 15 v. H. derjenigen nutzbaren und vollständigen Industrieanlagen, vorwiegend aus der Hütten-, der chemischen und der Maschinenbauindustrie, die für die deutsche Friedenswirtschaft unnötig sind und aus den westlichen Zonen Deutschlands entnommen werden sollen, für einen entsprechenden Gegenwert an Nahrungsmitteln, Kohle, Kali, Zink, Holz, Tonerzeugnissen, Erdölprodukten und sonstigen Gütern, die jeweils vereinbart werden.

b) 10 v. H. derjenigen Industrieanlagen, die für die deutsche Friedenswirtschaft unnötig sind und aus den westlichen Zonen entnommen werden sollen, sind an die sowjetische Regierung auf Reparationskonto ohne Zahlung oder Gegenleistung irgendwelcher Art abzutreten.

Die unter a) und b) vorgesehenen Entnahmen von Anlagen erfolgen gleichzeitig.

(5) Der Umfang der aus den westlichen Zonen auf Reparationskonto zu entnehmenden Anlagen muß spätestens innerhalb von sechs Monaten, vom heutigen Tage an, festgelegt sein.

(6) Entnahmen von Industrieanlagen beginnen so bald wie möglich und werden innerhalb von zwei Jahren nach der in Absatz (5) genannten Festlegung abgeschlossen. Die Lieferung der im vorstehenden Absatz (4) a) genannten Erzeugnisse beginnt so bald wie möglich und wird von der UdSSR in vereinbarten Teillieferungen innerhalb eines Zeitraums von fünf Jahren, beginnend mit diesem Zeitpunkt, vorgenommen. Die Festlegung des Umfangs und der Art der Industrieanlagen, die für die deutsche Friedenswirtschaft unnötig sind und deshalb für Reparationen zur Verfügung stehen, erfolgt durch den Kontrollrat nach den von der Alliierten Reparationskommission unter Beteiligung Frankreichs erarbeiteten Richtlinien, vorbehaltlich der endgültigen Billigung des Zonenbefehlshabers in der Zone, aus der die Anlagen zu entnehmen sind.

(7) Vor der Festlegung des Gesamtumfangs der der Entnahme unterliegenden Anlagen erfolgen Vorauslieferungen in bezug auf solche Anlagen,

die nach dem in Absatz (6), letzter Satz, vorgesehenen Verfahren als für die Lieferung in Frage kommend bestimmt werden.

(8) Die sowjetische Regierung verzichtet auf alle Reparationsforderungen bezüglich der Kapitalanteile deutscher Unternehmen, die in den westlichen Besatzungszonen in Deutschland gelegen sind, sowie bezüglich deutsche Auslandsvermögen in allen Ländern, mit Ausnahme der nachstehend in Absatz (9) aufgeführten Länder.

(9) Die Regierung des UK und der USA verzichten auf ihre Reparationsforderungen bezüglich der Kapitalanteile deutscher Unternehmen, die in der östlichen Besatzungszone in Deutschland gelegen sind, sowie bezüglich deutschen Auslandsvermögens in Bulgarien, Finnland, Ungarn, Rumänien und Ostösterreich.

(10) Die sowjetische Regierung erhebt keine Forderungen bezüglich des von den alliierten Truppen in Deutschland erbeuteten Goldes.

V. VERFÜGUNG ÜBER DIE DEUTSCHE KRIEGS- UND HANDELSMARINE

Die Konferenz einigte sich grundsätzlich über Abmachungen betreffend die Verwendung und die Verfügung über die übergebene deutsche Kriegsflotte und die übergebenen deutschen Handelsschiffe. Es wurde beschlossen, daß die drei Regierungen Sachverständige ernennen, die gemeinsam ins einzelne gehende Pläne ausarbeiten, um die vereinbarten Grundsätze zu verwirklichen. Eine weitere gemeinsame Erklärung wird von den drei Regierungen zu gegebener Zeit gleichzeitig veröffentlicht.

VI. STADT KÖNIGSBERG UND DAS ANGRENZENDE GEBIET

Die Konferenz prüfte einen Vorschlag der sowjetischen Regierung, daß bis zur endgültigen Entscheidung der territorialen Fragen bei der Friedensregelung der an die Ostsee grenzende Abschnitt der Westgrenze der Union der Sozialistischen Sowjetrepubliken von einem Punkt an der Ostküste der Danziger Bucht nach Osten nördlich von Braunsberg-Goldap bis zum Schnittpunkt der Grenzen Litauens, der Polnischen Republik und Ostpreußens verlaufen soll.

Die Konferenz hat grundsätzlich den Vorschlag der sowjetischen Regierung betreffend die endgültige Übergabe der Stadt Königsberg und des vorstehend beschriebenen angrenzenden Gebiets an die Sowjetunion vorbehaltlich einer Prüfung der tatsächlichen Grenze durch Sachverständige zugestimmt.

Der Präsident der Vereinigten Staaten und der britische Premierminister erklärten, daß sie den Vorschlag der Konferenz bei der bevorstehenden Friedensregelung unterstützen werden.

VII. KRIEGSVERBRECHER

Die drei Regierungen haben von den Erörterungen Kenntnis genommen, die in den letzten Wochen in London zwischen britischen, amerikanischen, sowjetischen und französischen Vertretern mit dem Ziel stattgefunden haben, ein Abkommen über die Art des Gerichtsverfahrens gegen die Hauptkriegsverbrecher zu erzielen, deren Verbrechen nach der Moskauer Erklärung vom Oktober 1943 sich geographisch nicht auf ein bestimmtes Gebiet beschränken lassen. Die drei Regierungen bekräftigen ihre Absicht, diese Verbrecher rasch und sicher vor Gericht zu stellen. Sie hoffen, daß die Verhandlungen in London rasch zu einem diesbezüglichen Abkommen führen werden, und sie erachten es als eine Angelegenheit von großer Bedeutung, daß das Gerichtsverfahren gegen diese Hauptverbrecher zum frühestmöglichen Zeitpunkt beginnt. Die erste Liste von Angeklagten wird vor dem 1. September dieses Jahres veröffentlicht.

VIII. ÖSTERREICH

Die Konferenz prüfte einen Vorschlag der sowjetischen Regierung betreffend die Erstreckung der Zuständigkeit der österreichischen provisorischen Regierung auf ganz Österreich.

Die drei Regierungen stellten übereinstimmend fest, daß sie bereit sind, diese Frage nach dem Einmarsch der britischen und amerikanischen Streitkräfte in die Stadt Wien zu prüfen.

IX. POLEN

Die Konferenz behandelte Fragen betreffend die polnische Provisorische Regierung und die Westgrenze Polens.

Hinsichtlich der polnischen Provisorischen Regierung der Nationalen Einheit legte sie ihre Haltung in der folgenden Erklärung fest:

A. Wir haben mit Befriedigung von der zwischen Vertretern der Polen aus Polen und aus dem Ausland erzielten Vereinbarung Kenntnis genommen,

228

welche die Bildung einer von den drei Mächten anerkannten polnischen Provisorischen Regierung der Nationalen Einheit im Einklang mit den auf der Konferenz von Jalta gefaßten Beschlüssen ermöglicht hat. Die Herstellung diplomatischer Beziehungen mit der polnischen Provisorischen Regierung durch die britische und die amerikanische Regierung hat zur Zurücknahme ihrer Anerkennung der früheren polnischen Regierung in London geführt, die nicht mehr besteht.

Die britische und die amerikanische Regierung haben Maßnahmen zum Schutz des Interesses der polnischen Provisorischen Regierung als der anerkannten Regierung des polnischen Staates an dem Eigentum getroffen, das dem polnischen Staat gehört und sich in ihren Hoheitsgebieten und unter ihrer Kontrolle befindet, welcher Art dieses Eigentum auch sein mag. Sie haben ferner Maßnahmen getroffen, um eine Veräußerung dieses Eigentums an Dritte zu verhindern. Der polnischen Provisorischen Regierung werden alle angemessenen Möglichkeiten bei der Beschreibung des üblichen Rechtswegs zur Wiedererlangung von Eigentum gewährt, das dem polnischen Staat gehört und möglicherweise widerrechtlich veräußert wurde.

Die drei Mächte sind bemüht, die polnische Provisorische Regierung darin zu unterstützen, allen Polen im Ausland, die nach Polen zurückkehren wollen, einschließlich Mitglieder der polnischen Streitkräfte und der Handelsmarine, möglichst bald die Rückkehr zu erleichtern. Sie erwarten, daß den in die Heimat zurückkehrenden Polen die gleichen persönlichen und Eigentumsrechte wie allen polnischen Bürgern gewährt werden.

Die drei Mächte stellen fest, daß die polnische Provisorische Regierung im Einklang mit den Beschlüssen der Konferenz von Jalta zugestimmt hat, so bald wie möglich freie und unbehinderte Wahlen auf der Grundlage des allgemeinen Wahlrechts und der geheimen Abstimmung abzuhalten, bei denen alle demokratischen und antinazistischen Parteien das Recht zur Teilnahme und zur Aufstellung von Kandidaten haben, und daß die Vertreter der alliierten Presse in voller Freiheit der Welt über die Entwicklungen in Polen vor und während der Wahlen berichten werden.

B. Über die Westgrenze Polens wurde folgende Vereinbarung erzielt:

In Übereinstimmung mit der auf der Konferenz von Jalta erzielten Vereinbarung über Polen haben die drei Regierungschefs die polnische Provisorische Regierung der Nationalen Einheit um ihre Auffassung betreffend den Gebietszuwachs im Norden und Westen ersucht, den Polen erhalten soll. Der Präsident des polnischen Nationalrats und Mitglieder der polnischen Provisorischen Regierung der nationalen Einheit wurden auf der Konferenz empfangen und legten ihre Ansichten in vollem Umfang dar. Die drei Regierungschefs bekräftigten ihre Auffassung, daß die endgültige Festlegung der Westgrenze Polens bis zur Friedensregelung zurückgestellt werden soll.

Die drei Regierungschefs kommen überein, daß bis zur endgültigen Bestimmung der Westgrenze Polens die früheren deutschen Gebiete östlich einer Linie, die von der Ostsee unmittelbar westlich von Swinemünde und von dort die Oder entlang bis zur Einmündung der westlichen Neiße und die westliche Neiße entlang bis zur tschechoslowakischen Grenze verläuft, einschließlich des Teils von Ostpreußen, der im Einklang mit der auf dieser Konferenz erzielten Vereinbarung nicht der Verwaltung der Union der Sozialistischen Sowjetrepubliken unterstellt wird, und einschließlich des Gebiets der früheren Freien Stadt Danzig der Verwaltung des polnischen Staates unterstellt werden und insofern nicht als Teil der sowjetischen Besatzungszone in Deutschland betrachtet werden sollen.

X. ABSCHLUSS VON FRIEDENSVERTRÄGEN UND AUFNAHME IN DIE ORGANISATION DER VEREINTEN NATIONEN

... (betrifft Aufnahme Italiens, Bulgariens, Finnlands, Ungarns und Rumäniens in die Vereinten Nationen)

Die drei Regierungen zweifeln nicht daran, daß die Vertreter der alliierten Presse angesichts der veränderten Verhältnisse, die sich aus der Beendigung des Krieges in Europa ergeben, in voller Freiheit der Welt über die Entwicklungen in Rumänien, Bulgarien, Ungarn und Finnland berichten werden.

Was die Aufnahme sonstiger Staaten in die Organisation der Vereinten Nationen betrifft, erklärt Artikel 4 der Charta der Vereinten Nationen:

»(1) Mitglied der Vereinten Nationen können alle sonstigen friedliebenden Staaten werden, welche die Verpflichtungen aus dieser Charta übernehmen und nach dem Urteil der Organisation fähig und willens sind, diese Verpflichtungen zu erfüllen.

(2) Die Aufnahme eines solchen Staates als Mitglied der Vereinten Nationen erfolgt auf Empfehlung des Sicherheitsrats durch Beschluß der Generalversammlung.«

Die drei Regierungen werden, soweit sie betroffen sind, Aufnahmeanträge der Staaten unterstützen, die während des Krieges neutral geblieben sind und die vorstehend genannten Voraussetzungen erfüllen.

Die drei Regierungen fühlen sich jedoch verpflichtet, klarzustellen, daß sie ihrerseits einen Aufnahmeantrag der gegenwärtigen spanischen Regierung nicht befürworten werden, die, mit Unterstützung der Achsenmächte zustande gekommen, angesichts ihres Ursprungs, ihres Charakters, ihrer Vergangenheit und ihrer engen Verbindung zu den Angreiferstaaten nicht die zur Rechtfertigung dieser Mitgliedschaft erforderlichen Voraussetzungen besitzt.

230

XI. TERRITORIALE TREUHANDSCHAFT

. . . (betrifft frühere italienische Gebiete)

XII. REVIDIERTES VERFAHREN
DER ALLIIERTEN KONTROLLKOMMISSION
IN RUMÄNIEN, BULGARIEN UND UNGARN

. . .

XIII. GEORDNETE UMSIEDLUNG
DEUTSCHER BEVÖLKERUNG

Die Konferenz erzielte folgende Vereinbarung über die Entfernung von Deutschen aus Polen, der Tschechoslowakei und Ungarn:

Nachdem die drei Regierungen die Frage nach allen Gesichtspunkten geprüft haben, erkennen sie an, daß die Umsiedlung der deutschen Bevölkerung oder Teile derselben, die in Polen, der Tschechoslowakei und Ungarn zurückgeblieben sind, nach Deutschland durchgeführt werden muß. Sie sind sich darin einig, daß Umsiedlungen, die stattfinden, in geordneter und humaner Weise erfolgen sollen.

Da der Zustrom einer großen Zahl von Deutschen nach Deutschland die bereits bestehende Belastung der Besatzungsbehörden vergrößern würde, sind sie der Auffassung, daß der Alliierte Kontrollrat in Deutschland zunächst das Problem unter besonderer Berücksichtigung der Frage einer gerechten Verteilung dieser Deutschen auf die einzelnen Besatzungszonen prüfen soll. Sie erteilen dementsprechend ihren jeweiligen Vertretern im Kontrollrat Weisung, ihren Regierungen so bald wie möglich darüber zu berichten, in welchem Umfang solche Personen aus Polen, der Tschechoslowakei und Ungarn bereits nach Deutschland gekommen sind, und unter Berücksichtigung der gegenwärtigen Lage in Deutschland eine Schätzung darüber vorzulegen, in welcher Zeit und in welchen Abständen weitere Umsiedlungen durchgeführt werden könnten.

Die tschechoslowakische Regierung, die polnische Provisorische Regierung und der Kontrollrat in Ungarn werden gleichzeitig von Vorstehendem in Kenntnis gesetzt und ersucht, inzwischen weitere Ausweisungen auszusetzen, bis die betreffenden Regierungen die Berichte ihrer Vertreter im Kontrollrat geprüft haben.

XIV. MILITÄRISCHE BESPRECHUNGEN

Während der Konferenz fanden Sitzungen der Stabschefs der drei Regierungen über militärische Fragen von gemeinem Interesse statt.

Übersetzung nach: Deutschland 1945. Seminarmaterial zur deutschen Frage. Hrsg. v. Gesamtdeutschen Institut Bonn. Dort eigene Übersetzung nach amtlichem Text im Amtsblatt des Kontrollrats in Deutschland, Ergänzungsblatt 1 v. 30. 4. 1946

ZITIERTE UND VERWENDETE LITERATUR

Antoni, Michael: Das Potsdamer Abkommen – Trauma oder Chance? Geltung, Inhalt und staatsrechtliche Bedeutung. Berlin 1985

Attlee, Clement R.: As It Happened. London – Melbourne 1954

Badstübner, Rolf: Code »Terminal«. Die Potsdamer Konferenz (= Illustrierte historische Hefte, Nr. 36. Hrsg. v. Zentralinstitut für Geschichte der Akademie der Wissenschaften der DDR). Berlin-Ost 1985

Befreiung und Neubeginn. Zur Stellung des 8. Mai 1945 in der deutschen Geschichte. Wissenschaftl. Redaktion: Bernhard Weißel. Berlin-Ost 1968

Die Berliner Konferenz der Drei Mächte. Der Alliierte Kontrollrat für Deutschland. Die Alliierte Kommandantur der Stadt Berlin. Kommuniqués, Deklarationen, Proklamationen, Gesetze, Befehle. Berlin-Ost 1946

Briefwechsel Stalins mit Churchill, Attlee, Roosevelt und Truman 1941–1945. Berlin 1961 (aus dem Russischen)

Byrnes, James F.: In aller Offenheit. Frankfurt o. J. (1947)

Churchill, Winston S.: Der zweite Weltkrieg. Bd. 6: Triumph und Tragödie; 2. Buch: Der Eiserne Vorhang. Stuttgart 1954

Deuerlein, Ernst: Die Einheit Deutschlands. Bd. 1: Die Erörterungen und Entscheidungen der Kriegs- und Nachkriegskonferenzen 1941–1949. Darstellung Dokumente. Frankfurt 2. Aufl. 1961

Deuerlein, Ernst: Potsdam 1945. Ende und Anfang. Köln 1970

Deuerlein, Ernst: Deklamation oder Ersatzfrieden? Die Konferenz von Potsdam 1945. Stuttgart 1970

Deutschland im zweiten Weltkrieg. Bd. 6: Die Zerschlagung des Hitlerfaschismus und die Befreiung des deutschen Volkes (Juni 1944 bis zum 8. Mai 1945). Von einem Autorenkollektiv unter Leitung von Wolfgang Schumann und Olaf Groehler. Berlin-Ost 1985

Documents on British Policy Overseas. Series I, Volume I: The Conference at

Potsdam July – August 1945 Ed. by Rohan Butler, M. E. Pelly. London 1984 (ergänzt durch: Microfiches of documents calendared in Documents on British Policy Overseas, Ser. I, vol. I)

Dokumentation der Vertreibung der Deutschen aus Ost-Mitteleuropa. In Verbindung mit A. Diestelkamp, R. Laun, P. Rassow, H. Rothfels bearbeitet von Theodor Schieder. 5 Bde. Groß-Denkte / Wolfenbüttel – Bonn 1953–1961, Neudruck 8 Bde. München 1984

Faust, Fritz: Das Potsdamer Abkommen und seine völkerrechtliche Bedeutung. Frankfurt 1959, 4. Aufl. 1969

Feis, Herbert: Zwischen Krieg und Frieden. Das Potsdamer Abkommen. Frankfurt – Bonn 1962

Fischer, Alexander: Sowjetische Deutschlandpolitik im Zweiten Weltkrieg 1941–1945. Stuttgart 1975

Foreign Relations of the United States. Diplomatic Papers. Hrsg. v. Department of State. The Conference of Berlin (The Potsdam Conference) 1945, 2 Bde. Washington 1960

Graml, Hermann: Die Alliierten und die Teilung Deutschlands. Konflikte und Entscheidungen 1941–1948. Frankfurt 1985

Hacker, Jens: Sowjetunion und DDR zum Potsdamer Abkommen. Köln 1968

Kegel, Gerhard: Ein Vierteljahrhundert danach. Das Potsdamer Abkommen und was aus ihm geworden ist. Berlin-Ost 1970

Koglfranz, Siegfried: Das Erbe von Jalta. Die Opfer und die Davongekommenen. Reinbek 1985

Loth, Wilfried: Die Teilung der Welt. Geschichte des Kalten Krieges 1941–1955. München 1980

Leahy, William D.: I was there. The personal story of the Chief of Staff to Presidents Roosevelt and Truman, based on his notes and diaries made at the time. London – New York 1950

Marienfeld, Wolfgang: Konferenzen über Deutschland. Die alliierte Deutschlandplanung und -politik 1941–1949. Hannover 1962

Mastny, Vojtech: Moskaus Weg zum Kalten Krieg. Von der Kriegsallianz zur sowjetischen Vormachtstellung in Osteuropa. München 1980 (dt. Ausgabe von: Russia's Road to the Cold War. Diplomacy, Warfare, and Politics of Communism, 1941–1945. New York 1979)

McNeill, William H.: America, Britain and Russia. Their Co-operation and Conflict 1941–1946. London – New York 1953

Meissner, Boris: Rußland, die Westmächte und Deutschland. Die sowjetische Deutschlandpolitik 1943–1953. Hamburg 1953

Moltmann, Günter: Amerikas Deutschlandpolitik im zweiten Weltkrieg. Kriegs- und Friedensziele 1941–1945. Heidelberg 1958

Murphy, Robert: Diplomat unter Kriegern. Zwei Jahrzehnte Weltpolitik in besonderer Mission. Berlin 2. Aufl. 1966

Nolte, Ernst: Deutschland und der Kalte Krieg. München – Zürich 1974

Potsdam 1945. Quellen zur Konferenz der »Großen Drei«. Hrsg. v. Ernst Deuerlein. München 1963

Potsdam und die deutsche Frage. Mit Beiträgen von Ernst Deuerlein, Alexander Fischer, Eberhard Menzel und Gerhard Wettig. Köln 1970

Das Potsdamer Abkommen. Dokumentensammlung. Hrsg. v. d. Historischen Gedenkstätte des Potsdamer Abkommens Cecilienhof, Potsdam. Berlin-Ost 4. durchgesehene Aufl. 1984

Ressing, Gerd: Versagte der Westen in Jalta und Potsdam? Ein dokumentierter Wegweiser durch die alliierten Kriegskonferenzen. Frankfurt 1970

Ströbinger, Rudolf: Poker um Prag. Die frühen Folgen von Jalta. Zürich 1985

Teheran – Jalta – Potsdam. Die sowjetischen Protokolle von den Kriegskonferenzen der »Großen Drei«. Hrsg. und eingeleitet von Alexander Fischer. Köln 1968, 2. Aufl. 1973

Teheran, Jalta, Potsdam. Dokumentensammlung. Hrsg. v. Šlava P. Sanakojew und B. L. Zybulewski. Frankfurt 1978 (dt. Ausgabe von: Tegeran, Jalta, Potsdam. Moskau 1978)

Truman, Harry S.: Memoiren. Bd. 1: Das Jahr der Entscheidungen (1945). Stuttgart 1955

Die Vertreibung der Deutschen aus dem Osten. Ursachen, Ereignisse, Folgen. Hrsg. v. Wolfgang Benz. Frankfurt 1985

Vierheller, Viktoria: Polen und die Deutschland-Frage 1939–1949. Köln 1970

Wagner, Wolfgang: Die Teilung Europas. Geschichte der sowjetischen Expansion bis zur Spaltung Deutschlands 1918–1945. Stuttgart 1960

Wagner, Wolfgang: Die Entstehung der Oder-Neiße-Linie in den diplomatischen Verhandlungen während des Zweiten Weltkrieges. Marburg 3. erweiterte Aufl. 1968

Zayas, Alfred M. de: Nemesis at Potsdam. The Anglo-Americans and the Expulsion of the Germans. Background, Execution, Consequences. London 1977 (dt. Ausgabe u. d. T.: Die Anglo-Amerikaner und die Vertreibung der Deutschen. Vorgeschichte, Verlauf, Folgen. München 6. erweiterte Aufl. 1981)

Ausgewählte Literatur zum Kriegsende 1945

I. AKTENVERÖFFENTLICHUNGEN, DOKUMENTATIONEN, TAGEBÜCHER, BRIEFSAMMLUNGEN

Die Befreiung Berlins 1945. Eine Dokumentation. Hrsg. v. Klaus Scheel. Berlin-Ost 2. überarbeitete Aufl. 1985

Die Berliner Konferenz der Drei Mächte. Der Alliierte Kontrollrat für Deutschland. Die Alliierte Kommandantur der Stadt Berlin. Kommuniqués, Deklarationen, Proklamationen, Gesetze, Befehle. Berlin-Ost 1946

Besymenski, Lew: Die letzten Notizen von Martin Bormann. Stuttgart 1974

Besymenski, Lew: Der Tod des Adolf Hitler. Unbekannte Dokumente aus Moskauer Archiven. Hamburg 1968

Briefwechsel Stalins mit Churchill, Attlee, Roosevelt und Truman 1941–1945. Berlin 1961 (aus dem Russischen)

Churchill & Roosevelt. The Complete Correspondence. Ed. by Warren F. Kimball. 3 Bde. Princeton 1984

Documents on British Policy Overseas. Series I, Volume I: The Conference at Potsdam July – August 1945. Ed. by Rohan Butler, M. E. Pelly. London 1984 (ergänzt durch: Microfiches of documents calendared in Documents on British Policy Overseas, Ser. I, vol. I)

Dokumentation der Vertreibung der Deutschen aus Ost-Mitteleuropa. In Verbindung mit A. Diestelkamp, R. Laun, P. Rassow, H. Rothfels bearbeitet von Theodor Schieder. 5 Bde. Groß-Denkte / Wolfenbüttel – Bonn 1953–1961, Neudruck 8 Bde. München 1984

Domarus, Max: Hitler. Reden und Proklamationen 1932–1945. Kommentiert von einem deutschen Zeitgenossen. 2. Bde. Bd. II: Untergang, 2. Halbbd. Wiesbaden 1973

Foreign Relations of the United States. Diplomatic Papers. Hrsg. v. Department of State. The Conferences at Cairo and Tehran 1943. Washington 1961

Foreign Relations of the United States. Diplomatic Papers. Hrsg. v. Department of State. The Conferences at Malta and Yalta 1945. Washington 1955

Foreign Relations of the United States. Diplomatic Papers. Hrsg. v. Department of State. 1945, Vol. III: European Advisory Commission, Austria, Germany. Washington 1968

Foreign Relations of the United States. Diplomatic Papers. Hrsg. v. Department of State. The Conference of Berlin (The Potsdam Conference) 1945, 2 Bde. Washington 1960

Goebbels, Joseph: Tagebücher 1945. Die letzten Aufzeichnungen. Einführung Rolf Hochhuth. Hamburg 1977

Hitlers Lagebesprechungen. Die Protokollfragmente seiner militärischen Konferenzen 1942–1945. Hrsg. v. Helmut Heiber. Stuttgart 1962

Hitlers politisches Testament. Die Bormann Diktate vom Februar und April 1945. Mit einem Essay von Hugh R. Trevor-Roper und einem Nachwort von André François-Poncet. Hamburg 1981

Hitlers Weisungen für die Kriegführung 1939–1945. Dokumente des Oberkommandos der Wehrmacht. Hrsg. v. Walther Hubatsch. Frankfurt 1962, 2. Aufl. Koblenz 1983

Die Jalta-Dokumente. Vollständige deutsche Ausgabe der offiziellen Dokumente des U.S. State Departments über die Konferenz von Jalta. Göttingen 1957

Koller, Karl: Der letzte Monat. 14. April bis 27. Mai 1945. Tagebuchaufzeichnungen des ehemaligen Chefs des Generalstabes der deutschen Luftwaffe. Mannheim 1949, Neuaufl. Esslingen 1985

Kriegstagebuch des Oberkommandos der Wehrmacht (Wehrmachtführungsstab) 1940–1945. Band IV: 1. Januar 1944 – 22. Mai 1945. Eingel. u. erläut. v. Percy Ernst Schramm. 2. Halbbd. IV/8 mit Nachträgen. München-Herrsching 1982

Meldungen aus dem Reich 1938–1945. Die geheimen Lageberichte des Sicherheitsdienstes der SS. Hrsg. und eingeleitet von Heinz Boberach. 17 Bde. Bd. 17: 4. Mai 1944 – 28. März 1945. Herrsching 1984

Murawski, Erich: Der deutsche Wehrmachtbericht 1939–1945. Ein Beitrag zur Untersuchung der geistigen Kriegführung. Mit einer Dokumentation der Wehrmachtberichte vom 1. 7. 1944 bis zum 9. 5. 1945. Boppard 1962

1945. Ein Lesebuch. Hrsg. v. K. Bergmann und G. Schneider. Hannover 1985

Die Niederlage 1945. Aus dem Kriegstagebuch des Oberkommandos der Wehrmacht. Hrsg. v. Percy E. Schramm. München 2. Aufl. 1985

Picker, Henry: Hitlers Tischgespräche im Führerhauptquartier. Vollständig überarbeitete und erweiterte Neuausgabe. Stuttgart 1977

Potsdam 1945. Quellen zur Konferenz der »Großen Drei«. Hrsg. v. Ernst Deuerlein. München 1963

Das Potsdamer Abkommen. Dokumentensammlung. Hrsg. v. d. Historischen Gedenkstätte des Potsdamer Abkommens Cecilienhof, Potsdam. Berlin-Ost 4. durchgesehene Aufl. 1984

Roosevelt and Churchill. Their Secret Wartime Correspondence. Ed. by Francis L. Loewenheim, Harold D. Langley and Manfred Jonas. London 1975

Schultz-Naumann, Joachim: Die letzten dreißig Tage. Das Kriegstagebuch des OKW April bis Mai 1945 – Die Schlacht um Berlin. Dokumente: Bilder und Urkunden. München 1980

Teheran – Jalta – Potsdam. Die sowjetischen Protokolle von den Kriegskonferen-
zen der »Großen Drei«. Hrsg. und eingeleitet von Alexander Fischer. Köln
1968, 2. Aufl. 1973
Teheran, Jalta, Potsdam. Dokumentensammlung. Hrsg. v. Šlava P. Sanakojew
und B. L. Zybulewski. Frankfurt 1978 (Dt. Ausgabe von: Tegeran, Jalta,
Potsdam. Moskau 1978)
Die unheilige Allianz. Stalins Briefwechsel mit Churchill 1941–1945. Mit einer
Einleitung von Manfred Rexin. Reinbek 1964

II. MEMOIREN, AUGENZEUGENBERICHTE UND PUBLIZIERTE GESPRÄCHE

Attlee, Clement R.: As It Happened. London – Melbourne 1954
Bernadotte, Graf Folke: Das Ende. Meine Verhandlungen in Deutschland im
Frühjahr 1945 und ihre politischen Folgen. Zürich – New York 1945
Boldt, Gerhard: Die letzten Tage der Reichskanzlei. Wien 1947, 4. Aufl.
Hamburg 1948
Byrnes, James F.: In aller Offenheit. Frankfurt o. J. (1947)
Churchill, Winston S.: Der zweite Weltkrieg. Bde. V/1, V/2, VI/1 und VI/2.
Hamburg 1952–1954
Dieckert, Kurt / Großmann, Horst: Der Kampf um Ostpreußen. Ein authenti-
scher Dokumentarbericht. München 1960
Diem, Liselott: Fliehen oder bleiben? Dramatisches Kriegsende in Berlin. Frei-
burg 1982
Djilas, Milovan: Gespräche mit Stalin. Frankfurt 1962
Dönitz, Karl: Zehn Jahre und zwanzig Tage. Bonn 3. Aufl. 1964
Das Ende. Autoren aus 9 Ländern erinnern sich an die letzten Tage des Zweiten
Weltkriegs. Köln 1985
Das Ende, das ein Anfang war. Die letzten Tage des Dritten Reiches. Erinnerun-
gen von Conrad Ahlers, Walter Dirks u. a. Mit einer Einleitung von Thomas
Urban. Freiburg 1981
Das Ende des Schreckens. Dokumente des Untergangs. Januar bis Mai 1945.
Hrsg. v. Erich Kuby. München 1956, 2. Aufl. 1961
Eisenhower, Dwight D.: Von der Invasion zum Sieg. General Eisenhowers
eigener Kriegsbericht. Bern 1947
Eisenhower, Dwight D.: Kreuzzug in Europa. Amsterdam 1948
Guderian, Heinz: Erinnerungen eines Soldaten. Heidelberg 4. Aufl. 1951
Der Kampf um Berlin 1945 in Augenzeugenberichten. Hrsg. v. Peter Gosztony.
Düsseldorf 1970, Neuausgabe 1985
Kempka, Erich: Die letzten Tage mit Adolf Hitler. Erweitert u. erläutert v. Erich
Kern. Preußisch-Oldendorf 1975, 2. Aufl. 1976

Kesselring, Albert: Soldat bis zum letzten Tag. Bonn 1953

Lasch, Otto: So fiel Königsberg. München 1958

Lattre de Tassigny, Jean de: Histoire de la Première Armée Française »Rhin et Danube«. Paris 1949

Letzte Tage in Ostpreußen. Erinnerungen an Flucht und Vertreibung. Hrsg. v. Herbert Reinoß. München – Wien 1983, 2. Aufl. 1985

Linge, Heinz: Bis zum Untergang. Als Chef des Persönlichen Dienstes bei Hitler. München 2. durchgesehene Aufl. 1980

Leahy, William D.: I was there. The personal story of the Chief of Staff to Presidents Roosevelt and Truman, based on his notes and diaries made at the time. London – New York 1950

Lüdde-Neurath, Walter: Regierung Dönitz. Die letzten Tage des Dritten Reiches. Göttingen 3. erweiterte Aufl. 1964

Mensch, der Krieg ist aus! Zeitzeugen erinnern sich. Hrsg. v. Werner Filmer u. Heribert Schwan. Düsseldorf – Wien 1985

Montgomery, Bernard L.: Memoiren. München 1958

Murphy, Robert: Diplomat unter Kriegern. Zwei Jahrzehnte Weltpolitik in besonderer Mission. Berlin 2. Aufl. 1966

Patton, George S.: Krieg, wie ich ihn erlebte. Bern 1950

Peikert, Paul: »Festung Breslau« in den Berichten eines Pfarrers, 22. Januar bis 6. Mai 1945. Hrsg. v. Karol Jonca und Alfred Konieczny. Wrocław – Warszawa – Kraków 1966

Schäfer, Hans Dieter: Berlin im Zweiten Weltkrieg. Der Untergang der Reichshauptstadt in Augenzeugenberichten. München 1985

Schön, Heinz: Die »Gustloff«-Katastrophe. Bericht eines Überlebenden über die größte Schiffskatastrophe im 2. Weltkrieg. Stuttgart 1984

Schukow, Georgi K.: Erinnerungen und Gedanken. Stuttgart 1969

Truman, Harry S.: Memoiren. Bd. 1: Das Jahr der Entscheidungen (1945). Stuttgart 1955

Tschuikow, Wassilij: Das Ende des Dritten Reiches. München 1966

III. DARSTELLUNGEN, SAMMELBÄNDE, DOKUMENTARISCHE BERICHTE UND BIOGRAPHIEN

Abwehrkämpfe am Nordflügel der Ostfront 1944–1945. Hrsg. v. Militärgeschichtlichen Forschungsamt. Stuttgart 1963

Ahlfen, Hans von: Der Kampf um Schlesien. Ein authentischer Dokumentarbericht. München 1961

Antoni, Michael: Das Potsdamer Abkommen – Trauma oder Chance? Geltung, Inhalt und staatsrechtliche Bedeutung. Berlin 1985

Backer, John H.: Die Entscheidung zur Teilung Deutschlands. Die amerikanische Deutschlandpolitik 1943–1948. München 1981 (engl. Ausgabe u. d. T.: The Decision to divide Germany. Durham, N. C. 1978)

Befreiung und Neubeginn. Zur Stellung des 8. Mai 1945 in der deutschen Geschichte. Wissenschaftl. Redaktion: Bernhard Weißel. Berlin-Ost 1968

Bergander, Götz: Dresden im Luftkrieg. Köln – Wien 1977

Bidlingmaier, Ingrid: Entstehung und Räumung der Ostseebrückenköpfe 1945. Neckargemünd 1962

Blum, John M.: Deutschland ein Ackerland? Morgenthau und die amerikanische Kriegspolitik 1941–1945. Aus den Morgenthau-Tagebüchern. Düsseldorf 1968

Böddeker, Günter: Der Untergang des Dritten Reiches. Mit den Berichten des Oberkommandos der Wehrmacht vom 6. Januar – 9. Mai 1945 und einer Bilddokumentation. München 1985

Cartier, Raymond: Der Zweite Weltkrieg. Bd. 3: 1944–1945. München 6. Aufl. 1982

Dahms, Hellmuth G.: Die Geschichte des Zweiten Weltkriegs. München 1983

Deuerlein, Ernst: Die Einheit Deutschlands. Bd. 1: Die Erörterungen und Entscheidungen der Kriegs- und Nachkriegskonferenzen 1941–1949. Darstellung, Dokumente. Frankfurt 2. Aufl. 1961

Deuerlein, Ernst: Deklamation oder Ersatzfrieden? Die Konferenz von Potsdam 1945. Stuttgart 1970

Deuerlein, Ernst: Potsdam 1945. Ende und Anfang. Köln 1970

Deutschland im zweiten Weltkrieg. Bd. 6: Die Zerschlagung des Hitlerfaschismus und die Befreiung des deutschen Volkes (Juni 1944 bis zum 8. Mai 1945). Von einem Autorenkollektiv unter Leitung von Wolfgang Schumann und Olaf Groehler. Berlin-Ost 1985

Deutschland 1945. Alltag zwischen Krieg und Frieden in Geschichten, Dokumenten und Bildern. Hrsg. v. Klaus-Jörg Ruhl. Darmstadt 1984

Dullen, Allen / Gaevernitz, Gero v. S.: Unternehmen »Sunrise«. Die geheime Geschichte des Kriegsendes in Italien. Düsseldorf – Wien 1967

Euler, Helmuth: Die Entscheidungsschlacht an Rhein und Ruhr 1945. Stuttgart 3. Aufl. 1981

Faust, Fritz: Das Potsdamer Abkommen und seine völkerrechtliche Bedeutung. Frankfurt 1959, 4. Aufl. 1969

Feis, Herbert: Churchill, Roosevelt, Stalin. The War They Waged and the Peace They Sought. London 1957

Feis, Herbert: Zwischen Krieg und Frieden. Das Potsdamer Abkommen. Frankfurt – Bonn 1962

Gellermann, Günther W.: Die Armee Wenck – Hitlers letzte Hoffnung. Aufstellung, Einsatz und Ende der 12. deutschen Armee im Frühjahr 1945. Koblenz 1984

Graml, Hermann: Die Alliierten und die Teilung Deutschlands. Konflikte und Entscheidungen 1941–1948. Frankfurt 1985

Gruchmann, Lothar: Der Zweite Weltkrieg. Kriegführung und Politik. München 1967, 7. erweiterte Aufl. 1982

Hacker, Jens: Sowjetunion und DDR zum Potsdamer Abkommen. Köln 1968

Hansen, Reimer: Das Ende des Dritten Reiches. Die deutsche Kapitulation 1945. Stuttgart 1966

Haupt, Werner: 1945. Das Ende im Osten. Chronik vom Kampf in Ost- und Mitteldeutschland. Dorheim 1970

Haupt, Werner: Das Ende im Westen 1945. Bildchronik vom Kampf in Westdeutschland. Dorheim 1972

Hauptsache Frieden. Kriegsende. Befreiung. Neubeginn 1945–1949: Vom antifaschistischen Konsens zum Grundgesetz. Hrsg. v. P. Altmann. Frankfurt 1985

Hillgruber, Andreas: Der Zusammenbruch im Osten 1944/45 als Problem der deutschen Nationalgeschichte und der europäischen Geschichte. Wiesbaden 1985 (= Veröffentlichungen der Rhein.-Westfälischen Akademie der Wissenschaften, Vorträge)

Hnilicka, Karl: Das Ende auf dem Balkan 1944/45. Die militärische Räumung Jugoslawiens durch die deutsche Wehrmacht. Göttingen 1970 (= Studien und Dokumente zur Geschichte des Zweiten Weltkrieges, Bd. 13)

Italiaander, Rolf / Bauer, Arnold / Krafft, Herbert: Berlins Stunde Null 1945. Ein Bild / Text-Band. Düsseldorf 1979

Jacobsen, Hans-Adolf: Der Weg zur Teilung der Welt. Politik und Strategie 1939–1945. Koblenz – Bonn 1977

Jung, Hermann: Die Ardennen-Offensive 1944/45. Ein Beispiel für die Kriegführung Hitlers. Göttingen 1971

Kegel, Gerhard: Ein Vierteljahrhundert danach. Das Potsdamer Abkommen und was aus ihm geworden ist. Berlin-Ost 1970

Kissel, Hans: Der Deutsche Volkssturm 1944/45. Eine territoriale Miliz im Rahmen der Landesverteidigung. Berlin/Frankfurt 1962

Koglfranz, Siegfried: Das Erbe von Jalta. Die Opfer und die Davongekommenen. Reinbek 1985

Kolko, Gabriel: The Politics of War. The World and United States Foreign Policy, 1943–1945. New York 1968

Kuby, Erich: Die Russen in Berlin 1945. München 1965, Gütersloh 1980

Kurowski, Franz: Bedingungslose Kapitulation. Inferno in Deutschland 1945. Leoni am Starnberger See 1983

Landesgeschichte und Zeitgeschichte: Kriegsende 1945 und demokratischer Neubeginn am Oberrhein. Hrsg. v. Hansmartin Schwarzmaier (= Oberrheinische Studien, Bd. 5). Karlsruhe 1980

Leiwig, Heinz: Finale 1945 Rhein-Main. Düsseldorf 1985

Die letzten hundert Tage. Das Ende des Zweiten Weltkrieges in Europa und Asien. Hrsg. v. Hans Dollinger. Wissenschaftl. Beratung: Hans-A. Jacobsen. München 1965

Loth, Wilfried: Die Teilung der Welt. Geschichte des Kalten Krieges 1941–1955. München 1980

Magenheimer, Heinz: Abwehrschlacht an der Weichsel 1945. Vorbereitung, Ablauf, Erfahrungen. Freiburg 1976

Mammach, Klaus: Der Volkssturm. Das letzte Aufgebot 1944/45. Köln 1981 (Lizenzausgabe Berlin-Ost 1981)

Marienfeld, Wolfgang: Konferenzen über Deutschland. Die alliierte Deutschlandplanung und -politik 1941–1949. Hannover 1962

Mastny, Vojtech: Moskaus Weg zum Kalten Krieg. Von der Kriegsallianz zur sowjetischen Vormachtstellung in Osteuropa. München 1980 (dt. Ausgabe von: Russia's Road to the Cold War. Diplomacy, Warfare, and Politics of Communism, 1941–1945. New York 1979)

McKee, Alexander: Dresden 1945. Das deutsche Hiroshima. Wien – Hamburg 1983

McNeill, William H.: America, Britain and Russia. Their Co-operation and Conflict 1941–1946. London – New York 1953

Meissner, Boris: Rußland, die Westmächte und Deutschland. Die sowjetische Deutschlandpolitik 1943–1953. Hamburg 1953

Mitzka, Herbert: Zur Geschichte der Massendeportation der Ostdeutschen in die Sowjetunion im Jahre 1945. Ein historisch-politischer Beitrag. Einhausen 1985

Moltmann, Günter: Amerikas Deutschlandpolitik im zweiten Weltkrieg. Kriegs- und Friedensziele 1941–1945. Heidelberg 1958

Müller, Rolf-Dieter / Ueberschär, Gerd R. / Wette, Wolfram: Wer zurückweicht wird erschossen! Kriegsalltag und Kriegsende in Südwestdeutschland 1944/45. Freiburg 1985

Münkler, Herfried: Machtzerfall. Die letzten Tage des Dritten Reiches dargestellt am Beispiel der hessischen Kreisstadt Friedberg. Berlin 1985

Murawski, Erich: Die Eroberung Pommerns durch die Rote Armee. Boppard 1969

1945. Deutschland in der Stunde Null. Hrsg. v. Wolfgang Malanowski. Reinbek 1985

Die Niederlage, die eine Befreiung war. Das Lesebuch zum 8. Mai 1945. Hrsg. v. Ilse Brusis. Köln 1985

Niehaus, Werner: Endkampf zwischen Rhein und Weser. Nordwestdeutschland 1945. Stuttgart 1983

Nolte, Ernst: Deutschland und der Kalte Krieg. München – Zürich 1974

Paul, Wolfgang: Der Endkampf um Deutschland 1945. Esslingen 1976

Potsdam und die deutsche Frage. Mit Beiträgen von Ernst Deuerlein, Alexander Fischer, Eberhard Menzel, Gerhard Wettig. Köln 1970

Rauchensteiner, Manfried: Der Krieg in Österreich 1945. Wien 1984

Rein, Heinz: Finale Berlin. Frankfurt 1980

Ressing, Gerd: Versagte der Westen in Jalta und Potsdam? Ein dokumentierter Wegweiser durch die alliierten Kriegskonferenzen. Frankfurt 1970

Riedel, Hermann: Ausweglos . . .! Letzter Akt des Krieges im Schwarzwald, in der Ostbaar und an der oberen Donau Ende April 1945. Villingen-Schwenningen 1975, 3. Aufl. 1976

Riedel, Hermann: Halt! Schweizer Grenze! Das Ende des Zweiten Weltkrieges im Südschwarzwald und am Hochrhein in dokumentarischen Berichten deutscher, französischer und Schweizer Beteiligter und Betroffener. Konstanz 1983, 2. Aufl. 1984

Rose, Arno: Werwolf 1944–1945. Stuttgart 1980

Schäufler, Hans: 1945 – Panzer an der Weichsel. Soldaten der letzten Stunde. Stuttgart 1979

Schön, Heinz: Ostsee '45. Menschen, Schiffe, Schicksale. Stuttgart 2. Aufl. 1984

Schreiber, Gerhard: Die Zerstörung Europas im Zweiten Weltkrieg (= Nationalsozialismus im Unterricht. Studieneinheit 10). Hrsg. v. Deutschen Institut für Fernstudien an der Universität Tübingen. Tübingen 1983

Schwan, Heribert / Steininger, Rolf: Als der Krieg zu Ende ging. Berlin 1981

Sherwood, Robert E.: Roosevelt and Hopkins. An Intimate History. New York 1948

Smith, Bradley / Agarossi, Elena: Unternehmen »Sonnenaufgang«. Köln 1981

Snell, John L.: The Meaning of Yalta. Big Three Diplomacy and the New Balance of Power. Toronto 1956

Snell, John L.: Wartime Origins of the East-West-Dilemma Germany. New Orleans 1959

Steinert, Marlis G.: Die 23 Tage der Regierung Dönitz. Düsseldorf 1967

Stettinius, Edward R. jr.: Roosevelt and the Russians. The Yalta Conference. New York 1949

Ströbinger, Rudolf: Poker um Prag. Die frühen Folgen von Jalta. Zürich 1985

Der deutsche Südwesten zur Stunde Null. Zusammenbruch und Neuanfang im Jahr 1945 in Dokumenten und Bildern. Hrsg. v. Generallandesarchiv Karlsruhe. Bearbeitet von Hansmartin Schwarzmaier u. a. Karlsruhe 1975

Thies, Jochen / Daak, Kurt von: Südwestdeutschland Stunde Null. Die Geschichte der französischen Besatzungszone 1945–1948. Ein Bild/Text-Band. Düsseldorf 1979

Thorwald, Jürgen: Die große Flucht. Es begann an der Weichsel. Das Ende an der Elbe. Stuttgart 1962

Tieke, Wilhelm: Das Ende zwischen Oder und Elbe – Der Kampf um Berlin. Stuttgart 1981

Tippelskirch, Kurt von: Geschichte des Zweiten Weltkrieges. Bonn 1951, 3. Aufl. 1959

Toland, John: Das Finale. Die letzten hundert Tage. München 1968

Trevor-Roper, Hugh R.: Hitlers letzte Tage. Frankfurt 1965

Die Vertreibung der Deutschen aus dem Osten. Ursachen, Ereignisse, Folgen. Hrsg. v. Wolfgang Benz. Frankfurt 1985

Vierheller, Viktoria: Polen und die Deutschland-Frage 1939–1949. Köln 1970

Wagner, Wolfgang: Die Teilung Europas. Geschichte der sowjetischen Expansion bis zur Spaltung Deutschlands 1918–1945. Stuttgart 1960

Wagner, Wolfgang: Die Entstehung der Oder-Neiße-Linie in den diplomatischen Verhandlungen während des Zweiten Weltkrieges. Marburg 3. erweiterte Aufl. 1968

Wegmann, Günter: Das Kriegsende zwischen Ems und Weser 1945. Osnabrück 1982

Weidenfeld, Werner: Jalta und die Teilung Deutschlands. Schicksalsfrage für Europa. Andernach 1969

Whiting, Charles: Norddeutschland Stunde Null, April–September 1945. Düsseldorf 1980

Zayas, Alfred M. de: Nemesis at Potsdam. The Anglo-Americans and the Expulsion of the Germans. Background, Execution, Consequences. London 1977 (dt. Ausgabe u. d. T.: Die Anglo-Amerikaner und die Vertreibung der Deutschen. Vorgeschichte, Verlauf, Folgen. München 6. erweiterte Aufl. 1981)

Zerstört, besiegt, befreit. Der Kampf um Berlin bis zur Kapitulation 1945. Bearbeiter: Hans-N. Burkert, Klaus Matußek und Doris Obschernitzki (= Stätten der Geschichte Berlins, Bd. 7. Hrsg. v. Mitarbeitern des Pädagogischen Zentrum Berlin). Berlin 2. Aufl. 1985

Ziemke, Earl F.: Die Schlacht um Berlin. Rastatt 1982

PERSONENREGISTER

Namensnennungen in den Anlagen und Dokumenten wurden nicht berücksichtigt; die Seitenzahlen beziehen sich auf den Textteil.

245

BILDNACHWEIS

Army Headquarters, Ottawa   S. 185 unten

Bayerisches Hauptstaatsarchiv, München   S. 106, 112 unten
Bibliothek für Zeitgeschichte, Stuttgart   S. 80, 147 unten
Bildarchiv preußischer Kulturbesitz, Berlin   S. 45, 48, 67 unten, 163
Bundesarchiv, Koblenz   S. 89, 130 oben, 213
Bundesarchiv – Militärarchiv, Freiburg   S. 192, 193

Carpress, Brüssel   S. 15
Cartier, R., Der Zweite Weltkrieg, 2. Bd., München 1967 (S. 990, 954)   S. 81, 83

Dollinger/Jacobsen, Der Zweite Weltkrieg in Bildern und Dokumenten, 2. Bd., München 1962 (S. 257, 340)   S. 95, 119
Dollinger/Jacobsen, Die letzten hundert Tage, München 1965 (S. 257, 282f., 145, 279)   S. 100 oben, 143, 158, 195
Deutsche Presseagentur GmbH, Bildarchiv Frankfurt   S. 84 unten, 100 unten, 114

Gesamtdeutsches Institut – Bundesanstalt für gesamtdeutsche Aufgaben, Bonn S. 19, 215

Foto Jakob Hättig, Immenstaad/Bodensee   S. 59

Imperial War Museum, London   S. 42 unten, 122 unten, 123 unten

Keystone Pressedienst GmbH, Bildarchiv Hamburg   S. 13, 42 oben rechts, 70 unten, 132 unten rechts

Militärgeschichtliches Forschungsamt, Freiburg   S. 73 unten, 109

Foto Hugo Schmidt, Hamburg   S. 42 oben links
J. Schultz-Naumann, Die letzten dreißig Tage, München 1980 (S. 137)   S. 197
Staatsarchiv Nürnberg   S. 166–178
Süddeutscher Verlag, Bilderdienst, München   S. 70 oben, 97, 112 oben, 123 oben, 147 oben rechts, 159 unten, 185 oben links, 191, 208

Ullstein Bilderdienst, Berlin   S. 54, 57, 67 oben, 73 oben, 84 oben rechts, 86, 122 oben, 130 unten, 131, 132 oben sowie unten links, 135, 136, 147 oben links, 156, 159 oben, 185 oben rechts
US-Department of State, Washington   S. 84 oben links

Wegweiser zu Zeitfragen

Als Band 1 dieser Schriftenreihe ist erschienen:

HARALD R. BILGER

Die Polenkrise 1978–1982
Ihre Entwicklung und Bedeutung
54 Seiten, kartoniert

Berichte über den Krisenherd Polen sind seit mehr als zwei Jahren in den Schlagzeilen der Weltpresse zu finden: Seit dieser Zeit sind besorgte, ja ängstliche Blicke auf unseren östlichen Nachbarn gerichtet, haben sich doch in Polen Entwicklungen vollzogen, denen eine weit über dieses Land hinausgehende politische und historische Bedeutung zukommt. Überrascht steht die Welt den Ereignissen in Polen gegenüber, zumal die Entwicklungen einen noch nie dagewesenen Verlauf nahmen: Entwicklungen, wie man sie von keinem anderen Ostblockland kennt. Die Anwendung überkommener politischer Denkmodelle und Verhaltensweisen auf die Vorgänge – dies gilt für den Osten wie für den Westen – erwies sich als wenig hilfreich, ja, sie schadete zumeist den Interessen aller Beteiligten. Offenbar fehlt auch der Sowjetunion sowie dem gesamten Ostblock noch ein Konzept für die Behandlung eines Staates, dessen – mit diktatorischen Mitteln ausgerüstete – Regierung die Partei weitgehend ausgeschaltet hat und sich der Unterstützung der Armee sicher zu sein scheint. So erleben wir gegenwärtig eine neue Phase in der Entwicklung Polens, die auf dem historisch einmaligen Fundament der Jahre 1978 bis 1982 basiert, Jahre, deren Brisanz in diesem Band dargestellt und aufgearbeitet wird.

Zu beziehen durch jede Buchhandlung

Im Verlag des SÜDKURIER Konstanz

Wegweiser zu Zeitfragen

Als Band 2 dieser Schriftenreihe ist erschienen:

FRANZ OEXLE

Japan

Geheimnisse eines Wirtschaftsriesen

60 Seiten mit 16 Abbildungen, kartoniert

Zu den Ereignissen dieses Jahrhunderts werden dereinst nicht nur Weltkriege und Untaten geschichtlichen Ausmaßes gehören. Auch vom Aufstieg und Fall mittlerer, ja großer Mächte wird die Rede sein. Hierher gehört das Heranwachsen des Wirtschaftsriesen Japan. Das fernöstliche Inselreich, auf das am Ende des Zweiten Weltkrieges zwei Atombomben fielen, stand aus Niederlage, Trümmern und Verzweiflung rasch wieder auf und wurde in wenigen Jahren zur zweitstärksten Industrienation der Erde. Als die Europäer und Amerikaner die japanische Herausforderung in ihrem ganzen Ausmaß zu erkennen begannen, hatte sie Japan im Siegeszug seiner Technologie schon eingeholt und auf Teilgebieten sogar überholt. Das Markenzeichen »Made in Japan« wird heute weltweit beachtet.

Welche Triebkräfte stehen hinter einem solchen Aufbruch? Dieser Frage geht der Verfasser nach, und er kommt zu einer Reihe aufschlußreicher, gewiß auch differenzierter Antworten. Dr. Franz Oexle, Chefredakteur des SÜDKURIER, hielt sich in den vergangenen Jahren verschiedentlich im Fernen Osten auf. Seine Darstellung der Motive sowie der historischen und soziologischen Ursachen für das »Japanische Wunder« beruht auf den dort gewonnenen Eindrücken und Erkenntnissen.

Zu beziehen durch jede Buchhandlung

Im Verlag des SÜDKURIER Konstanz

Wegweiser zu Zeitfragen

Als Band 3 dieser Schriftenreihe ist erschienen:

Deutschland – wohin?

Gespräche über die Deutschen mit

Arthur F. Burns	Stefan Hermlin
Ralf Dahrendorf	Hermann Kant
Günter Grass	Fred Luchsinger
Albert Grigoriants	Elisabeth Noelle-Neumann
Alfred Grosser	Kurt Sontheimer
Sebastian Haffner	

veranstaltet von Hans Willauer

85 Seiten, kartoniert

Das Geschehen der vergangenen 40 Jahre schien längst Geschichte geworden zu sein, als plötzlich wieder Befürchtungen laut wurden, von denen man gehofft hatte, sie gehörten einer längst überwundenen Epoche an. Allerdings geschah dies erst, nachdem bei den Deutschen selbst seit langem vergessen geglaubte Überlegungen und Gedanken geäußert wurden: In der Bundesrepublik war die Rede von erneuertem Geschichtsbewußtsein, von der Notwendigkeit, sich auf seine eigenen Kräfte zu verlassen und sich wieder alter Traditionen zu erinnern. Über 30 Jahre beherrschte in der Bundesrepublik das Streben nach Wohlstand das Denken, doch nun werden wieder Ideale, Tugenden diskutiert – laut diskutiert. Was ist los mit den Deutschen, fragen sich daher besorgt Franzosen, Amerikaner, Briten sowie Sowjets und nicht zuletzt die Deutschen selbst. In einer Interview-Reihe befragte Hans Willauer, Mitglied der Politischen Redaktion des SÜDKURIER, Politiker, Historiker, Politologen, Soziologen, Schriftsteller in beiden Teilen Deutschlands und Journalisten, die seit Jahren das Bild des Deutschen in ihren Ländern mitbestimmen.

Zu beziehen durch jede Buchhandlung

Im Verlag des SÜDKURIER Konstanz

Wegweiser zu Zeitfragen

Als Band 4 dieser Schriftenreihe ist erschienen:

HARALD R. BILGER

Grenzen des Menschen

Ein Essay zur Selbstbesinnung

40 Seiten, kartoniert

In den von Sattheit und Wohlstand geprägten westlichen Industriegesell-
schaften kommt es immer häufiger zu Umweltkatastrophen, deren Auswir-
kungen kaum mehr kalkulierbar und überschaubar sind. Was bedeutet das
für den Menschen, nach dessen Selbstverständnis immer noch alles tech-
nisch »machbar« ist?
Mit dieser zentralen Frage setzt sich der 1913 geborene Autor Harald Bilger,
Diplom-Ingenieur und promovierter Wirtschaftswissenschaftler, in der vorliegenden Schrift auseinander. Kennzeichnend für sie wie für die anderen
zahlreichen Publikationen Bilgers sind das fundierte, von konkreten Erfahrungen geprägte Wissen des Verfassers und die sozialpolitische Brisanz und
Aktualität seiner Themen, wie zum Beispiel Arbeitslosigkeit und Leistungs-
denken, die Krisengebiete der Dritten Welt. Um welches Land es auch geht,
stets greift Bilger Themen auf, die für die Existenz von Menschen, Staaten
und Gesellschaften von immenser Bedeutung sind. Das gilt auch für dieses
»Essay zur Selbstbesinnung«. Hinter dem lebhaften Engagement wird die
persönliche Betroffenheit des Autors über die gegenwärtige Lebenssitua-
tion spürbar. Indem er Fehlentwicklungen aufzeigt, verdeutlicht Harald
R. Bilger auf eindrucksvolle Weise die Grenzen, die dem Menschen gesetzt
sind. Darüber hinaus weist er aber auch auf Möglichkeiten einer humanen
Lebensbewältigung hin.

Zu beziehen durch jede Buchhandlung

Im Verlag des SÜDKURIER Konstanz

Erschienen im Verlag des SÜDKURIER

MANFRED BOSCH

Als die Freiheit unterging

Eine Dokumentation über Verweigerung, Widerstand
und Verfolgung im Dritten Reich in Südbaden
356 Seiten mit 28 Schwarzweiß-Abbildungen, farbiger Einband

WOLFRAM DUFNER

Frühe Wegweisungen

Chronik einer alemannischen Jugend 1926–1950
175 Seiten mit 6 Abbildungen, farbiger Einband

OTTO RAGGENBASS

Trotz Stacheldraht

1939–1945
Grenzland am Bodensee und Hochrhein in schwerer Zeit

Mit einem Geleitwort von Carl J. Burckhardt und ergänzenden
Beiträgen von Albert Knoepfli, Hans Rudolf Kurz, Carl Zumstein
und einem Nachwort zur Neuauflage von Herbert Berner

2. Auflage, 236 Seiten mit 111 Fotos, Dokumenten und militärischen
Karten, Leinen

HERMANN RIEDEL

Halt! Schweizer Grenze!

Das Ende des Zweiten Weltkrieges im Südschwarzwald und am Hochrhein
in dokumentarischen Berichten deutscher, französischer und Schweizer
Beteiligter und Betroffener

2. Auflage, 464 Seiten mit 54 Abbildungen, farbiger Einband

Zu beziehen durch jede Buchhandlung